Stefan Ullrich · Touring 9/11

Stefan Ullrich

Touring 9/11

Was ist nun die Wahrheit?

Die Prüfung der Verschwörungstheorien zum 11. September 2001

Die Kritik des US-Abschlussberichts

Die Suche nach Osama bin Laden

»Unsere Botschaft ist klar. Was ihr in New York und Washington gesehen habt, was ihr jetzt im Irak und in Afghanistan seht, all das ist nichts im Vergleich zu dem, was ihr als Nächstes erleben werdet.«

Osama-bin-Laden-Vize Aiman al Sawahiri
in seiner Videobotschaft vom August 2005

Satz und Layout: Buch&media GmbH, München
Umschlaggestaltung: Kay Fretwurst, Spreeau
Herstellung und Verlag: Books on Demand GmbH, Norderstedt
Printed in Germany
ISBN 3-8334-2331-5

Inhalt

Vorwort

Frieden ist Krieg gewichen – Krieg gegen die USA, Krieg in Afghanistan, Krieg in Irak, Krieg in afrikanischen und asiatischen Urlaubsparadiesen, spanischen Zügen und britischen U-Bahnen. Längst sind nicht nur die USA, sondern eben auch Europa, ja, die gesamte Welt involviert, sodass der Begriff »Weltkrieg« mittlerweile gar nicht mehr so vermessen scheint. Warum aber nun, vier Jahre nach dem »makrokosmischen Startschuss« für all das, ein weiteres Buch über den Super-GAU des 11. September 2001? Ich möchte die berechtigte Frage im Wesentlichen wie folgt beantworten:

1. Der offizielle US-Abschlussbericht der »9/11-Commission« vom Juli 2004 überzeugt in einer Reihe wichtiger Punkte (noch) nicht.
2. Die diesbezüglichen, wild wuchernden »Verschwörungstheorien« sind bisher nicht ernsthaft und ausreichend auf ihre »Chance« überprüft worden.
3. Der 11. September hat quasi als (äußerlicher) Ausgangspunkt des Konflikts eine weltgeschichtliche, unkontrollierbare Dynamik ausgelöst, die bis weit über den heutigen Tag hinausreichen und möglicherweise – schlecht oder recht – den Verlauf des gerade begonnenen 21. Jahrhunderts maßgeblich bestimmen wird.

Aus diesen Gründen sollten wir nicht nachlassen, jede auch noch so große Anstrengung zu unternehmen, um vollends Licht in das Dunkel von Merkwürdigem, Ungewöhnlichem, Unpassendem, Unzutreffendem, Erfundenem, Aufgebauschtem, Hinzugefügtem, Weggelassenem, Unterschlagenem, Verzerrtem oder Verdrehtem zu bringen. Freilich bilde ich mir nicht ein, die Wahrheit über den 11. September gefunden zu haben. Ich habe jedoch versucht, die wesentlichen Verschwörungstheorien über dieses Ereignis zusammenzutragen und zu katalogisieren, um sie gemeinsam mit der sog. »offiziellen Version« des US-Abschlussberichts an der harten Realität vor Ort – also am Ground Zero, am Pentagon, an der Absturzstelle von Flug UA93 sowie im pakistanisch-afghanischen Grenzgebiet – zu messen. Es wäre sicher ein gewisser Vorteil, wenn Sie sich vor dem Lesen dieses Buchs bereits mit den kursierenden »Antitheorien« zum 11. September beschäftigt oder gar Bücher hierüber gelesen hätten, eine Voraussetzung ist es aber durchaus nicht. Das Buch ist – im

Gegensatz zu den meisten anderen Werken dieses Themas – im Erzählstil geschrieben, weil ich zum einen eine allzu trockene, rein »wissenschaftliche« Abhandlung der Materie vermeiden wollte und zum anderen diese Form Ablauf, Beobachtungen und Erfahrungen auf den »9/11-Touren« am besten gerecht wird. Wundern Sie sich daher nicht, wenn trotz des ernsten Hintergrunds mancherorts gewisse »Unterhaltungsausflüge« mit eingeflochten sind ... Feststellungen, Behauptungen oder Thesen, die nicht bewiesen sind bzw. von einer anderen Quelle stammen, habe ich grundsätzlich in der indirekten Rede widergegeben. Da es aber müßig ist, ein Buch zu schreiben geschweige denn zu lesen, das sich zu zwei Dritteln im Konjunktiv befindet bzw. ständig von Floskeln wie »Man sagt ...«, »Scheinbar ...«, »Angeblich« oder »Es gilt als sicher, dass ...« zersetzt ist, möge man mir verzeihen, wenn dieser Grundsatz nicht immer konsequent durchgehalten wurde. Zitate aus Sekundärliteratur erscheinen generell im Kursivdruck. Zum Aufbau des Buches, Ablauf der Recherchen und Abschlussbewertung: Kapitel 1 stellt die wesentlichen Versionen zum 11. September stichwortartig vor, die Kapitel 2 bis 10 beschreiben fast ausschließlich das detektivische »Jagen und Sammeln« von Informationen an diversen Schauplätzen, Kapitel 11 beurteilt das hierbei Zusammengetragene schließlich in der Gesamtschau, und Kapitel 12 und 13 behandeln das Thema der islamischen Bedrohung allgemein sowie die Suche nach Osama bin Laden.

Ein kurze Anmerkung zum Sprachlichen noch: Da weder der Begriff »Fundamentalist« (wörtlich: »am Grundsatz orientiert«) noch »radikal« (wörtlich: »an der Wurzel packend«) von ihrer ursprünglichen Bedeutung her negativ besetzt sind (sondern vielmehr positiv), sind sie als Ausdruck von Gefahr und/oder Bösem an sich nicht geeignet bzw. kontraproduktiv und werden daher im laufenden Text – trotz des allgemeinen (falschen) Gebrauchs dieser Wörter – entweder ganz vermieden oder generell mit Anführungszeichen versehen. Gleiches gilt im Übrigen für die unselige Wort(un)konstruktion »Islamist«, welche offenbar zum Ausdruck bringen will, dass es da jemand mit dem Islam »übergenau« nimmt. Schließlich nennen wir einen Neo-Nazi ja auch nicht »Deutschist«, um damit auszudrücken, dass er ein gefährlicher, deutscher Rechtsextremer sei. Der Leser möge daher nicht überrascht sein, wenn er statt des Worts »islamistisch« ganz einfach nur »islamisch« lesen wird ...

Des Weiteren werden Sie beim Lesen vielleicht feststellen, dass sich die Ermittlungen vom zunächst »Vagen« bis später »Detaillierten« langsam fortentwickeln. Auch dies ist weder Zufall noch Fehler, sondern entspricht sowohl der tatsächlichen Chronologie meiner Recherchen als auch der schrittweisen inhaltlichen Verdichtung der Materie zu »des

Pudels Kern«. Auch wird Ihnen manches von dem, was Sie – insbesondere zu Anfang des Buches – lesen werden, als reichlich hanebüchen und/oder oberflächlich erscheinen. Da ich es mir aber zur Aufgabe gemacht habe, *sämtliche* 9/11-Theorien unter die Lupe zu nehmen (und daher gezwungen war, sie zunächst ernst zu nehmen), »müssen wir da durch«.

Vielleicht fragen Sie sich aber immer noch, weshalb jemand so viel Zeit, Kraft, Nerven und Geld in ein Thema investiert hat, das – ähnlich wie der Kennedy-Mord – möglicherweise nie ganz aufgeklärt werden wird und kann. Einige der Gründe habe ich Ihnen weiter oben bereits genannt, ein anderer besteht in der prinzipiellen Tiefe der Ereignisse vom 11. September 2001. Es ist etwas gewesen, was alle Menschen dieser Welt im Innersten berührt und – so manchen zumindest – auch verändert hat. Es war nicht nur der größte und spektakulärste Terroranschlag in der Geschichte der Menschheit und – wie der Fall der Berliner Mauer – der Auftakt zu einem neuen Zeitalter, nein – der 11. September hat auch in fast unvergleichlicher Weise mit Überzeugungen, Ideologien, Irrtümern, Intrigen, Liebe, Hass, Macht, Religion, Glaube, Unglaube – ja, ich würde sogar sagen mit Himmel und Hölle zu tun. Zumindest hat er wie kein anderes weltgeschichtliches Ereignis diese Begriffe wieder in unser Denken, Sprechen – und vielleicht sogar Handeln gebracht.

Um aber das Richtige zu denken, zu sprechen und für die Zukunft zu tun, wäre es unerlässlich, überhaupt zu wissen, wer, wie und wozu das Ganze wirklich veranstaltet hat. Das Urteil hierüber möchte ich dem Leser am Ende des Buches freilich selbst überlassen.

1. Brainstorm 9/11

In den Jahren 2002 bis 2004 sprudelten Bücher über Verschwörungstheorien zum 11. September hervor wie Quellwasser – zwar nicht immer so klar und rein, aber zumindest ebenso kalt schaudernd. Wer nun diese Werke allesamt von vornherein als »Spinnertum« oder dergleichen abtat und in die gleiche Schublade wie die Story von der angeblich gefakten Mondlandung oder der »Area 52« steckte, ohne sie überhaupt ansatzweise gelesen zu haben, tat vielen Autoren Unrecht. Wenn es einen Verdienst dieser Menschen gab/gibt, dann zumindest den, die richtigen Fragen gestellt und ehrliche, umfassende und vollständige Ermittlungen verlangt zu haben, was schließlich in Form des 2004 veröffentlichten »9/11 Commission Reports« dann auch – zumindest teilweise – in Erfüllung gegangen ist. Bevor ich nun die wesentlichen Gegenversionen zum 11. September präsentiere, möchte ich vorab nochmals kurz die offizielle Version gemäß des oben genannten Abschlussberichts in Erinnerung rufen:

Osama bin Laden (ObL) hat im Zeichen des im Jahre 1998 ausgerufenen »Heiligen Krieges« gegen die USA, Juden und Christen von Afghanistan aus ein 19-köpfiges Kommando zusammengestellt, welches nach jahrelangen Vorbereitungen in Afghanistan, Deutschland und den USA am 11. September 2001 zeitgleich vier Verkehrsflugzeuge in den USA entführt und drei davon in symbolträchtige Gebäude gelenkt hat, um die USA zivil, ökonomisch und symbolisch schwer zu treffen. Die vierte Maschine scheiterte als Einzige und erreichte ihr Ziel – nach Einschreiten der Passagiere – nicht. Diese Version möchte ich als »**Osama-solo-aktiv**« bezeichnen.

Im Einzelnen sei der Coup dabei (stark zusammengefasst) wie folgt abgelaufen: 1998 oder 1999 seien nach Überzeugung des deutschen Verfassungsschutzes die Attentatspläne von ObL in Afghanistan ausgeheckt und Planung, logistische Vorbereitung und Rekrutierung der vier Todespiloten sowie der »Hilfspersonen« vorgenommen worden. Nach entsprechenden terroristischen »Grundlehrgängen« in afghanischen Ausbildungs-Camps sowie technisch-physikalischer »Weiterbildung« an deutschen Unis seien Atta & Co. im Jahre 2000 in die USA entsandt worden, um entsprechende Pilotenausbildungen zu absolvieren. Diese erfolgten in der Praxis an einmotorigen Propellermaschinen sowie ergänzend – in der Theorie – an diversen Simulatoren für Düsenflugzeuge. Am 11. September 2001 schließlich starteten American Airlines Flug 011 mit dem »Todespiloten« Mohammed Atta und vier Helfern (»Kämpfern«) an Bord um 07.59 Uhr Ortszeit von Boston nach Los Angeles, United Airlines Flug 175 mit Pilot Marwan al-Shehhi und vier Helfern an Bord um 08.14 Uhr von Boston nach L.A., American Airlines Flug 077 mit Pilot Hani Hanjour und vier Helfern an Bord um 08.20 Uhr von Washington nach L.A. und United Airlines Flug 093 mit Pilot Ziad Jarrah und drei Helfern an Bord um 08.42 Uhr von Newark nach San Francisco. Um 08.28 Uhr drehte Atta nach der Entführung »seiner« Maschine diese plötzlich scharf nach Süden, nahm Kurs auf New York City und flog die Boeing 767 um 08.45 Uhr kerzengerade in die 96. Etage des World-Trade-Center (WTC)-Nordturms. Um 08.50 Uhr änderte auch al-Shehhi nach Entführung den Kurs der zweiten Maschine in Richtung New York und lenkte die Boeing 767 nach einer geschickten Linkskurve um 09.03 Uhr in die 81. Etage des WTC-Südturms. Um 09.00 Uhr änderte Hanjour nach Entführung »seinen« Kurs um 180 Grad in Richtung Washington und steuerte die Boeing 757 um 09.37 Uhr nach einem ausgesprochen schwierigen Flugmanöver (rapider Sinkflug, äußerst präziser Flachanflug unter hoher Geschwindigkeit und spitzem Winkel) in die unteren Etagen der Südwestfront des amerikanischen Verteidigungsministeriums (Pentagon). Um 09.35 Uhr wendete schließlich auch die vierte Maschine nach ihrer Entführung in Richtung Washington und stürzte jedoch – als Einzige, ohne ihr Ziel zu erreichen – um 10.06 Uhr nahe der Ortschaft Shanksville/Stonycreek im Bundesstaat Pennsylvania auf ein freies Feld.

Für die gängige Version sprechen dabei zum Beispiel: Osamas jahrelange Bekundungen und tatsächliche Betätigungen hinsichtlich des »Heiligen Krieges« (Bombenanschlag auf US-Botschaft in Nairobi, Attentat auf US-Kriegsschiff »Cole« etc.) sowie schließlich das angebliche Bekenntnis zu den Anschlägen in seiner Videobotschaft vom Oktober 2004; nachgewiesene Ausbildungen von Atta & Co. in afghanischen Trainingslagern, an deutschen Universitäten sowie an amerikanischen Flugschulen, nachgewiesene »islamistisch/fundamentalistische Extremisierung« von Atta & Co. einige Zeit vor dem 11. September; Auffinden von bestimmten Gegenständen, die auf eine »Märtyrertat« hinweisen (z.B. Attas Testament – dessen Authentizität allerdings nicht unumstritten ist –, seinen Pass in den Trümmern des WTC, seine »hängen gebliebene« Reisetasche mit einem Gebetsauszug aus dem Koran etc.); (angebliche) Geständnisse der festgenommenen und in den USA verhörten al-Quaida-Operatoren Khalid Sheikh Mohammed sowie Ramzi Binalshibh; tatsächlich eingetretener ziviler, ökonomischer, materiell/finanzieller sowie symbolischer Schaden für die USA und damit eine – aus der Sicht religiös fanatisierter Attentäter – glaubhafte Motivlage.

Gegen diese Version sprechen: beinahe unglaubliche Leistung eines kleinen Terrorkommandos logistischer, vor allem aber auch fliegerischer Art; Fehlen eines »ereignisnahen« Bekennerschreibens bzw. sogar (angebliche) Zurückweisung der Täterschaft durch ObL selbst kurz nach den Anschlägen; auffallend zahlreiche Merkwürdigkeiten und Unstimmigkeiten um die Ereignisse des 11. September herum (z.B. dass einige der Entführer sich später »lebend« gemeldet haben sollen, dass das Loch im Pentagon offenbar nicht groß genug für eine Boeing gewesen sein könnte, Hinweise verschiedener Zeugen auf Sprengvorgänge im WTC etc.); zahlreiche Vorwarnungen anderer Geheimdienste bzgl. der bevorstehenden Attentate; Unterdrückung bzw. Nicht-Freigabe vieler Fakten und Ermittlungsergebnisse (z.B. die Aufzeichnungen der Passagier-Telefonate, Blackboxes, Voice-Recorder, »Einkaufslisten« der mutmaßlichen Entführer, Genanalysen, Pathologie- und Obduktionsergebnisse der Institute bzw. des Militärs etc.); Sichtung von »verdächtigen« C130-Hightech-Transportern in der Nähe sämtlicher Unglücksstellen; Sichtung von unbemannten, kleinen und schnellen Flugkörpern in Baumwipfelhöhe bei Shanksville; vor allem aber der von den Tätern natürlich zu erwartende Gegenschlag der USA, welcher für ihre Heimatländer weitaus mehr Schaden provozieren würde als den USA mit diesem »Nadelstich« (Wisnewski) objektiv zugefügt worden ist.

Verschiedene Autoren, Journalisten, Bürgerrechtler und Konspirationstheoretiker haben sich aus letztgenannten Gründen dieser offiziellen Version nicht angeschlossen, sondern ihre eigenen Theorien entwickelt. Die wesentlichen dieser möchte ich – zusammengerafft und ohne die Inhalte der zu Grunde liegenden Bücher in aller Tiefe zu wiederholen – wie folgt einteilen:

1. Al-Quaida plante und bereitete die Anschläge zwar vor und führte sie auch durch, aber die US-Regierung bzw. hohe Verantwortliche der US-Geheimdienste und/oder des US-Militärs wussten davon und ließen sie (ohne Wissen von al-Quaida) willentlich geschehen (**»US-Passiv-Komplott«**).

Nach dieser Version hat sich im Prinzip alles so abgespielt wie oben geschildert, die Anschläge sind jedoch durch bewusstes »Nicht-so-genau-hinsehen« bzw. »Nicht-entsprechend-reagieren« zumindest von Teilen der US-Regierung, der US-Geheimdienste, des US-Militärs, einzelner ziviler Einrichtungen oder einem von diesen zusammengesetzten Komplott wissentlich und willentlich zugelassen worden. So könnten z.B. im richtigen Augenblick wenige maßgebliche »Schlüsselfiguren« an bestimmten Schaltstellen der zivilen (FAA) und militärischen (NORAD) Luftraumüberwachung der USA diverse Flugsignale der Todesmaschinen unterschlagen bzw. nicht gemeldet haben, einige hochrangige Offiziere das rechtzeitige Aufsteigen von Abfang- bzw. Eskorten-Jägern blockiert bzw. hinausgezögert und ein oder zwei verantwortliche Politiker durch inszeniert umständlichen und langwierigen Umgang mit Sicherheitsbestimmungen und -vorkehrungen sowie Telekommunikationseinrichtungen die militärisch genau vorgeschriebenen Notfallpläne und -abläufe künstlich verkompliziert und in die Länge gezogen haben. Diese Version wird in weiten Teilen z.B. von dem Journalisten Matthias Bröckers und dem Historiker Andreas Hauß vertreten, und beide liefern hierzu auch durchaus eine Vielzahl erstaunlicher Fakten und Anhaltspunkte.

Pro: siehe oben + belastende Zeugenaussagen hinsichtlich Vorauswissen der US-Regierung (z.B. bezichtigt FBI-Agentin Sibel Edmonds Ex-Sicherheitsberaterin Condoleeza Rice der Lüge, als sie behauptete, keine Vorwarnungen bzgl. Flugzeugattentate von den Behörden erhalten zu haben); die mysteriöse »Vorwarnung« des Ex-Navy-Agenten Delmart Mike Vreeland mit dem Zettel »Let one happen and stop the rest!« (»Lasst eins geschehen und stoppt den Rest!«) unter Nennung des World Trade Centers, des Pentagons und des Kapitols wenige Tage vor dem 11. September; die militärische und politische Untätigkeit der höchsten US-Verantwortlichen während des laufenden Desasters; das kaum zu glaubende Versagen sowohl der zivilen als auch militärischen Überwachung des amerikanischen Luftraums; die offenkundig nicht erfolgte Verteidigung besagten Luftraums trotz satellitengesteuerter Hightech-Aufklärung und dreimalig erteiltem Abschussbefehl durch Vize-Präsident Cheney; die relativ geringe Opferzahl bei hochrangigem Personal; das nicht nachvollziehbare, ungerührte Verbleiben Bushs in der Schulklasse selbst nach Mitteilung des zweiten WTC-Einschlags; der wenige Monate vor dem 11. September angeblich verfügte Stopp weiterer Ermittlungen gegen ObL, das überschnelle Recherche-Ergebnis hinsichtlich Atta & Co.; die übermäßigen Putoptionen auf fallende Aktienkurse der geschädigten Firmen im WTC; das angebliche Nicht-Erscheinen von Bankiers, jüdischen Bürgern und hochrangigen Besuchern im WTC am Tage des 11. September, klägliches »Versagen« der vierten Maschine; und nicht zuletzt die Motivlage der USA (unermessliche weltpolitische und ökonomische Gewinne durch Selbstrechtfertigung sog. »Präventivkriege« gegen immerhin 60 potenzielle »Schurkenstaaten« und damit verbundene Machtausdehnung auf dem asiatischen Kontinent mit verbesserter ordnungspolitischer Kontrollmöglichkeit der ölfördernden Staaten des Nahen und Mittleren Ostens.

Contra: Zeugen- und Mitwisser-Problematik sowie relativ hohe Gefahr der Entlarvung; kaum vorstellbare, kriminelle Energie und moralische Verwerflichkeit von US-Verantwortlichen hinsichtlich der in Kauf genommenen 3000 Todesopfer; schlechtes Eigen-Image der US-Regierung bei der Bevölkerung wegen offenkundiger Unfähigkeit, die USA wirksam vor größeren Terrorangriffen zu schützen sowie (zumindest teilweise) Unwägbarkeit der politischen, ökonomischen, militärischen und gesellschaftlichen Folgen zugelassener Anschläge.

2. Al-Quaida führte die Anschläge zwar durch (wie oben), ist dabei aber maßgeblich und tatkräftig von US-Kreisen (ohne Wissen von al-Quaida) unterstützt worden (»**US-Aktiv-Komplott**«).

Hiernach plante und organisierte al-Quaida zwar die Anschläge, und Attas Kommando versuchte auch tatsächlich, sie auszuführen bzw. wähnte sich zum Zeitpunkt der Aktion wirklich in dem Glauben, sie auf Grund eigener Leistung durchzuführen, tatsächlich jedoch wurden die Attentäter von einem Komplott lediglich als »Sündenböcke« benutzt, indem man ihnen nicht nur durch Wegsehen den Weg bereitete, sondern durch aktives Hinzutun. So behaupten einige Autoren, dass nach heutigem Stand der Technik eine Fernsteuerung der Boeings von außen durchaus machbar wäre. Diese Version würde die teilweise schwierige Kunstflugakrobatik der fliegerischen Anfänger Atta & Co. erklären. Technisch kämen dabei im Wesentlichen ein längst existierendes, an Bord der Boeings einzubauendes »Aircraft Communications Addressing and Reporting System« (ACARS), gepulste Mikrowellen von C130-Militärtransportern sowie von den WTC-Türmen ausgegehende Funksignale in Frage.

Pro: s.o. + Ausfall des Funkverkehrs zwischen den Fluglotsen und den Todesmaschinen; Ausfall der Flugkennungssignale (Transponder) sowie (angeblich) allgemein auffällige Steuerungs- und Empfangsprobleme bei einer Vielzahl von Piloten über dem gesamten amerikanischen Luftraum zur Tatzeit; die evtl. damit in Zusammenhang stehende Nicht-Herausgabe der Blackboxes und Voice-Recorder; die von den Entführern angeblich zugelassenen bzw. sogar angeordneten Handy-Anrufe von Passagieren zu Angehörigen, welche den Erfolg des hochsensiblen Unternehmens sowohl elektronisch als auch sicherheitstechnisch nicht unerheblich gefährdeten; das angebliche Empfangen von Funksignalen aus einer mutmaßlichen »CIA-Zentrale« in den beiden WTC-Türmen; das unbehelligte, fast schon geschützt zu bezeichnende Ein-, Aus- und Umherreisen der schon weit vor dem 11. September verdächtigen und auffälligen »Todespiloten« in den USA; dass in einem kleinen Rentnerort in Florida ein Jahr vor den Anschlägen zwei Flugschulen von zwei »seltsamen« Holländern im Handumdrehen gekauft wurden und ausgerechnet ab diesem Zeitpunkt »massenhaft« Araber zur Pilotenausbildung erschienen, sowie die angeblich vielfältigen Kontakte besagter Flugschule zu CIA- und Mafiakreisen.

Contra: s.o.; vor allem aber erhöhte Zeugen- und Mitwisserproblematik; des Weiteren hohes Risiko des Scheiterns oder Auffliegens des Komplotts, z.B. durch eventuell doch nicht zu kalkulierendes Eingreifen in die Fernsteuerung seitens der Piloten, der Passagiere, aber auch der »Entführer« selbst.

3. US-Kreise selbst führten die Anschläge zusammen mit (bewusster und willentlicher) Hilfe von al-Quaida bzw. ObL durch (**»US/al-Quaida-Komplott«**).

Diese Theorie geht von dem Ansatz aus, dass Osama nach wie vor als CIA-Agent tätig ist und im Auftrag der USA das islamterroristische Feindbild in den Ländern aufbaut bzw. aufrechterhält, die im geo- und wirtschaftspolitischen Eroberungsinteresse der USA liegen. Dabei könnte ObL Atta & Co. zwar tatsächlich den Auftrag zur Pilotenausbildung erteilt haben, doch ohne das Kommando in das wahre Vorhaben einzuweihen. So könnte die Aufgabe des Terrorkommandos z.B. lediglich darin bestanden haben, durch (unbewusstes) Spurenlegen eine falsche Täterschaft mitsamt falscher Motivlage in der öffentlichen Meinung zu erzeugen (– »die Islamisten« als Ursache –), um damit die Bereitschaft des amerikanischen Volkes bzw. der Welt für »präventive« Angriffskriege in diesen Regionen herzustellen. Bei dieser Variante sind Atta & Co. am 11. September völlig unwissentlich in die Boeings gestiegen ohne die Absicht, diese zu entführen, sondern einfach nur als »normale« Passagiere, die ihren eigentlichen Auftrag erst viel später noch bekommen würden. Es könnten hiernach also nicht nur die »Kämpfer« im Passagierdeck »*... gar nichts davon gewusst haben, dass es sich um einen Märtyrer-Einsatz handelt ...*« (ObL-Zitat auf Video), sondern – sarkastischerweise – sogar auch die »Terrorpiloten« selbst. Dies hätte den gesamten Ablauf der 9/11-Aktion erheblich erleichtert, da die Notwendigkeit der Entführung – und damit all ihre Unwägbarkeiten – gänzlich entfallen würden. Die eigentliche Aktion wäre dann allein über Fernsteuerung (s.o.) abgelaufen.

Pro: s.o. + angeblich langjährige Verbindungen zwischen Osama und CIA (im Kampf gegen die ehemalige UdSSR in den 80er-Jahren) sowie zur Familie Bush über die Saudi-Öl-Connection; jahrelanges (bewusstes) Vernachlässigen einer gezielten Jagd auf Osama trotz diverser Terrorattacken und öffentlicher Kriegserklärung an die USA lange vor dem 11. September; Nicht-Verständigen der zuständigen Flugsicherungsbehörden trotz relativ konkreter Vorwarnung bzgl. bevorstehender Attentate mit Flugzeugen; plötzliches Verschwinden bzw. mysteriöses Nicht-Gefasst-Werden Osamas während und nach dem Angriff der USA auf die Taliban (Tora-Bora-Mysterium); gute Chance des Gelingens der 9/11-Aktion durch weit gehenden Ausschluss des menschlichen Risikofaktors; Auswahl, Ablauf und Art der

Flugzeugeinschläge (erster WTC-Treffer weit oben im Gebäude, um der großen Masse der darunter befindlichen Menschen doch noch ausreichend Zeit zur Flucht zu lassen, zweiter WTC-Treffer erst 20 Minuten später, um eine zwischenzeitliche Evakuierung des noch nicht getroffenen Südturms weitgehend zu ermöglichen; dritter Treffer (Pentagon) an einer noch in Renovierung befindlichen Gebäudestelle, in der sich relativ wenig Menschen (zumindest kaum Pentagon-Mitarbeiter) aufhielten und schließlich vierter (non-)Treffer auf freiem Feld, wodurch insgesamt betrachtet der unvermeidliche »Kollateralschaden« noch relativ »human« gehalten werden konnte); Demonstration des Vorauswissens durch die angeblich verräterische Kameraführung bei den WTC-Einschlägen (Video-Kamera des französischen Dokumentarfilmers wurde nicht in Richtung der heranfliegenden Boeing geschwenkt, sondern gleich in Richtung der zu erwartenden Einschlagstelle ...); nachgewiesene Überweisung von 100 000 Dollar an Atta von Seiten des pakistanischen Geheimdienstes ISI; angebliche Mitgliedschaft Präsident Bushs (und möglicherweise noch einiger anderer Verantwortlicher) im Geheimorden der die Weltherrschaft anstrebenden »Illuminaten«; FBI-Genehmigung zum Ausfliegen von 142 Saudis aus den USA zwei Tage nach den Anschlägen.

Contra: s.o. + schwieriger Einbau fingierter Telefonanrufe aus den Maschinen sowie hochprofessionelle Schauspieleinlagen (falscher) »Opferangehöriger«; unwahrscheinlich schwieriges und gefährliches Doppelspiel sowohl von Osama als auch den USA mit beidseitig hoher Erpressbarkeit.

4. US-Kreise führten die Anschläge ganz allein durch und benutzten al-Quaida lediglich als Sündenbock (**»US-solo-aktiv«**).

Diese extremste Verschwörungsvariante geht von einem kompletten Fake aus. Hiernach sind die vier Todesmaschinen zwar allesamt flugplanmäßig gestartet, doch keine Einzige davon hat die Treffer gelandet, sondern stattdessen ferngesteuerte, naturgetreu nachgebaute Drohnen, die an den jeweiligen Umkehrpunkten mit den Originalmaschinen ausgetauscht wurden. Während die Originale mit den »Fluggast-Komparsen« an Bord auf geheimen Militärbasen landeten, starteten zeitgleich die passagierlosen Hightech-Drohnen (wodurch es zu dem dokumentierten Wiederaufleben des Transponder-Signals kam), und wurden mittels eingebauter, präziser Elektronik in die Ziele – zumindest die beiden WTC-Türme – gelenkt. Möglicherweise handelte es sich bei dem Pentagon-Treffer und dem Absturz bei Shanksville zudem nicht mal um Boeing-Nachbildungen, sondern um noch kleinere (treffsicherere) Flugobjekte, wie z.B. Raketen. Die gesamte Vorgeschichte mit den eingeschleusten Terroristen und ihren Flugausbildungen wäre hiernach eine rein inszenierte Alibi-

Story (wie oben), um den Verdacht auf al-Quaida und die »Islamisten« zu lenken. Dieser Theorie hängen vor allem der Münchner Autor Gerhard Wisnewski mit durchaus eindrucksvoller Recherche und Argumentation sowie – in Teilen – der Franzose Thierry Meissan an.

Pro: s.o. + plausible Erklärung für enorme fliegerische Leistung und Treffsicherheit der »Terrorpiloten« sowie für den reibungslosen »Entführungsverlauf«; seltsame, weit ausholende, teilweise von den Zielen zunächst wegführende Flugrouten der Boeings (nämlich zu den geheimen Militärbasen); Wegfall des Transponder-Signals; angebliches Empfangen merkwürdiger Funksignale aus den WTC-Türmen unmittelbar vor den Einschlägen (= »Traktorstrahl« für Drohnen); zeugenbestätigte, (durch nachträgliche Sprengungen ausgelöste) Explosionen im WTC; in diesem Zusammenhang auffallend schneller Abtransport der eine Million Tonnen Schutt durch »Controlled Demolition« (= gleiches Abriss-Unternehmen wie nach dem mysteriösen Attentat in Oklahoma-City im Jahre 1995) ohne ausgiebige Untersuchung der Trümmer und alsbaldiges Verfrachten derselben nach China; angeblich keine bzw. sehr wenige jüdische Mitbürger unter den WTC-Toten (durch Vorwarnung); kaum Wrack- und Leichenteile an sämtlichen Unglücksstellen sichtbar; inadäquat kleines Ein- und Austritts-Loch im Pentagon-Gebäude; ballistisch haarsträubende Geschossverlaufslinie quer durch das Gebäude; keinerlei Tötung hochrangiger Firmenbosse, Regierungsmitglieder, Senatoren und sonstiger Verantwortlicher; auffallend jämmerliches Versagen ausgerechnet der vierten, angeblich für das Kapitol bestimmten Maschine; widersprüchliche erste Zeugenaussagen bzgl. des Pentagon-Treffers; auffallend geringe Passagierbesetzung der »Todesmaschinen« (teilweise zur Hälfte leer) sowie auffällige Personenstruktur (etwa zur Hälfte US-Militärs).

contra: maximale Mitwisser- und Zeugenproblematik; hochkomplexe Operation mit zahlreichen potenziellen Schwächen, unüberschaubaren Unwägbarkeiten und demzufolge (relativ) hohem Misserfolgs- bzw. Aufdeckungsrisiko mit unabsehbaren politisch-historischen und ggfs. auch juristischen Folgen für die USA und das gesamte westliche Militärbündnis.

Was von alledem war nun wahr und was Humbug? Gab es eine Verschwörung? Wenn ja, welcher Art, warum und von wem? Mit jedem Buch, das ich hierüber las, gelangte ich mehr und mehr zu der Überzeugung, selbst recherchieren und alles vor Ort in persönlichen Augenschein nehmen zu müssen. Bevor ich mich jedoch zur Inspektion der Unfallstellen in die USA aufmachte, wollte ich mir erst noch die »vor der Nase liegenden« Objekte vorknöpfen – wie z.B. den in der Schweiz lebenden Halbbruder Osama bin Ladens …

2. Die Schweiz-Connection

»Saudi-Investment-Company, my name is Nicole ...«, meldete sich eine junge Frauenstimme mit nettem, französischem Akzent auf meinem Handy.

»Hello, my name is Stefan. Ich bin Buchautor aus Deutschland und schreibe gerade über den 11. September und Osama bin Laden. Könnte ich bitte mit Herrn Yeslam bin Laden sprechen?«

»Oh, tut mir Leid, Sir, aber Mr. bin Laden möchte keine Interviews mehr zu diesem Thema geben! Ich kann Ihnen aber gerne einen Zeitungsbericht über seine diesbezüglichen Ansichten zufaxen, wenn Sie möchten ...«

Natürlich mochte ich, und so gab ich der Sekretärin von Osama bin Ladens Bruder Yeslam einen Tag später die Fax-Nummer eines Freundes durch. Diese Nummer war (im Gegensatz zu meiner eigenen) nicht identisch mit der Telefon-Nummer und beinhaltete auch nicht die Vorwahl des Wohnorts, sodass der Empfänger nicht so leicht verifiziert werden konnte. Noch am gleichen Abend erhielt ich dann tatsächlich von meinem Freund das Antwort-Fax von SICO (»Saudi-Investment-Company« als Tochter der »Saudi-bin-Laden-Group«) mit dem Bericht über Yeslam.

»Not his brother's keeper – nicht seines Bruders Aufpasser« lautete die Überschrift mit einem Porträt des Halbbruders. Die Quintessenz des Beitrags war, dass Yeslam bin Laden seinen berühmt-berüchtigten Bruder nur wenige Male im Leben gesehen habe – und zwar im saudi-arabischen Dschidda –, dass Osama bei einer anderen Mutter aufgewachsen und viel religiöser geprägt und eingestellt sei als der gesamte Rest der bin-Laden-Familie. Letztere distanziere sich eindeutig von jeglichem Terrorismus und Fanatismus und gehe nicht Osamas Wege. Der zweite Artikel war leider in französischer Sprache und so war ich gezwungen, einen weiteren Freund einzuschalten, der ihn mir übersetzen konnte. Der Inhalt dieses zweiten Textes war allerdings auch nicht viel ergiebiger als der erste, außer dass Yeslam darin seine Loyalität gegenüber dem saudi-arabischen Königshaus unumwunden zugab. Dennoch fiel mir etwas auf: In dem einen Artikel sagte Yeslam, er habe Osama vielleicht fünf oder sechs Mal in seinem Leben gesehen, im anderen Artikel waren es sogar nur noch zwei bis drei Mal ... Auch andere Äußerungen Yeslams bezüglich

Osama und islamischem »Fundamentalis« rochen etwas nach bemühtem Understatement. Die Interviews suggerierten, als wollte Yeslam überhaupt nichts mehr mit Osama zu tun haben, ja, fast schon, als sei es lediglich ein lästiger, unglücklicher Umstand, dass beide einen gemeinsamen Vater gehabt hatten. Diese Aussagen und Eindrücke stehen jedoch in einigem Widerspruch zu den üblichen Gebräuchen und Gepflogenheiten innerhalb arabisch-muslimischer Familienkreise sowie zu konkreten Bemerkungen und Ansichten Yeslams, welche seine Ex-Frau Carmen in ihrem aufschlussreichen Buch »Der zerrissene Schleier« aus dem Jahr 2003 preisgab. Fürs Erste gab es für mich nun nichts mehr anderes, als in die verschneite Schweiz zu fahren, um mir selbst ein Bild von der mutmaßlichen »Osama-Connection« zu machen. Ich nahm mir also kurzerhand zwei Wochen Urlaub und düste los. Endlich eine erste »Lunte«, nachdem ich über ein Jahr im Trüben gestochert hatte! Denn erst als ich Jean-Charles Brisards und Guillaume Dasquies »Die verbotene Wahrheit« gelesen hatte, war ich wieder vorangekommen. Die beiden französischen Autoren listen in ihrem Werk schonungslos sämtliche den Geheimdiensten bekannte Verstrickungen von Firmen der bin-Laden-Familie mit dem Terrorismus unterstützenden Bankier Khalid bin Mahfouz einerseits sowie US-Kreisen – wie z.B. der amerikanischen Carlyle Group unter Führung von Papa Bush – andererseits auf, (auf die ich wegen der Fülle und Komplexität des Materials in diesem Rahmen jedoch nicht näher eingehen möchte). Dass die beiden kühnen Musketiere damit scheinbar in ein Wespennest gestochen hatten, ließ sich spätestens dann erahnen, als es Yeslam bin Laden nach zähem Kampf schließlich doch gelang, das Buch per Gerichtsurteil verbieten zu lassen. Bis dahin wanderten jedoch einige Hundert (oder tausend) Exemplare der verbotenen »Verbotenen Wahrheit« über Europas Ladentische und eines davon auch in meine Einkaufstasche. Über diese Lektüre war es dann ein Leichtes, die nächsten Verwandten Osama bin Ladens in Europa aufzuspüren, um zumindest mal »Guten Tag!« zu sagen …

Majestätisch in der Morgensonne glänzend präsentierte sich der gigantische Genfer See vor imposanter Alpenkulisse. Es gab keinen schöneren Tag und keine bessere landschaftliche Szenerie, meine »Mission« zu beginnen als diesen, dachte ich und passierte mit meinem Wagen die Grenze zu Frankreich. Patisserien, Crepes-Läden, die leicht eingefallenen romanischen Landhäuschen mit ihren bunten, lamellierten Fensterläden und den flachen, quadratischen Ziegeldächern, die spröden Ahorn-Alleen, die gelben Autoscheinwerfer und die luxuriösen Yachten an der Seepromenade ließen den Einsatz jetzt endgültig »international« werden. Und plötzlich war ich da. Ziemlich übergangslos führte die Landstraße über den Quai Gustave-Ador direkt in das Genfer Stadtgebiet, und ehe ich mich versah, hatte ich bereits den Hafenbereich mit der größten Wasserfontäne Europas passiert und steckte mitten im Großstadt-Verkehrsgewühl. 19 Jahre waren vergangen seit meinem ersten und letzten Besuch der Stadt, und mir schien es, als hätte sich überhaupt nichts verändert. Die Logos einschlägiger Großbanken, Versicherungen, des Roten Kreuzes und sonstiger weltweiter Institutionen prangten noch immer in gleicher Manier von den Dachfassaden herab und verliehen Genf nach wie vor dieses gewisse Kosmopolit-Gepräge. Ein hastiger Blick auf den Stadtplan signalisierte, dass ich schon über meinen Zielort hinausgeschossen war. Nach einigen Manövern und eine Viertelstunde später fand ich mich schließlich in der Rue Francois Le Fort wieder. Es war ein unscheinbares, ruhig gelegenes Sträßchen, das eine kleine, hübsche Grünanlage umrahmte, und nichts, aber wirklich nichts deutete darauf hin, dass sie den Sitz eines Unternehmens beherbergen sollte, das immerhin im Verdacht stand, den weltweiten, islamischen Terror Osama bin Ladens finanziell zu unterstützen und evtl. sogar die Anschläge vom 11. September logistisch mitvorbereitet zu haben. Und das alles in dem kleinen, alten, schon bisschen heruntergekommenen Häuschen unter der Nummer 2? Kaum zu glauben, dachte ich mir im Vorbeifahren, und suchte erst mal einen Parkplatz an einer Stelle, die von besagtem Häuschen aus nicht eingesehen werden konnte. Danach machte ich mich zu Fuß zur Hausnummer 2, um einfach mal die »Topographie zu checken«. Doch da war nicht viel Topographisches. An der Haustür befanden sich weder Firmenschilder noch Klingelknöpfe. Da ich nicht schon am ersten Tag meine »Tarnung« auffliegen lassen wollte, spazierte ich zunächst an dem Eingang vorbei und bog an der übernächsten Ecke in die Rue Charles Bonnet ein, wo Yehia bin Laden, ein weiterer Bruder Osamas, angeblich seinen Firmensitz hatte. In dem kurzen Sträßlein entdeckte ich dann auch tatsächlich die deutlich beschilderte Anwaltskanzlei Magnin, Dunand & Associes, die offizielle Vertretung von Yehias Nicris Ltd., nicht aber den Firmensitz selbst. Da es in der Rue Charles Bonnet fürs Erste aber nichts weiter zu tun gab und gerade die Mittagszeit anstand, bot es sich an, auf einem der Parkbänkchen in der Rue Le Fort Platz zu nehmen, sich von der Sonne bestrahlen zu lassen und hierbei ab und zu mal ein Auge auf Haus-Nr. 2 zu werfen, um auszuloten, wer denn da alles in die Mittagspause gehen sollte. Nach anderthalb Stunden Sitzen hatte ich denn auch schon mein erstes Ermittlungsergebnis: Niemand ging in die Pause (außer ich selbst, nachdem mein Magen schon unangenehm zu knurren anfing und Langeweile mich übermannte). Nach einem Imbiss in einem kleinen, unweit gelegenen Restaurant kehrte ich wieder zurück, um »Nachmittagsschicht« zu schieben. Doch egal, wie und von welcher Seite aus ich dieses seltsame Haus observierte, es tat sich schlichtweg nichts vor oder hinter Haus-Nummer 2. Gerade als ich für diesen Tag schon aufgeben wollte, sah ich aus meinem schräg gegenüber dem Objekt geparkten Wagen heraus einen dunkelhaarigen, schlanken, jungen Mann auf den Eingang zugehen und darin verschwinden. Mehr passierte zwar nicht bis kurz vor Sonnenuntergang, aber jetzt wusste ich wenigstens schon mal, dass das Haus nicht leer stand – was mich immerhin veranlasste, in Genf zu bleiben und ein Zimmer zu nehmen …

Trotz der unsäglichen Automobilmesse, die zeitgleich in Genf gastierte und Tausende von Hotelgästen in die Stadt gelockt hatte, bekam ich ein Zimmer in relativer Nähe zum Objekt, sodass ich jederzeit auch mal eine »Abend- oder Nachtschicht« einlegen konnte, ohne durch die ganze Stadt düsen zu müssen. Und dies machte sich auch gleich am ersten Abend bezahlt, denn kaum hatte ich in meiner Stube den Fernseher angeknipst, berichtete CNN über die Festnahme des mutmaßlichen Haupt-Drahtziehers der 9/11-Anschläge, Khalid Sheikh Mohammed, in Pakistan. Jetzt war natürlich interessant, ob bei SICO irgendeine Reaktion beobachtet werden konnte, und so machte ich mich nach dem Abendessen gleich wieder auf den Weg in die Rue Le Fort – diesmal mit dunklem Mantel und Schirm, um nicht »wiedererkannt« zu werden. Das nächtliche Herumschleichen in dieser Straße sollte dabei gar keine Auffälligkeit bedeuten, denn ganz offensichtlich hatte sich um diese Zeit die Parkgegend in einen Prostituierten-Standort metamorphiert, wo streunende Freier sozusagen zum Bild gehörten. Unter der Deckung dominanter Damen schlenderte ich also von einer Ecke zur anderen, um dann an einer völlig anderen Ecke unvermittelt wieder aufzutauchen. Inspektor Clouseau hätte seine reine Freude an mir gehabt … Und tatsächlich: Wie es schien, brannte Licht im Hause SICO – fahl und rötlich hinter zugezogenen Vorhängen. Vielleicht telefonierte man ja gerade mit Osama, um ihm die unerfreuliche Nachricht von der Verhaftung seines besten Mannes zu überbringen und ihn vor seinem eigenen Zugriff zu warnen. Doch wenn es stimmte, dass amerikanische Geheimdienste nach Überzeugung Yeslam bin Ladens ununterbrochen all seine Telefone, Faxe und E-Mails überwachten, schied diese Variante wohl aus – es sei denn, es wurden ausgeklügelte Code-Wörter bei der Kommunikation verwendet. Da es schon die ganze Zeit über regnete und ich mir ohnehin prompt einen Schnupfen eingefangen hatte, brach ich die Nacht-Observation des beleuchteten Zimmers gegen Mitternacht schließlich ab, ließ meine Tarnkappen-Damen enttäuscht zurück und warf mich müde in mein Hotelbett.

Genf: hier macht ein Halbbruder Osama bin Ladens Geschäfte

Am nächsten Tag harrte ich wieder Stunde um Stunde in meinem PKW, einmal ein Nickerchen vortäuschend, das andere Mal scheinbar den Stadtplan studierend, dann wieder ein Handytelefonat simulierend usw. Sobald meine Pink-Panther-Trickkiste erschöpft war und sich auf lächerliche Weise zu wiederholen drohte, wechselte ich den Standort oder trat mit anderer Jacke, Sonnenbrille und Basecap als Spaziergänger wieder auf. Doch was immer ich für Anstalten unternahm, um unauffällig zu beobachten: Es geschah einfach nichts. Erst gegen 17.00 Uhr stieg ein schwarzhaariger, leicht untersetzter Mann um die dreißig, südländischen oder arabischen Typs aus einem geparkten Auto aus und schritt durch den Nummer-zwo-Eingang. Eine Viertelstunde später kam er wieder raus – in Begleitung einer jungen, brünetten Frau, bei der es sich wohl um Yeslams Sekretärin Nicole gehandelt haben dürfte. Vielleicht war ja über diese Frau etwas herauszubekommen oder zumindest ein brauchbarer Kontakt zu knüpfen, dachte ich – wenn da nur nicht dieser störende »Bodyguard« wäre … Dennoch beschloss ich, ihnen so weit wie möglich mit dem Auto zu folgen, was ein äußerst schwieriges und riskantes Unterfangen war, denn schließlich wollte ich mich irgendwann die nächsten Tage ja noch ganz offiziell in Yeslams Büro vorstellen, und dabei durfte mich die Sekretärin natürlich auf keinen Fall als Verfolger wiedererkennen. Also fuhr ich den beiden in gebührendem Abstand hinterher. Nach etwa 20 Metern Fahrt bogen sie die Nächste links ab, und ich tat dergleichen. Dummerweise bogen sie nach weiteren 20 Metern abermals links ab, was bedeutete, dass sie offenbar erst mal um die gesamte Grünanlage herumfahren wollten, bevor sie auf die Hauptverkehrsstraße einschwenkten. Als ich sah, dass vor ihnen ein anderer Wagen gerade aus einer Parklücke ausscherte und sie in dem schmalen Sträßchen gleich zum Anhalten zwingen würde, folgte ich ihnen hier nicht mehr, da ich sonst zu dicht an ihren Wagen herangekommen wäre und sie mein Gesicht über den Rückspiegel zu gut hätten sehen können – jedenfalls gut genug, um sich am folgenden Tag wieder daran erinnern zu können …

Am nächsten Tag beobachtete ich vormittags erneut den Hauseingang, schmiedete aber währenddessen schon einen Plan, um bei Yeslam bin Laden ein Gespräch zu bekommen. Nach dem Mittagessen in meinem »Stammlokal« parkte ich also den Wagen ein paar Straßenzüge entfernt und schritt unter leichtem Herzklopfen zur Rue Le Fort, Hausnummer zwo. Es war schon ein wirklich seltsames, hochbrisantes und auf eigenartige Weise sogar erhebendes Gefühl, vor einer Haustür zu stehen und zu wissen, dass sie von mindestens einem Geheimdienst dieser Welt rund um die Uhr beobachtet werden dürfte. Mir war klar, was ich da tat – dass ich von diesem Augenblick an vom Observierer selbst zum Observierten mutierte … Fast schon konnte ich die Fotoapparate der CIA mehrfach knipsen und den gelangweilten Case-Officer hinter den Vorhängen der gegenüberliegenden Dachgeschosswohnung ein »Wow – here's someone new, Bill!« rufen hören und ihn hastig Kopfhörer über die leidgeprüfte Halbglatze ziehen sehen, als ich schnell die Tür öffnete. Jetzt waren die Würfel gefallen, und ich war »drin«. Drinnen empfing mich ein kahler, altmodisch-muffiger Flur, der über ein paar Treppenstufen zu einer Glaswand führte, welche den Zugang zum eigentlichen Flur und zu den Wohnungen versperrte. Die Glaswand verfügte natürlich auch über eine Glastür und – siehe da! – über einen Klingelknopf, neben dem auf weißem Klebe-Etikett mit blauem Kugelschreiber handschriftlich »SICO« gekritzelt stand. Ich war also richtig, die Adresse nicht »gefaked« und meine Bücher nicht von Spinnern verfasst – und die Art und Weise typisch für das Versteckspiel und die Geheimniskrämerei des bin-Laden-Clans … Ich atmete kurz durch und läutete. Nach einiger Zeit öffnete sich die Tür der rechten Parterre-Wohnung, und ein Mann lugte vorsichtig durch den

Spalt zu mir herunter. Ich erwiderte seinen Blick. Da trat er raus und ging bis vor die Glastür. Der Mann mochte etwa Mitte 30 sein, dunkelblonder Mitteleuropäer, nicht unsportlich mit etwas spitzem, »fuchsartigem« Gesicht. Er öffnete nun auch die Glastür per Druckknopf, stellte sich vor den geöffneten Spalt und fragte mich unter leicht französischem Akzent auf Englisch:

»Was wollen Sie?«

Da ich mir sicher war, dass der Türsteher mich prompt abweisen würde, wenn ich mich genau erklärte, antwortete ich:

»Ich möchte Mr. bin Laden sprechen. Es ist wichtig und persönlich.«

»Haben Sie einen Termin?«

»Nein, nicht direkt. Aber ich hatte bereits mit Ihrer Sekretärin telefoniert ...«

»Es tut mir Leid, aber Mr. bin Laden ist heute nicht hier.«

»Und morgen?«

»Ja! Morgen müsste er wieder da sein ...«

»Okay, danke, dann versuch ich's morgen noch mal ...«

Mit diesen Worten verabschiedete ich mich zügig, um dem »Bodyguard« nicht noch allzu viel Zeit für weiteres Nachdenken und -fragen zu geben. Nicht ohne Aufatmen und schwitzige Hände verließ ich die Hausnummer zwo, drehte eine kleine »Cooldown«-Runde, spazierte zurück zu meinem Wagen und wenig später ins Hotel.

Am nächsten Morgen gegen 10.00 Uhr stand ich also wieder auf der Matte und läutete ein weiteres Mal bei SICO. Wieder öffnete sich die Tür im Hoch-Parterre einen Spalt, und wieder spähte der »Bodyguard« zu mir herab. Diesmal aber ertönte gleichzeitig das Summen des elektrischen Türöffners, sodass ich eintreten und die wenigen Treppen zur Höhle des Löwen emporschreiten konnte. Vor Yeslams halb geöffneter Tür blieb ich stehen, begrüßte den Bodyguard und fragte:

»Ist Mr. bin Laden jetzt da?«

»Ja, er ist da«, antwortete der Türsteher.

»Könnte ich ihn jetzt sprechen?«

»Moment – ich frage.«

Während der Franzose nun hinter der Tür verschwand, hatte ich kurz Gelegenheit, einen schnellen Blick in die Firmenräume zu werfen. Gleich links, wenige Meter vom Eingang entfernt hing an weißer Wand ein großes, goldfarben gerahmtes Bild des mittlerweile verstorbenen Königs Fahd von Saudi-Arabien. Weiter hinten stand rechts neben einem großen, kastanienbraunen Arbeitstisch eine schwere, dunkelbraune Ledercouch mit einem ebensolchen Sessel – eine Garnitur, wie wir sie gerne bei Diplomaten-Treffen in arabischen Kreisen beobachten können. Ein junger, eleganter Afrikaner oder Araber – genauer konnte ich den Mann nicht erkennen – mit hellem Rollkragen-Pullover stand da irgendwo dazwischen mit Papieren in der Hand. Mehr konnte ich nicht ausmachen, da schon der Franzose wieder zurück war, um mich ein weiteres Mal zu fragen, ob ich denn einen Termin vereinbart hätte.

»Nein, nicht direkt, Sie wissen schon ...«, erwiderte ich etwas verlegen, »... ich dachte, meine Ankündigung von gestern würde genügen, damit –«

»Ich fürchte nicht, Mister, Sie müssen sich vorher telefonisch anmelden – tut mir Leid ...«

»– bei Nicole?«

»Ja.«

»Können Sie nicht mal 'ne Ausnahme machen?«

»Nein. So ist die Anweisung von Mr. bin Laden ...«

Das war's dann endgültig. Ich musste aufgeben ...

Die nächste Station hieß Zürich, Bahnhofstraße 52. Dort unterhielt Hassan bin Laden, ein weiterer Halbbruder Osamas, die Middle East International Group. Allerdings konnte ich vor Ort unter den zahlreichen Firmentafeln, die dort im Hauseingang prangten, dieses Unternehmen nicht ausfindig machen, wenngleich die ein oder anderen ähnlich lautenden Namen zu lesen waren. Möglicherweise war dem Herrn die Sache hier zu heiß geworden und er hatte sich aus der »Gefahrenzone« begeben bzw. die Firma rasch umbenannt. Mehr als einen kleinen Imbiss im nahe gelegenen McDonald's konnte ich daher dieser Station nicht abgewinnen, und so machte ich mich am selben Tag noch auf zur letzten Station, dem internationalen Flughafen Kloten bei Zürich, wo Yeslams Flugunternehmen Avcon Airlines angesiedelt sein sollte. Nach einigem Rumgestöber auf dem Aussichtsdeck, von wo aus ich vergeblich versuchte, eine »Avcon«-Maschine auf dem Flugfeld zu erspähen, kam ich schließlich auf die geniale Idee, mich ganz einfach mal an die Auskunft zu wenden.

»Der Frachtbereich ist nicht hier!«, sagte die Dame hinter dem Schalter, »da müssen Sie noch eine Station mit dem Shuttlebus fahren und noch etwas zu Fuß gehen, und dort sind dann die verschiedenen Frachtunternehmen beschildert.« Statt mit dem Shuttlebus fuhr ich natürlich mit meinem eigenen Wagen, was prompt zur Folge hatte, dass ich etwa zwei oder drei Mal den gesamten Flughafenkomplex, der sich zu dieser Zeit in chaotischen Umbaumaßnahmen befand, umrunden musste, bevor ich die richtige Abzweigung zum Frachtbereich gefunden hatte. Wie elektrisiert las ich dann unter einem Wald von Schildern schließlich auch »Avcon«. Über einige Kurven und Schleifen gelangte ich daraufhin bis an das Ende des Rollfelds, wo Beschilderung und Straße plötzlich im Nichts endeten – von Avcon Airlines aber nicht das Geringste zu sehen war ... Erst nach einer ganzen Weile ratlosen Umherblickens fiel dann der Groschen: Die Straße war hier eigentlich noch gar nicht zu Ende, sondern nur nicht mehr sichtbar, weil sie nämlich direkt über das Rollfeld auf die andere Seite des Flughafens führte. Trotz des Verbotsschilds für Privatfahrzeuge setzte ich mich kurzerhand wieder in meinen Wagen und flitzte einfach Bond-like quer über das Ende des Züricher Flughafens ... Dort stand ein größeres, blaues Gebäude, wo auch »Avcon« untergebracht war. Ich parkte den Wagen, machte ein Foto von dem Haus und überlegte, ob ich aussteigen und hineingehen sollte. Gerade als ich mich so im Entscheidungsprozess befand, ob dies überhaupt sinnvoll sei, fielen mir ein paar arabisch aussehende Bauarbeiter auf, die gerade an der Fassade herumwerkelten und von denen mich einer finster-misstrauisch beäugte. Man soll ja die Intuition anderer Menschen nicht unterschätzen, und so beschloss ich – auch hinsichtlich der Tatsache,

Flughafen Zürich: Hier geht's zum Flugunternehmen »Avcon« von Yeslam bin Laden

dass ich mich hier ohnehin widerrechtlich aufhielt – nicht weiter vorzudringen, sondern möglichst schnell und unauffällig »die Fliege zu machen«, bevor die Kumpels noch auf dumme Gedanken kamen und die Flughafenpolizei verständigten. Während der Heimfahrt überlegte ich hin und her, ob und ggfs. welche Schlüsse man aus den Beobachtungen in der Schweiz ziehen konnte. Das Ergebnis war zwar nicht gerade berauschend, dafür aber eindeutig: Hier versucht jemand definitiv, extrem unauffällig, ja, praktisch gar nicht vorhanden zu sein – aus welchen Gründen auch immer …

3. Terrorprozess Hamburg: Der Spion aus dem Iran

Ein weiteres, »vor der Nase liegendes« Objekt fand sich natürlich in den deutschen Terrorprozessen gegen die mutmaßlichen Handlanger der »Hamburger Zelle« um Mohammed Atta wieder. Nachdem der Marokkaner Mounir Motassadeq – in einem später allerdings revidierten Fehlurteil – wegen Komplizenschaft zunächst zu 10 Jahren Haft verdonnert worden war, rückte mehr und mehr der Prozess um den angeblichen Logistiker Abdelghani Mzoudi, einem Landsmann Motassadeqs, in den Vordergrund. Nach mehrmonatigen Verhandlungen zeichnete sich ab, dass Mzoudi wohl freigesprochen werden musste, da es zum einen an eindeutigen Beweisen für seine Verstrickung in die Vorbereitungshandlungen zum 11. September fehlte und zum anderen das Gericht auf Grund von Aussagen des Verfassungsschutz-Präsidenten Fromm zu dem Schluss gekommen war, dass die Anschläge von 2001 gar nicht in der Hamburger Zelle beschlossen und geplant worden sein sollten, sondern vielmehr in den Terror-Camps in Afghanistan – wo Mzoudis Anwesenheit und Teilnahme nicht konkret nachgewiesen werden konnten. Da tauchte plötzlich im Frühjahr 2004 ein Mann aus Iran in den Gazetten auf mit der ungeheuerlichen Behauptung, Iran habe den 11. September angezettelt und Mzoudi hierfür in einem eigenen al-Quaida-Camp entsprechend logistisch ausgebildet. Dass der Iran ganz allgemein »islamistisch« geprägte Terror-Camps unterhielt und bisweilen auch al-Quaida-Leuten Unterschlupf gewährte, war ein offenes Geheimnis, was sogar Richard Clarke, der ehemalige Terrorismus-Experte der Bush-Regierung, in seinem Buch »Against all Enemies« beiläufig bestätigte. Die iranische Regierung dementierte erwartungsgemäß zwar prompt, aber dennoch: Was für eine sensationelle Neuigkeit, wenn dies tatsächlich – oder auch nur ein Teil davon – wahr wäre! Sensationell nicht nur, weil Mzoudi dann doch schuldig gesprochen werden könnte, sondern vielmehr weil Präsident Bushs gesamte »Anti-Terror-Koalition« die falschen Länder bombardiert haben würde ...

Es kam also der Tag, an dem jener geheimnisvolle Iraner vor das Hamburger Oberlandesgericht geladen wurde, und zwar am Freitag, dem 30. Januar 2004 um 8.30 Uhr. Als ich am vorhergehenden Dienstag oder

Mzoudi: Wollten die USA ihn absichtlich laufen lassen?

Mittwoch davon in der Zeitung las, entschloss ich mich spontan, einen Tag freizunehmen und nach Hamburg zu fahren, um den Prozesstag als Zuschauer live erleben zu können.
Die Sicherheitskontrollen am Besuchereinlass waren schärfer als auf den meisten Flughäfen nach dem 11. September. Eine enge Drehtür garantierte, dass immer nur eine Person die »Pieps-Schleuse« betreten konnte. Taschen, Kameras und Handys durften nicht mit hineingenommen werden. Der Zuschauerraum selbst war von Polizisten und BGS-Leuten bewacht und vom eigentlichen Gerichtssaal durch eine große massive (Plexi-)Glaswand abgetrennt. Ich nahm in einer der ersten Reihen neben einer Prozess-Zeichnerin Platz, um die Gesichtszüge des Angeklagten und des Zeugen möglichst gut studieren zu können, da mir dies zur Bildung meiner inneren Überzeugung genauso wichtig schien wie der mündliche Vortrag. Mzoudi saß bereits zwischen seiner Dolmetscherin und seiner Verteidigerin auf der Anklagebank. Er blickte stumm und mit leicht gesenktem Kopf vor sich hin und schien an alldem, was um ihn herum vor sich ging, gänzlich unbeteiligt. Er machte nicht gerade einen offenen und freundlichen Eindruck mit seiner finsteren Aura, den buschigen Augenbrauen und dem Räuber-Hotzenplotz-Bart, würdigte niemanden auch nur eines einzigen Blickes. Angst? Taktik? religiöse Überheblichkeit? Vielleicht von allem etwas, von der Angst aber wohl am wenigsten ... Nachdem die Prozess-Formalitäten durch den Richter, die Kläger, die Nebenkläger und die Verteidigung abgeschlossen waren, wurde der iranische Zeuge, dessen tatsächliches Erscheinen bis zuletzt bezweifelt worden war, geladen. Und trotz aller Unkenrufe erschien er auch – ein sportlich-durchtrainiert wirkender, breitschultriger Mann mit dunkler, »pavianartig« dichter Haarpracht, den Kopf zum Richter hingedreht, um von den Zuschauern nicht erkannt zu werden. Die Verhandlung begann

auf Grund einiger Missverständnisse zwischen dem Zeugen, dem Richter und dem Dolmetscher zunächst wie ein Komödienstadel. Ohne konkret auf das einzugehen, was er dem Gericht zur Belastung des Angeklagten an »Information« eigentlich mitteilen wollte, erging sich Herr Zakeri – wie sich der Iraner mit Decknamen selbst nannte – in den ersten 20 Minuten in geheimnisvollen, vag-nebulösen Andeutungen und allerlei umständlichem Herumgerede um den heißen Brei. Ohne vom Richter überhaupt danach gefragt worden zu sein, sprach er ebenso weitschweifig wie inkonkret von der Glaubwürdigkeit seiner »Quelle«, die ihm die besagten Informationen habe zukommen lassen.

»Die Quelle für welche Information denn?«, wollte der Richter denn auch nach einer guten halben Stunde Prozesszeit wissen.

»Die Information, die ich gegeben habe!«, antwortete Zakeri.

»Ich habe von Ihnen noch keine Information erhalten«, entgegnete daraufhin der Richter trocken-hanseatisch. Allgemeines Gelächter im Zuschauerraum. Erst nach einer geschlagenen Stunde, als niemand mehr daran glaubte, dass der Zeuge auch nur halbwegs glaubwürdig sein könnte und die Fortsetzung des Prozesses noch irgendeinen Sinn machen würde, befleißigte sich Herr Zakeri dann doch zur Widergabe einiger Informationen, deren Zusammenhang zu den Anschlägen vom 11. September und insbesondere zum Angeklagten Mzoudi zunächst jedoch nicht gerade plausibel erschienen. So teilte er dem Gericht mit, dass er, Zakeri, einst für den iranischen Nachrichtendienst tätig gewesen sein soll und in dessen Auftrag z.B. einen Geiseltausch in der Mykonos-Angelegenheit (Berliner Attentat im Jahre 1986) durchführen habe sollen. Persönlich kenne er den Angeklagten nicht. Von seiner Quelle, einem »hochrangigen Offizier der iranischen Revolutionsarmee«, der ungenannt bleiben wollte, habe er jedoch erfahren, dass al-Quaida-Mitglieder mit »Pastoran« (o.ä.), einem einstigen, jetzt im Exil lebenden »Machthaber des iranischen Militärs«, im Iran konspirativ zusammengearbeitet hätten. Bei deren Unterredungen habe man auch über Mzoudi gesprochen und zwar insofern, als *»alle Informationen über diesen falsch seien bzw. die ausländischen Nachrichtendienste ihm (Mzoudi) nichts nachweisen könnten«*. Mzoudi solle aber einen Verbindungsmann in Düsseldorf (»Salahi« o.ä.) kontaktieren. Weshalb er dies tun solle, blieb Herr Zakeri in seinen Ausführungen – wie so oft – schuldig. Er versicherte dem Gericht aber, dass der Angeklagte in den (dortigen) Geheimdienstkreisen eine »sehr bekannte Persönlichkeit« sei. In diesem Zusammenhang habe er (Zakeri) am 27. November 2003 einen Anruf aus Stockholm bekommen, in dem man ihm mitgeteilt habe, dass Mzoudi sich im Jahre 1997 für drei Monate in einem iranischen al-Quaida-Lager (»Patischagagi« o.ä.) aufgehalten haben solle. Dieses Lager, das

Herr Zakeri selbst einmal besucht habe, werde seit 1994 von Herrn »Emrat Fes Mogni« (o.ä.) geleitet und diene zur technischen und Geheim-Code-Ausbildung von Terroristen. In einer Sitzung seiner »Quelle« mit Sayf al Adl, dem »Hauptverantwortlichen des al-Quaida-Ablegers Pastoran im Iran«, und Mohammed Baggeri (o.ä.), dem »ersten Stellvertreter der iranischen Revolutionsarmee« am 16. Dezember 2003 sei gesagt worden, dass der amerikanische Geheimdienst CIA die Freilassung Mzoudis plane, um über ihn an die Hauptmitglieder von al-Quaida ranzukommen. Deswegen solle Mzoudi von Düsseldorf oder Zürich aus mit einer Briefbombe umgebracht werden (!). Die an diesem Gespräch beteiligten al-Quaida-Mitglieder hätten sogar iranische Uniformen getragen … Spätestens ab diesem Zeitpunkt verging den meisten Zuschauern und Zuhörern im Saal das Lachen, und es wurde nur noch eifrig und stumm mitprotokolliert. Immerhin fand der o.g. Sayf al Adl in dem später erschienenen 9/11-Report auf Seite 157 als »Senior al-Quaida-Mitglied«, der in dem ehemaligen Terror-Camp Mes Aynak nahe des afghanischen Kandahar im Jahre 1999 Dschihadisten einen »fortgeschrittenen Kommando-Kurs« erteilte, Erwähnung. Mindestens so interessant wie Zakeris Aussagen war für mich jedoch die absolute Teilnahmslosigkeit des angeklagten Mzoudi, der nach wie vor ungerührt dasaß, keine Miene verzog, sondern nur dumpf vor sich hinblickte. Dabei hätte für ihn bei vielen Passagen situativ ausgezeichnete Gelegenheit bestanden, den teilweise lächerlich wirkenden Vortrag Zakeris zumindest mit kleinen ironischen Gesten, wie z.B. einem verhaltenen Kopfschütteln, einem kurzen Smiling oder einer ähnlichen Reaktion, zu kommentieren, um damit klammheimlich die »Sympathie« des Publikums zu gewinnen und psychologisch vielleicht sogar das Gericht etwas »auf seine Seite zu ziehen«. Doch nichts dergleichen tat Mzoudi. Er blieb vollkommen ernst. Ohne jetzt irgendetwas hineininterpretieren oder künstlich konstruieren zu wollen, bin ich schon der Meinung, dass ein Mensch, der mit tatsächlich absurden Vorwürfen konfrontiert wird, mimisch und gestisch etwas anders reagiert als Mzoudi bzw. überhaupt reagiert. Man spürte mehr und mehr, dass zumindest etwas an Zakeris Ausführungen wahr sein konnte – aber was? »Mzoudi war Verbindungsmann zum Empfang von Codes als Teil der Organisation des 11. September«, konstatierte Zakeri schließlich. Diese Informationen habe er bereits dem BKA übermittelt, da er dem iranischen Volk helfen wolle, sich seiner verbrecherischen Machthaber zu entledigen. Am 16. Dezember 2003 habe er eine E-Mail (von seiner Quelle?) erhalten mit dem Text: »*Falls du die Ermordung (Mzoudis) für falsch halten solltest, dann verhindere die Operation!*« Danach verloren sich Zakeris Ausführungen etwas in alten Geschichten über diverse Kontaktaufnahmen seinerseits mit westlichen Geheimdiensten und gescheiterten Versuchen einer Zusammenarbeit mit diesen. Als Zakeri spürte, mit all diesen Storys die Geduld der Anwesenden etwas überzustrapazieren und erneut in die Unglaubwürdigkeitsfalle zu tappen, erwähnte er schließlich noch nachgeschoben, den Todespiloten der vierten Maschine, Ziad Jarrah, im November/Dezember 1998 persönlich in einem iranischen al-Quaida-Camp »38 km nordöstlich von Teheran« gesehen zu haben. In diesem Lager würden Flugzeugentführungen anhand echter, lebensgroßer Verkehrsflugzeugmodelle systematisch trainiert …

Iran: 38 km nordöstlich von Teheran
Trainingscamp für Flugzeugentführungen?

(Anmerkung des Autors: Während eines Iran-Aufenthalts unmittelbar nach meinen Pakistan-Recherchen ein Jahr später »s. Kapitel 13« habe ich versucht, dieses geheimnisvolle Lager aufzustöbern. In der Tat findet sich nordöstlich von Teheran, wenige Kilometer von Lasgarak entfernt ein großes, hügeliges, gut bewachtes und völlig uneinsehbares Militärgelände, wie dort überhaupt viele militärische Einrichtungen stationiert sind. Allerdings beträgt seine Entfernung zur Stadtmitte Teherans etwa nur 25 und nicht »38« km, und ob dort an lebensgroßen Boeingmodellen geübt wird, war natürlich von außen nicht feststellbar, unabhängig davon freilich, dass dieser Umstand für sich allein überhaupt noch nichts beweisen würde, da ja beispielsweise wohl auch die deutsche KSK-Einheit und andere militärische Spezialtruppen an gewissen »Echtmodellen« ihre – legitimen – Einsätze trainieren dürften. Zwischen 30 und 45 km nordöstlich von der Stadtmitte Teherans sowie – alternativ – vom Stadtrand aus konnte ich ein derartiges Camp nicht ausfindig machen. Es ist allerdings zu beachten, dass besagtes Areal bereits mitten in dem sich zwischen Teheran und Kaspischen Meer erstreckenden Elburs-Gebirge liegt (in etwa zwischen den Dörfern Garmabdar im Norden, Galanduak im Nordosten und Rudehen im Osten) und ich nicht alle Seiten- bzw. Stichstraßen in die Berge abklappern konnte, ohne dass mein Chauffeur – Selbstfahren eines Mietautos ist in Iran (noch) nicht gestattet – irgendwann einmal »Verdacht« geschöpft hätte ...).

»Das alles kann man glauben, muss aber nicht«, schloss die Verteidigung Mzoudis in ihrem Plädoyer, nachdem der Richter den Wahrheitsgehalt des Großteils von Zakeris Aussagen anhand der Auskünfte von Geheimdiensten und sonstigen Behörden nicht belegen konnte.

»Die Ausführungen Zakeris waren geeignet, diejenigen, die von der Schuld des Angeklagten bereits überzeugt waren, noch weiter zu bestätigen – wie auch diejenigen, die den Angeklagten ohnehin nicht für schuldig halten«, schloss demgegenüber die Bundesanwaltschaft, bevor der Richter die Anschuldigungen des iranischen Zeugen aus Mangel an Beweisen endgültig zurückwies und die Verhandlung für beendet erklärte. Dem war in der Tat nicht mehr viel hinzuzufügen. Eine Kleinigkeit, die mir noch aufgefallen war, möchte ich jedoch nicht gänzlich unerwähnt lassen: Etwa eine halbe Stunde vor Prozessende erschien noch ein äußerst dynamisch wirkender, etwa 25-jähriger, arabisch aussehender Mann, leicht unrasiert und mit rotem Stirnband, im Zuschauerraum und setzte sich schräg hinter mich in die nachfolgende Bank, offenbar um einen möglichst freien Blick zum Zeugen und zum Angeklagten zu haben. Als die Verhandlung beendet war und die Beteiligten gerade kurz davor waren, sich von ihren Plätzen zu erheben, drehte Mzoudi zum allerersten und gleichzeitig auch letzten Mal seinen Kopf zum Zuschauerraum und warf einen kurzen Blick genau in meine Richtung bzw. in Richtung des hinter mir sitzenden Arabers. Und wenn mich nicht alles täuschte, machte er dabei eine leichte Nickbewegung. Allerdings kann ich nicht beurteilen, ob diese Geste meinem Hintermann oder Mzoudis Dolmetscherin, die sich möglicherweise noch im Gespräch mit ihm befand, gegolten hatte ...

Wenige Tage später wurde Mzoudi aus Mangel an Beweisen einer »Beihilfe zum Mord in über 3000 Fällen« freigesprochen und wenige Monate später – mit ähnlicher Begründung – schließlich auch Landsmann Motassadeq. Den Schlusssatz des Richters beim Mzoudi-Prozess »Ein Grund zum Feiern ist das nicht« kann man wohl getrost auch auf den zweiten Freispruch anwenden. Und vielleicht spricht die formell zwar gezeigte, vergleichsweise aber eher sanft ausgefallene Kritik der US-Regierung auf die Freilassungen ja indirekt für die These Zakeris, wonach der CIA genau dieses Ergebnis hätte erreichen wollen. Dazu würde natürlich auch hervorragend der Umstand passen, dass die US-Behörden dem deutschen Gericht weder den hauptverdächtigen Binalshibh als Zeugen zur Verfügung stellten noch die Dokumente der ihn betreffenden Verhörprotokolle – bis auf ein einziges, welches Mzoudi prompt entlastete. Und noch seltsamer mutet es an, dass sich dasselbe Spiel ein halbes Jahr später beim Berufungsverfahren gegen Motassadeq praktisch haargenau wiederholte – für die deutsche Staatsanwaltschaft ein juristischer Zweit-GAU ohnegleichen und für die US-Regierung ein weiterer Meilenstein an »Unglaubwürdigkeitsgewinn«. Zu Letzterem trägt u.a. auch das konsequente, mysteriöse Nichtauftauchen, Nichtgezeigt- sowie Nichtangeklagtwerden der mutmaßlichen Haupttäter Binalshibh und KSM bei. Seit Herbst 2002 befindet sich Binalshibh nun in »US-Gewahrsam« – KSM seit März 2003. Sie würden verhört, heißt es. Wenn das stimmt, wieso sieht man diese Figuren nie optisch? Hat die amerikanische, aber auch die Weltöffentlichkeit nicht ein Anrecht darauf, die mutmaßlichen Haupttäter des größten Terroranschlags in der Geschichte der Menschheit wenigstens ab und zu mal zu sehen und etwas über ihr Schicksal zu erfahren? Nicht einmal die offizielle 9/11-Kommission durfte die beiden (und alle anderen Mitangeklagten) zu Gesicht bekommen: »... *Unser Zugang zu ihnen war beschränkt auf die Einsicht der nachrichtendienstlichen Berichte, basierend auf den Informationen von den Orten, wo die tatsächlichen Vernehmungen stattfinden. Wir reichten den Vernehmungen nützliche Fragen bei, hatten aber keine Kontrolle darüber, ob, wann oder wie Fragen von besonderem Interesse gestellt würden. Auch war es uns nicht gestattet, mit den Vernehmern zu sprechen, sodass wir die Glaubwürdigkeit der Inhaftierten besser beurteilen und Vieldeutigkeiten bei den Berichten klären könnten. Es wurde uns gesagt, dass unsere Anliegen den empfindlichen Vernehmungsverlauf zerreißen könnten* ...« (9/11-Report, S. 146). Wisnewski könnte vielleicht Recht haben, wenn er behauptet, irgendetwas an diesen Angeklagten – zumindet an Binalshibh und KSM – stimme nicht, doch was? Seine und Bröckers Versionen reichen dabei von der totalen Schuldlosigkeit der beiden über ihre Folterung in »rechtsfreien« Drittstaaten bis hin zur Mitarbeit in der CIA. Nun gut, es gibt mehrere Szenarien, die man aus dem konsequenten Nullauftritt der beiden und der kaum noch erklärbaren Geheimnistuerei der US-Behörden konstruieren könnte, doch müssen wir sie auf Grund der dürren Faktenlage leider allesamt einstweilen in den spekulativen Bereich verabschieden. Das gilt allerdings in der Tat auch für die offizielle Version von der (angeblich eingestandenen) Täterschaft der beiden. Zwar hat al-Jazeera-Journalist Yosri Fouda nach eigenen Angaben von den Beschuldigten in Pakistan ein Geständnis erhalten, jedoch kann dies nicht als definitiver Beweis gewertet werden, da zum einen nicht mal das Treffen selbst gerichtsfähig belegt werden konnte und zum anderen die berichteten Vorträge von Binalshibh und KSM reichlich vage waren und noch viele Fragen über konkrete Planung, Vorbereitung und Durchführung der 9/11-Anschläge offen ließen. Allerdings sind die diesbezüglichen, auf o.g. »Befragungen« gestützten Ausführungen des 9/11-Reports (Kapitel 5 – 7) doch derart umfangreich, detailliert und spezifisch, dass eine reine Erfindung oder Täuschung nahezu ausgeschlossen scheint. Entschieden widersprechen möchte ich auch Wisnewskis Einschätzung vom »harmlosen«, »unschuldigen« Abdelghani Mzoudi. Mein instinktiv-intuitiver Eindruck von dieser Person ist in der Tat der eines mohammedanischen Fundamentalisten – und dies nicht nur wegen Rauschebart. Ich weiß nicht, wo Wisnewski seinen Schnappschuss des sympathisch und treudoof lächelnden Marokkaners ergattert hat, ich weiß nur, dass Mzoudi diese Mimik und Ausstrahlung in keiner einzigen Sekunde des gesamten Prozesstages an sich hatte. Selbstverständlich sagt dies alles noch nichts aus über eine etwaige Mitwirkung eines Menschen in einer terroristischen Vereinigung, dennoch sollte man sich umgekehrt nicht von ein paar wenigen Ausnahmefotos über diese Person (positiv) täuschen lassen. Zusammenfassend möchte ich sagen, dass ich Mzoudi für einen zumindest potenziell gefährlichen »Islamisten« halte, der wohl auch – sollte die offizielle Version vom 11. September stimmen – seinen Teil zum Gelingen dieses teuflischen Coups beigetragen haben könnte. Wie seine Geschichte weitergehen wird, nachdem er nach seinem endgültigen Freispruch am 9. Juni 2005 Deutschland am 23. Juni 2005 Richtung Marrakech verlassen hat, wird sich zeigen …

Dennoch: Seltsam ist und bleibt es, dass die US-Regierung über Binalshibhs und Sheikh Mohammeds Verbleib keinerlei Auskunft erteilt. Und vielleicht sprach auch die wenige Wochen nach Mzoudis Freilassung erhobene, ungeheuerliche Behauptung des iranischen Staatsradios, dass Osama bin Laden sich längst in US-Gewahrsam befinden und pas-

Marienstr. 54: ehemaliger Sitz der Hamburger Terrorzelle um Mohammed Atta

send zu den Präsidentschaftswahlen im Herbst 2004 der Öffentlichkeit präsentiert werden solle – was im Oktober 2004 wenige Tage vor der Bush-Wiederwahl ja dann auch prompt geschah – tatsächlich die Wahrheit ... Vielleicht ist es aber auch die Wahrheit, dass Iran – zumindest als (Teil-)Unterstützer von al-Quaida – den 9/11-Plot indirekt mitzuverantworten hat, mit obiger Verlautbarung nur hiervon ablenken wollte und vielleicht sogar selbst Osama bin Laden »beherbergt«, was ja hie und da – zuletzt im Zuge einer mysteriösen Flugzeugbesetzung im März 2005 – behauptet wurde. Die Befragungen der inhaftierten al-Quaida-Mitglieder durch FBI und die 9/11-Kommission scheinen jedenfalls – in Ergänzung zu Richard Clarkes Ausführungen – zu bestätigen, dass al-Quaida nicht nur von der Hisbollah »*Rat und Training*«, sondern auch von iranischen Offiziellen »*Erleichterungen*« zur Durchreise des Iran bei Ein- oder Ausreise zu bzw. von afghanischen Terrorcamps (in Form des Nichtstempelns saudi-arabischer Pässe) erhalten hat (9/11-Rep., S. 240f.) Auch sei nachgewiesen, dass al-Quaida-Operatoren und -Trainer in den Iran reisten, um dort *»eine Ausbildung in Explosivstoffen«* zu erhalten (Rep., S. 61). Dennoch konstatiert der Bericht, dass es zum gegenwärtigen Zeitpunkt *»keinen Beweis gibt, dass Iran oder Hisbollah von den Planungen (...) der 9/11-Attacke Kenntnis hatten ...«* Vielleicht verdichten sich jedoch diverse Anhaltspunkte oder »werden verdichtet«, wenn Präsident Bush sich in seiner zweiten Amtszeit tatsächlich den Iran (wegen Nichtaufgabe seines Nuklearprogramms) vorknöpft, wie der investigative Journalist Seymour Hersh im Januar 2005 aufgedeckt haben will. Und der Video-Auftritt von Osama bin Laden im Oktober 2004, in dem er sich – mit diesmal eher geistlichem als militärischem Outfit und Habitus – fast schon Mullah/Ayatollah-like präsentierte, scheint durchaus geeignet, eine entsprechende Assoziation (zum Iran) hervorrufen zu können ...

Fest an eine US-Verschwörung wiederum glaubte auch der Italo-Kanadier Rocco Galati, der in Toronto lebende Anwalt des reichlich mysteriösen Ex-Navy-Agenten Delmart Edward Joseph »Mike« Vreeland. Letzterer hatte nämlich behauptet, von einem 9/11-Komplott schon vor den Anschlägen erfahren zu haben – und zwar von einem russischen KGB-Agenten in Moskau, der wiederum behauptete, dass ein Sohn Saddam Husseins Präsident Putin diese Information habe zukommen lassen. Als Vreeland einige Wochen vor den Anschlägen in Kanada wegen Scheckbetrugs arrestiert wurde, habe er den Gefängniswärtern wenige Tage vor dem 11. September aus seiner Zelle heraus einen Umschlag mit einem Zettel darin in die Hand gedrückt, auf dem u.a. zwei der später tatsächlich getroffenen Ziele – nämlich das World Trade Center und das Pentagon – aufgelistet waren. »Dummerweise« haben die Wärter den Umschlag erst nach dem 11. September geöffnet, womit die »Warnung« zu spät gekommen sei. Auch findet sich auf dem ominösen, mit allerlei sonstigem Kram (oder evtl. auch Codewörtern?) bekritzelten Papier – welches übrigens im Internet einsehbar ist – der geheimnisvolle, mit drei Ausrufezeichen versehene Satz »Let one happen, stop the rest!!! – Lasst eins geschehen, stoppt den Rest!!!« wieder, über dessen genauere Bedeutung sich Vreeland jedoch »aus Sicherheitsgründen« nicht weiter äußern wollte. Ebenso aus Sicherheitsgründen wollte er unter allen Umständen vermeiden, von der kanadischen Justiz an die USA ausgeliefert zu werden, da er befürchtete, vom dortigen Geheimdienst dann liquidiert zu werden. Einige investigative Journalisten wollen allerdings zahlreiche Unglaubwürdigkeiten, Unstimmigkeiten und sogar handfeste Widersprüche in Vreelands Ausführungen entdeckt haben – ebenso die US-Regierung, die zwar bestätigte, dass Vreeland mal für die Navy gearbeitet habe, aber schon nach kurzer Zeit wegen Untauglichkeit bzw. diverser Vergehen wieder entlassen worden sei. Angeheizt wurde die Vreeland-Thematik erneut, als der

Mann Ende 2002 plötzlich spurlos verschwand und seither nicht wieder auftauchte. Da ich ohnehin vorhatte, zwecks eigener 9/11-Ermittlungen in den Osten der USA zu reisen und Kanada bzw. Toronto da nicht allzu fern lag, machte ich über Internet und Auskunft die Telefon-Nummer von Vreelands Anwalt ausfindig und rief diesen an.

»Wissen Sie«, sagte Galati am Telefon, »viele Amerikaner sind zu doof oder dumpf patriotisch, als dass man sich über dieses Thema mit ihnen kritisch unterhalten kann, ohne Schwierigkeiten zu bekommen ...«

»Was meinen Sie mit Schwierigkeiten?«, fragte ich ihn.

»Nun, ich habe vor einiger Zeit Todesdrohungen erhalten für den Fall, dass ich weiterhin Islamisten oder »Verschwörungstheoretiker« bei Prozessen gegen die USA verteidige. Und was mich wirklich beunruhigt, ist, dass die Stimme, welche die Drohung auf meinem Band ausgesprochen hatte, die gleiche war, die auch schon Vreeland mit dem Tod gedroht hatte ...«

»Hm – schrecklich ... doch apropos Vreeland: Wo steckt er eigentlich, und wäre es möglich, ihn mal zu interviewen – meinetwegen auch in Kanada?«

Daraufhin lachte Mr. Galati ein kurzes, sarkastisches Lachen und sagte:

»Er ist tot – tot!«

»Was?! Wirklich?! Wissen Sie das genau?«

»Wir gehen davon aus. Denn wie gesagt, er hatte vor seinem Verschwinden die gleichen Todesdrohungen erhalten wie ich. Außerdem hat die Polizei sein Appartement aufgebrochen vorgefunden, und so wie es aussieht, hat man ihn wohl gewaltsam von dort verschleppt. Seither hat er sich auch nie wieder gemeldet ...«

»Verdammt ...«

»Tja, tut mir Leid, dass ich Ihnen da nicht weiterhelfen kann! Ich jedenfalls habe meine al-Quaida-Fälle jetzt aus der Hand gegeben, da ich keine Lust habe, so zu enden wie Vreeland ... Bleibt nur zu hoffen, dass uns die UN bald Truppen auf den Kontinent schickt, um die USA von dieser kriminellen Bande (die Bush-Regierung) zu befreien! Ansonsten werd ich wieder zurückgehen nach Kalabrien ... Aber lassen Sie sich nicht entmutigen, Stefan!«

4. World Trade Center: Sprengung oder Schmelzung?

»It's gonna be a long night for you, Mister – es wird eine lange Nacht für Sie werden, wenn Sie dieses Formblatt nicht korrekt und vollständig ausfüllen!«, drohte mir der amerikanische Zollbeamte am JFK-Airport in New York unverhohlen, und sein Gesichtsausdruck signalisierte absolute Ernsthaftigkeit. Also doch – die Bücher hatten alle Recht, dachte ich: Die Vereinigten Staaten von Amerika mittlerweile ein Überwachungsstaat mit diktatorischen Zügen. Und alles nur, weil ich einzig und allein diese lächerliche Frage nach der genauen Adresse meines Aufenthaltsortes in den USA nicht ausgefüllt bzw. mit einem ehrlichen, aber scheinbar verdächtigen »unknown-unbekannt« versehen hatte. Sinnlos der Versuch, dem garstigen Betonschädel hinter seiner neu installierten, hypermodernen Sofortbildkamera-Apparatur nebst Biometrik-Fingerabdruck-Maschine klar zu machen, dass ich weder ein Hotel gebucht hatte noch bei irgendwelchen Bekannten oder Verwandten zu nächtigen beabsichtigte – ganz einfach, weil ich immer so reiste. Nun stand ich da, ratlos vor ebenso ratlosen Sicherheitsleuten und einem nachströmenden, ratlos blickenden Haufen Passagiere, die wohl bereits dachten, dass hier endlich mal so ein verdammter europäischer al-Quaida-Kollaborateur ins Netz gegangen war. Die Szene war beißend peinlich und drohte schließlich zu eskalieren, als ich einen Sicherheitsbeamten etwas provokant fragte, ob dies nun ein freies Land sei oder nicht.

»Das hier sind die Vereinigten Staaten von Amerika und nicht der Rest der Welt!«, knauzte er großkotzig und hätte mich wohl am liebsten sofort unter Arrest genommen, wenn da nicht die ältere Dame gekommen wäre, die mir gerade bis zum Solar Plexus reichte. Ihrem Emblem und Auftreten nach handelte es sich wohl um die Security-Chefin, und man sah an ihrem leidgepüften Blick, dass diese Situation offenbar kein Einzelfall war, sondern ein grundsätzliches Problem zwischen Security-Bestimmungen einerseits und Zollvorschriften andererseits entlarvte. Die Dame hörte sich meinen Vortrag in Ruhe an, sagte dann »Hold on, ich versuche, Ihnen zu helfen!« und verschwand in irgendwelchen Räumlichkeiten. Etwa zehn Minuten später tauchte sie wieder auf mit einem Zettel in der Hand, den sie mir reichte, und sagte: »Dieses Hotel kann ich

Ihnen empfehlen – das Ramada-Inn für 130 Dollar die Nacht. Wenn Sie aber um diese Zeit noch nach Manhattan reinfahren wollen, kriegen Sie dort nur noch Hotels für etwa 600, 700 Dollar. Tragen Sie das Ramada-Hotel auf dem Formular ein, und der Zoll lässt sie durch.« Dann wies sie mich zu einem anderen Beamten, und ich kam – nach einer weiteren halben Stunde Wartezeit – endlich durch. Die ganze Prozedur erinnerte mehr an die »Sozi-Zeiten« der untergegangenen UdSSR oder DDR als an die Führungsmacht der sog. freien Welt. War es doch wahr, dass George W. Bush einen zwielichten Unrechtsstaat aus den USA gemacht und den Bürgern ihre Freiheitsrechte genommen hatte?

Das Ramada-Inn war mäßig, doch offenbar die einzige Rettung für meine erste Nacht in den USA nach dem großen Gong vom 11. September 2001. Am nächsten Morgen fuhr ich mit Bus und Metro ins Zentrum von Manhattan, wo ich zum einen bei Alamo meinen reservierten Mietwagen entgegennahm und zum anderen die erste Station meiner

Baugrube World Trade Center: Trümmer nach China verschifft?

Das unversehrte World Financial Center in Manhattan

9/11-Recherchen besuchte: Ground Zero. Mein erster Eindruck von Amerika und den Amerikanern im post-9/11-Zeitalter war eine Mischung von nach wie vor – oder auch: wieder – lässig-offenem Lebensstil einerseits und unterschwelligem Getroffensein, Läuterung, Misstrauen, Sorge, aber auch neuer Besinnlichkeit, Introvertiertheit und Nachdenklichkeit andererseits. Das Treiben in den Straßen und Geschäften schien zunächst wie eh und je, und doch verrieten die Gesichter etwas anderes als früher …

Ground Zero, die klaffende Wunde von New York City, war als reiner »crash-site« selbstverständlich nicht mehr besonders interessant, da es sich mittlerweile nur noch um eine einzige große Baustelle handelte, die, teilweise von hohen Zäunen umgeben, keinen detaillierten »Insiderblick« in die Grube mehr erlaubte. Zudem waren ja alle Trümmermassen mittlerweile im wahrsten Sinne des Wortes beseitigt, d.h. nicht nur weggeräumt und untersucht, sondern längst außer Landes geschafft worden.

WTC-Aussichtsplattform: Auf der Suche nach Zeugen

Dass dieser seltsame Vorgang Nahrung für allerlei Spekulationen bezüglich gezielter Beweisvernichtung im Allgemeinen und ein weiteres Indiz für die sog. »Sprengungstheorie« im Besonderen schuf, bedarf keiner weiteren Erläuterung.

Der einzige Grund aber, warum ich hinsichtlich meiner Recherchen den Krater des Terrors besuchte, war das Interesse an etwaigen Augenzeugenberichten, welche o.g. »Sprengungstheorie« be- oder widerlegen konnten. Nach dieser Version, welche vor allem von dem Münchner Autor Gerhard Wisnewski vertreten wird, seien die beiden Türme nicht durch die Einschläge der Boeings und die dadurch verursachten Kerosinbrände zum Einsturz gebracht worden, sondern durch gezielte Sprengungen. Diverse Architekten, Sprengmeister und Brandschutzexperten kämen zu dem Schluss, dass die durch die Kerosinbrände erzeugte Hitze nicht ausgereicht hätte, um die Stahlträgerkonstruktion der beiden Wolkenkratzer zum Schmelzen zu bringen und damit den Einsturz der

Gebäude zu bewirken. Denn es sei zwar richtig, dass Stahl bei ca. 1000 Grad zu schmelzen beginne und die WTC-Brände – zumindest zeitweise und partiell – auch tatsächlich diese Temperatur erreichten, allerdings bedürfe es einer wesentlich höheren Zufuhr-Temperatur, um die Stahlträger selbst auf diese 1000 Grad »hochzuheizen«. Oder auch kurz gesagt: 1000 Grad auf den Stahl erzeugen noch keine 1000 Grad im Stahl. Zudem wirkte die riesige, zusammenhängende und weit verzweigte Stahlkonstruktion des WTC wie ein gigantisches Kühlrippensystem, welches Wärme optimal ableitete anstatt konzentrierte. Dem steht aber beispielsweise laut 9/11-Report, Seite 309, eine Aussage der über dem getroffenen WTC kreisenden Helikopterstaffel des New York Police Departments (NYPD) gegenüber, wonach die Piloten schon um 10.04 Uhr, also 24 Minuten vor dem Kollaps des Nordturms, berichteten, dass die oberen 15 Stockwerke des Wolkenkratzers bereits *»rot glühten«*, und sie nicht glaubten, dass der Nordturm *»noch länger aushalten würde«*. Außerdem argumentierten in einer WDR-Sendung aus dem Jahr 2003 Experten, dass der Einsturz in erster Linie durch die eigenwillige, relativ anfällige Deckenaufhängung via Stahlbolzen ausgelöst worden sei. Hiernach reichten schon deutlich niedrigere Temperaturen aus, um diese Bolzen weich werden und damit Decke auf Decke wie ein Kartenhaus zusammenkrachen zu lassen. Ferner müsste eine gezielte Sprengung von dem Ausmaß, wie es beim WTC gefordert war, von langer Hand und mit enormem, technischem Aufwand vorbereitet werden. Dies jedoch hätte sich gerade bei dem vielbesuchten und gut bewachten WTC unmöglich unauffällig bewerkstelligen lassen – auch wenn Wisnewski die Möglichkeit in Betracht zieht, dass die Sprengmeister des Bösen dort für einige Zeit eine ganze Etage gemietet hätten, um dann in aller Ruhe ihr Ding machen zu können. (In diesem Zusammenhang ist allerdings zu bemerken, dass die Firma von Morgan Stanley, welcher angeblich dem gleichen Geheimbund angehören soll wie Präsident Bush, immerhin mehr als 20 Stockwerke im WTC umfasste gem. 9/11-Report, Seite 287 ...) Aber auch die weißen Sprengwölkchen, welche beim Einknicken der Türme an der Außenseite der bewussten Stockwerke zu beobachten waren, resultierten nach Expertenmeinung nicht von Sprengungen, sondern vom Zerbersten von Gipsbetonbestandteilen zwischen den Fenstern. Auch ist bei sehr genauem Hinsehen festzustellen, dass die besagten Wölkchen keinen Augenblick *vor*, sondern haargenau *während* des Zusammenknickens der Gebäude aus den Etagen quollen. Bei klassischen Gebäudesprengungen ist jedoch generell – wenn auch in zeitlich knapper Folge – zu beobachten, dass *zuerst* die Sprengwolken hervorschießen, während das Gebäude selbst noch für Sekundenbruchteile »ruhig« stehen bleibt, und dann erst der Kollaps beginnt.

Unabhängig hiervon gelingt es der Sprengungs-Theorie natürlich nicht so recht, den zusätzlichen Einsatz der Kamikaze-Boeings ausreichend plausibel zu machen. Als »Ablenkungsmanöver« für etwaige Sprengungen scheint eine logistisch derart komplexe, aufwändige und risikoreiche Aktion etwas an den Haaren herbeigezogen. Interessanter- und vielleicht auch bezeichnenderweise findet Wisnewskis Sprengungstheorie in seinem Folge-Werk »Mythos 9/11 – Der Wahrheit auf der Spur« aus dem Jahr 2004 denn auch keine Erwähnung mehr ...

Dennoch wollte ich zumindest der Frage der Exlosionen – unabhängig davon, dass selbst im Falle ihres Nachweises noch nicht automatisch auf konspirative Sprengvorgänge geschlossen werden könnte – über weitere Augen- bzw. Ohrenzeugen selbst nachgehen. Wie sich aber zeigen sollte, war das Auftreiben von Zeugen vor Ort gar nicht so einfach. Trotzdem ich Ground Zero zwei Mal langsam umrundete und dabei immer wieder Leute in den Gängen oder in der Aussichtsplattform des benachbarten und unbeschädigten World Financial Centers nach ihren Beobachtungen und Eindrücken vom 11. September fragte, fand sich keine einzige Person, die den Zusammensturz der Türme wirklich aus nächster Nähe live miterlebt hatte. Das lag zum einen daran, dass sich um den Ground Zero natürlich mehr Touristen als Einwohner tummelten, zum anderen aber auch an dem generell häufig wechselnden Personenkreis in einem solch lebendigen Stadtteil wie diesem. Doch wenn man den 9/11-Report etwas genauer studiert, kommt man vielleicht schon hier auf des Pudels Kern: Zum Beispiel ist auf Seite 306 zu lesen, dass viele Feuerwehrleute, die sich zum Zeitpunkt des Zusammenbruchs des Südturms in den Gängen und Stockwerken des noch stehenden Nordturms befanden, den Einsturz des anderen Turms visuell gar nicht mitbekamen, weil sie sich auf der dem Südturm abgewandten Gebäudeseite befanden. Gleichwohl verspürten sie dermaßen starke Erschütterungen und hörten lautes Donnern, dass sie entweder an ein Zusammenkrachen der über ihnen befindlichen Stockwerke des Nordturms oder aber an Explosionen von Bomben dachten. Auf die Idee, dass die lauten »Detonationen« vom Kollaps des anderen Turms rührten, kamen sie in dieser Situation noch nicht ... Zu guter Letzt aber trieb ich dann doch noch einen »eigenen Zeugen« direkt vor dem Burger King an der Ecke auf: Ein aus Ecuador eingewanderter Straßenverkäufer konnte mir glaubhaft versichern und schildern, wie er damals den Einschlag der zweiten Maschine in den Südturm aus etwa zwei Meilen Entfernung mitverfolgt habe. Zur Überprüfung von Wisnewskis Sprengtheorie wie auch der ominösen, auf diversen Fotographien festgehaltenen und bis heute ebenso viel diskutierten wie unerklärten »Anomalie« (hier: düsenähnlicher Gegenstand) am Rumpf der zweiten Boeing steuerte dies allerdings nichts bei. Immerhin aber konnte man mit dieser Zeugenaussage zumindest die abenteuerlichste aller Gegenversionen, nämlich Mahlers »Filmtheorie«, mit einigem Augenzwinkern vergessen machen. Nach letzterer Version sollen sämtliche Einschläge der Boeings niemals real stattgefunden haben, sondern lediglich auf Zelluloid bzw. in Bits und Bites gebannt. Diese Trickaufnahmen bzw. Computeranimationen seien dann geschickt in die realen Filmaufnahmen von den tatsächlichen, durch interne Sprengungen hervorgerufenen Gebäudeeinstürzen hineinkopiert worden. Dass es am 11. September trotz Rushhour jedoch auch noch ein paar Leute gab, die eben nicht nur mit Tunnelblick durch die Avenues und Boulevards von New York hetzten, sondern auch mal den Blick nach oben richteten, Teile von Boeing-Triebwerken »ganz real« auf den Straßenasphalt aufschlugen sowie 'zig trauernde Angehörige von ebenfalls ziemlich realen, aber toten Flugpassagieren Entschädigungsansprüche gegen die betreffenden Airlines sowie die staatliche Flugaufsichtsbehörde richteten, scheint den Vertreter dieser Version dabei wenig zu interessieren. Um mich nicht selbst in die Nähe dieses Unfugs zu bringen, werde ich mich selbstverständlich nicht weiter mit dieser »Version« beschäftigen, sondern Sie stattdessen weiter mitnehmen zu meiner nächsten Station …

5. Auf der Spur der »Wisnewski-Drohnen«

New Jersey war herrlich um diese Zeit. Alles blühte, alles grünte. An jedem zweiten der rausgeputzten Einfamilienhäuschen am Straßenrand flatterte stolz und schmuck die Stars-and-Stripes-Flagge im Frühlingswind, und aus dem Radio verkündeten christliche Prediger das Nahen des Herrn oder Moderatoren die McDonald's-Persiflage »Supersize me!«. Die Welt hier schien intakt – trotz 9/11, Afghanistan und dem gerade frisch servierten »prisoners abuse scandal – dem Gefangenenmissbrauchsskandal« im Bagdader Abu Ghraib Gefängnis. Ehrlich gesagt genoss ich dieses Bild, das in Deutschland unmöglich wäre. Dies also sollten die kriegslüsternen, ölgeilen, »ungläubigen« Amerikaner sein, die aggressive Superpower, die die Welt ins Chaos stürzte? Im Land selbst schien – wie im Auge eines Taifuns – merkwürdigerweise mehr Frieden zu herrschen als beispielsweise im »pazifistischen« Deutschland. Krieg in Falludscha wohl, aber kein Krieg auf den Straßen. Kein Vogelzeigen, kein böses Wort, kein rücksichtsloses Schneiden, kein nötigendes Auffahren, keine Raserei wie bei uns. Schwer, auf Anhieb etwas Negatives bei den Amis zu finden, ohne dichten zu wollen oder Michael Moore zu heißen ... Höhepunkt der Idylle war Point Pleasant, ca. 100 km südlich von New York City. Das schnucklige Seebad an der rauen Atlantik-Ostküste mit einem gewissen »Der Weiße Hai«-Charme präsentierte sich um diese Zeit praktisch noch touristenleer und daher umso einladender. Was aber wollte ich hier, werden Sie sich sicherlich fragen. Nun, zum einen etwas entspannen und das gesunde Seeklima genießen, zum anderen aber damit beginnen, die »Drohnen-Theorie« zu überprüfen. Nach dieser 9/11-Gegenversion, die vor allem von dem o.g. Herrn Wisnewski favorisiert wird, seien am 11. September die vier Todesmaschinen mit der Originalpassagier- und -personalbesetzung zwar ordnungsgemäß gestartet, jedoch irgendwo unterwegs auf geheimen Flugbasen mit naturgetreuen, menschenleeren und selbstfliegenden Nachbildungen (»Drohnen«) – ausgetauscht worden. Was zunächst unglaubwürdig und hoffnungslos durchgeknallt klingen mag, entpuppt sich bei näherer Betrachtung durchaus als eine Variante, die rein technologisch wohl realisierbar wäre und mit der man eine ganze Reihe bisher nicht geklärter Fragestellungen und Merkwürdigkeiten auf einen Schlag begründen könnte. Zum Beispiel wie einer Hand voll jungen, fliegerisch völlig unerfahrenen und lediglich auf Propellerflugzeugen (leidlich) ausgebildeten Arabern gleich mehrere aeronautische und flugakrobatische Glanzleistungen auf einmal gelingen konnten – vom rapiden Sinkflug von 10 000 Metern Höhe auf wenige 100 Meter über dem Boden über die punktgenaue Anpeilung der relativ schmalen Zielobjekte (WTC) bis hin zur kühnen, knapp berechneten Steilkurve (Südturm) und schließlich zum spitzwinkligen, zwischen unberührten Highways und Lichtmasten hindurchlavierten Superflachanflug (Pentagon). Oder weshalb an sämtlichen Umkehrpunkten der Boeings jeweils die Transpondersignale der vier Verkehrsmaschinen für einige Zeit aus-, später jedoch teilweise wieder angingen. Weshalb bei einer Maschine sogar das primäre Radarsignal für ganze acht Minuten wegblieb. Oder weshalb an den Unfallstellen so wenig Überreste sowohl von den Flugzeugen als auch von den Menschen an Bord gefunden und mehr oder weniger vage identifiziert wurden, weshalb es bei den an Bord geführten Passagier-Telefonaten angeblich zu einigen merkwürdigen Widersprüchen gekommen sei, wie eine Entführung überhaupt möglich war, wenn laut Bestimmungen der Flugaufsichtsbehörde die Cockpit-Türen von Verkehrsflugzeugen grundsätzlich ge- und verschlossen *(»closed and locked«)* zu sein hatten (vgl. 9/11-Report, S. 5) und schließlich weshalb Flugaufsichtsbehörde und NORAD lange Zeit irrigerweise davon ausgegangen waren, dass nicht die Atta-Maschine, sondern irgendeine andere *»aircraft«* den WTC-Nordturm getroffen haben sollte. All diese Absonderlichkeiten, die in verschiedenen Büchern aber auch bei den offiziellen Darstellungen nachgelesen werden können und ich daher nicht im Detail hier wiederkäuen möchte, könnten natürlich mit der Drohnentheorie auf einen Schlag erklärt werden: Eine tatsächliche Entführung habe gar nicht stattgefunden, die Flugakrobatik wäre von einer perfekten Maschine, nämlich der selbstfliegenden, computergesteuerten Hightech-Drohne übernommen worden, das Ein- und Ausgehen der Transpondersignale hätte lediglich das Landen der realen Maschinen und das anschließende Starten der Drohnen (ohne Flugkennung) dokumentiert, die Maschinen seien bis zu ihren Einschlägen nicht identifiziert worden, weil es ja nicht die richtigen waren, und die wenigen Wrack- und Leichenteile ergäben sich zum einen aus der »materialsparenden« Konstruktion der Boeing-Nachbildung und zum anderen aus den nicht mehr vorhandenen (weil vorher schon ausgestiegenen) Menschen, deren Leichenteile dann später heimlich an die Unfallstelle gelegt worden seien, und so weiter und so fort ... Nun – dass das US-Militär über ausgefeilte Drohnentechnik verfügt und unbemannte, selbstagierende Flugroboter (z.B. Typ »Predator«,

»Global Hawk«) bereits erfolgreich eingesetzt hat – zum Beispiel gerade bei der Liquidierung von Terroristen in der jemenitischen Wüste – ist ein offenes Geheimnis und bedarf keines expliziten Nachweises. Tatsächlich bewegt sich die gesamte amerikanische Kriegsführung der Zukunft genau in diese Richtung – weg vom verletzlichen, relativ leicht versagenden und letztlich unberechenbaren Menschen hin zum verstärkten Einsatz von perfekt programmierten, gefühllosen Robotern nicht nur bei der Luftwaffe. Und dass US-Militärs und -Geheimdienste schon in früheren Fällen (z.B. im Rahmen der Kubakrise in den 60er-Jahren) perfide Täuschungsaktionen zumindest geplant hatten (legendäre »Operation Northwoods« nachzulesen bei Bröckers und Wisnewski), kann ebenfalls als Tatsache gelten ...

Abgesehen davon, dass – nach Ansicht eines mir bekannten Luft- und Raumfahrttechnikers – ein Boeing-Verkehrsflugzeug von dritter Hand kaum originalgetreu und flugtauglich zugleich nachgebildet werden könnte, und andererseits ein Entwenden von immerhin vier Boeings aus dem regulären Bestand irgendwo registriert und entsprechend aufgefallen sein müsste, besteht der Knackpunkt der Drohnentheorie vor allem darin, dass sie im Wesentlichen drei Dinge erklären muss:

1. wo der Austausch der echten mit den unechten Maschinen erfolgt sein soll,
2. wo die echten Boeings mitsamt ihrer Besatzung und den Passagieren letztlich abgeblieben sein sollen und
3. wer all die (nachgewiesenen) Telefonate zwischen Passagieren und Angehörigen sowie Stewardessen und Aufsichtsbehörden geführt haben soll, wenn nicht diese Personen selbst.

Als mögliche Antwort zu diesen Fragen nennt Wisnewski im Wesentlichen zwei Varianten:

1. Die echten Maschinen seien bereits in der Luft abgeschossen worden, die Drohnen von einer geheimen Militär- oder CIA-Basis aus gestartet.
2. Die echten Maschinen seien auf geheimen Militär- oder CIA-Basen gelandet (und später umgebaut bzw. umgestrichen und verkauft oder zerlegt bzw. ganz vernichtet worden). Zeitgleich seien dann die Drohnen gestartet. Bezüglich des Verbleibs von Besatzung und Passagieren geht Wisnewski in diesem Fall davon aus, dass sie entweder liquidiert und anschließend ihre Leichenteile an die Unfallstellen gelegt worden seien oder dass sie – als mitspielende »Komparsen-Agenten« – die gelandeten Maschinen ganz einfach lebend, aber mit neuen Identitäten ausgestattet verlassen durften. Die zahlreichen Handy-Anrufe seien nach Wisnewski entweder von schauspielenden Agenten gestellt oder bestenfalls bis zum Austauschzeitpunkt der Maschinen »original«.

Ohne jetzt an dieser Stelle schon vorab auf die Wahrscheinlichkeit oder Unwahrscheinlichkeit einer derartigen Unternehmung eingehen zu wollen, wäre zunächst zu prüfen, ob diese Annahmen in der Realität, wie wir sie in den USA vorfinden, überhaupt *möglich und machbar* waren. Konkret: Es müsste irgendwo geheime Boeing-Flugfelder geben bzw. gegeben haben, denn ohne sie würde die gesamte Drohnentheorie zwangsläufig in sich zusammenbrechen ...

Schön und gut, werden Sie sagen – was aber hat dies alles mit Point Pleasant zu tun?

Nun – wenn Sie einmal eine Landkarte oder den Atlas aufschlagen, sich den Kurs der vier Todesmaschinen näher anschauen und gleichzeitig wissen, an welchen Punkten die Transponder- bzw. Flugkennungssignale damals verschwunden sind, so werden Sie feststellen, dass letztlich nur einige bestimmte Stellen in Frage kommen, an denen die Maschinen – passend zu den Radarsignalen – ausgetauscht worden sein konnten. Die zu einer derartigen Tauschaktion passenden (d.h. hier: aussetzenden) Signale traten fast regelmäßig exakt dort auf, wo die Maschinen nach ihrer regulären Flugroute plötzlich umdrehten und wieder (zu ihren Todeszielen) zurückflogen. Wenn also die echten Maschinen irgendwo mit den unechten ausgewechselt worden sein sollten, so war es de facto nur an diesen Umkehrpunkten möglich, denn bis dahin hatten die Fluglotsen der »air traffic control« (ATC) durchgehend normale und unauffällige Radar- und Funkverbindung von und zu den Maschinen. Den Umkehrpunkten bzw. der jeweils darunter befindlichen Start- und Landesituation am Boden war jedoch seitens der Öffentlichkeit bis dato so gut wie keine Aufmerksamkeit geschenkt worden. Merkwürdigerweise scheinen sogar bei den Vertretern der Drohnentheorie selbst die Umkehrpunkte von keinem besonderen Interesse zu sein, und das, obwohl der Austausch der Maschinen – wie bereits erwähnt – eigentlich nur hier bzw. in der näheren Umgebung erfolgt sein konnte. Denn wenn die (echten) Maschinen nach der Transponderabschaltung auf ihrer urprünglichen Reisehöhe weitergeflogen wären, hätte die große Gefahr bestanden, dass sie dort oben irgendwann einmal doch von einem Radar der FAA (zivile Luftaufsichtsbehörde der USA) oder zumindest der nordamerikanischen Verteidigungsstation NORAD (North American Aerospace Defense Command) erfasst worden wären oder dass zumindest andere auf dieser Höhe verkehrende Passagierflugzeuge sie gesichtet und gemeldet hätten. Überzeugend schildern in diesem Zusammenhang nicht nur Bröckers und Wisnewski, sondern auch der 9/11-Report selbst, dass die Radarerfassung eines Verkehrsflugzeugs natürlich nicht von der Ein- oder Ausschaltung des Transponders durch den Piloten abhängig ist. Der Transponder ist das genauere Signal, welches die Flugkennung anzeigt, d.h. das Flugobjekt identifizierbar macht. Darüber hinaus löst aber jedes Flugzeug ab einer bestimmten Höhe natürlich noch ein rein physisches Radarsignal, den »*primary radar return*« (9/11-Report, Seite 16) aus. Denn alles andere würde ja bedeuten, dass jederzeit feindliche Flugzeuge in den US-Luftraum eindringen könnten, wenn sie einfach nur ihren Transponder abgeschaltet hätten – ein völlig irrsinniger und gänzlich undenkbarer Vorgang ...

Mit jeder Minute, die unsere Maschinen nun in der Luft waren, wuchs jedenfalls die Wahrscheinlichkeit ihrer Entdeckung. Sie mussten daher möglichst schnell von der Bildfläche verschwinden, wenn sie nicht ihren noch zu startenden oder auch bereits gestarteten Doppelgängern im Weg sein und jeweils ein Signal zu viel aussenden wollten. Einen Abschuss der echten Maschinen in der Luft, wie ihn auch Wisnewski erwägt, halte ich dabei jedoch für annähernd ausgeschlossen, da bei niedriger Höhe zu viele Menschen diesen gehört und gesehen haben müssten. Denn – wie wir uns erinnern und wie auch der 9/11-Report zutreffend seine Analyse beginnt – war der Himmel über den östlichen amerikanischen Staaten am 11. September 01 zum Zeitpunkt der Entführungen bzw. der Kehrtwendungen der Flugzeuge nahezu wolkenlos (»*nearly cloudless*«), und wir hatten immer noch Rushhour (»*Millionen von Männern und Frauen bereiteten sich auf die Arbeit vor*«). Bei einem Abschuss in großer Höhe wiederum wären die Trümmer in einem solch weiten und unkalkulierbaren Radius auf die Erde niedergeprasselt, dass die Verschwörer diese unmöglich rechtzeitig, vollständig und unauffällig bergen hätten können, bevor jemand Unerwünschter sie gefunden und offiziellen Stellen bzw. der Presse gemeldet hätte. Die echten Maschinen mussten also tatsächlich irgendwo »als Ganzes« gelandet sein, um keine Spuren in Form von Exlosionsgeräuschen, Rauchwolken, Wrack- und Leichenteilen zu hinterlassen. Und dies alles musste obendrein möglichst schnell vonstatten gehen. Dasselbe gilt im Umkehrschluss natürlich auch für die Startvorgänge der passagier- und besatzungslosen Doppelgänger-Maschinen, die zudem möglichst genau und zeitgleich an dem Punkt das erste Mal (radartechnisch) auftauchen mussten, an dem die echten Maschinen »abtauchten«, um nicht verräterische Doppelsignale zu erzeugen (wovon der Report im Übrigen auch nichts berichtet ...). Aus diesen Gründen ist es nach meiner und der Einschätzung des bereits erwähnten Luft- und Raumfahrttechnikers unerlässlich, dass sich die Start- und Landebahnen für die echten sowie unechten Maschinen nicht allzu weit von den Umkehrpunkten entfernt befinden mussten – sagen wir mal innerhalb eines Radius von maximal 50 Kilometern etwa, wenn man fairerweise Sink- und Landeanflug bzw. Start- und Steigflug gebührend berücksichtigen wollte. Sehr viel weiter in geringer Höhe über den relativ dicht besiedelten, von Straßen, Städten und Ortschaften zersetzten ost-amerikanischen Boden dahinzubrummen, hätte das Risiko einer Entdeckung und Meldung schier zum Russischen Roulette werden lassen – etwas, was die Verschwörer aber mit Sicherheit überhaupt nicht gebrauchen und akzeptieren konnten. Und wenn Sie jetzt nochmal die USA-Karte zur Hand nehmen und auf dieser den Wendepunkt beispielsweise der zweiten Maschine (die in Boston startete und in den Südturm krachte) mit dem Finger weiterverfolgen, so werden Sie in einem Gebiet in New Jersey ca. 100 km südwestlich von New York City landen. Laut 9/11-Report ist auch genau dieses Gebiet in einem Dialog zwischen NEADS (Northeast Air Defense Sector des NORAD) und der Flugaufsichtsbehörde FAA hinsichtlich der Suche nach der American-Airlines-11-Boeing (Atta) erwähnt worden, als man bis 9.21 Uhr tatsächlich davon ausgegangen war, dass die AA 11 noch in der Luft war und irgendetwas anderes in den Südturm gekracht war – ein Wortwechsel, welcher der Drohnentheorie natürlich gewissen Auftrieb verleiht: »*... ich würde annehmen, dass sie (die AA 11) irgendwo über, äh, New Jersey oder irgendwo weiter südlich ist ...*« (9/11-Report, S. 26). Und wenn Sie anhand Ihrer Karte nun erkennen, dass an diesem Punkt wegen der dichten Infrastruktur (mehrere Nord-Süd-Highway-Verbindungen zwischen New York City und Philadelphia sowie Ost-West-Straßen zwischen Küste und Hinterland) offenkundig kein Raum für geheime, große Flugfelder bleibt, und Sie folglich mit dem Finger »*... irgendwo weiter südlich ...*« vorstoßen, nähern Sie sich unwillkürlich dem ausgedehnten Flachland um die riesige »Lakehurst Naval Air Station«, eine der größten Militärbasen der USA und ehemaliger Schauplatz des historischen Zeppelinabsturzes (»Hindenburg«) im Jahre 1937. Nur hier bzw. irgendwo in dieser Umgebung wäre ein Auswechseln der zweiten Maschine – auf die anderen werde ich später noch eingehen – theoretisch möglich gewesen. Ob die Aktion aber auch in der Praxis vor Ort realisierbar gewesen wäre, wollte ich erkunden. Und Point Pleasant fungierte hier als optimaler Ausgangspunkt ...

Ironischerweise schien ich mit diesem netten Küstenörtchen selbst sogar einen kleinen »Treffer« gelandet zu haben. Denn als ich nachmittags beim entspannenden Strandspaziergang mit einem Angler ins Gespräch gekommen war, vernahm ich plötzlich von hoch oben schwerfälliges Propellergedröhn. Ich blickte gen Himmel und sah ein dickbauchiges, schwarzes Transportflugzeug auffällig langsam vom Meer in Richtung Inland fliegen.

»Das sind Übungsflüge des Militärs«, klärte mich der Angler auf, »die fliegen nach Lakehurst ...« Und das etwa jede halbe Stunde bis spät in

Flugfeld in New Jersey: Kann hier eine Boing verschwinden?

die Nacht hinein, wie sich noch zeigen sollte. Der Größe und Form nach könnte es sich dabei vielleicht um die berühmt-berüchtigten C130-Transporter gehandelt haben, jene Maschinen, die bei Bröckers als etwaige Ausgangsstationen einer mikrowellengelenkten Fernsteuerung der Todesmaschinen herhalten mussten und die uns im Verlauf der Ermittlungen noch ein paar Mal begegnen werden. Interessant, dachte ich, und zückte sicherheitshalber sofort meine Digicam, um den Flug dieser suspekten Species filmisch festzuhalten. Zwar hatte dies alles mit der Drohnentheorie so gut wie nichts zu tun, sondern eher mit der Fernsteuerungstheorie (auf die ich ebenfalls noch eingehen werde), doch für einen Auftakt schien die Lunte schon richtig gelegt …

Am nächsten Tag wurde es dann »richtig ernst«. Ich setzte mich in den Wagen und fuhr quer durchs Land in Richtung Lakehurst, auf der Suche nach Wisnewskis geheimen Start- und Landebahnen. Meine erste Visite galt dabei einem Flugfeld in Allaire, das – jedenfalls nach Landkartenlegende – offenbar »Düsenflugzeugkapazität« aufwies. Und in der Tat fand ich dort auch Start- und Landebahnen vor, die über das übliche Ausmaß eines normalen Sportflugplatzes deutlich hinausgingen und möglicherweise – ich bin kein Experte auf diesem Gebiet – auch von Boeings benutzt werden konnten. Zudem verfügte das Gelände sogar über große, etwas abseits gelegene, verschlossene Hangars, die möglicherweise eine Boeing 767 beherbergen konnten. Der einzige Nachteil dieses »verdächtigen« Flugplatzes bestand jedoch darin, dass er direkt – und mit direkt meine ich hier 100 Meter – neben dem dicht befahrenen Highway 195 lag, womit ein unauffälliges Starten und/oder Landen von Airlinern definitiv ausschied ...

Also weiter in die Pampa. An Lakewood vorbei begab ich mich nun in ein immer großmaschiger werdendes Netz kleinerer, einsamerer Straßen in flachem, weitem, wegen dichter Pinienwälder höchst unüberschaubarem Gelände, eine in der Tat perfekte Gegend für geheime Militäranlagen oder Ähnliches. Dazu passten auch die sandigen Stichstraßen und Sackgassen, die seitlich vom Highway in die Wäldchen führten und schon nach wenigen hundert Metern an einer Schranke, einem Verbotsschild oder einem Zaun endeten. Dort reingehen und rumspionieren? Aussichtslos angesichts der Größe und Vegetationsdichte des Waldes. Es wäre ein Unterfangen von mehreren Tagen oder gar Wochen, um dieses Areal mit geeigneter Ausrüstung zu durchforsten – und dazu fehlten mir ganz einfach Zeit, Mittel und last but not least eine Genehmigung. Doch war dies alles vielleicht auch gar nicht nötig bei näherer Betrachtung. Denn wie ich dort so fuhr und ständig nach links und rechts guckte, erinnerte ich mich plötzlich, dass auf dem Flugplatz von Allaire ganz offensichtlich auch private Rundflüge angeboten wurden. Und was wäre, wenn so eine kleine Touristen-Cessna statt über See nun mal über Land flog und dabei zufällig solch ein geheimes Militär- oder CIA-Flugfeld in nur wenigen hundert Metern Höhe überquerte? Ein derart permanentes Entdeckungs-Risiko war eigentlich untragbar für Militär- oder Geheimdienstkreise, wenn man ehrlich und rational sein wollte ... Doch wohin dann mit den Boeing-Maschinen? Nach einiger Zeit erreichte ich die Militärbasis Lakehurst. Vielleicht war ja der Austausch der Maschinen dort erfolgt – groß genug, uneinsehbar und unzugänglich war die Anlage jedenfalls. Ich fuhr zunächst an der Pforte vorbei, vor der ein Jagdflugzeug in Action-Pose aufgestellt war, und dann immer der Absperrung entlang. Als ich dabei links von mir hinter der Umzäunung einen großen Hangar erblickte, übermannte mich die Zwangsvorstellung, diesen jetzt unbedingt fotografieren zu müssen – so, als ob große Hangars auf großen Militärbasen etwas Besonderes oder Verdächtiges wären. Ich kehrte also um, hielt meine Kamera bereit und fuhr nochmals an der besagten Stelle vorbei. Doch ich verpasste sie. Darauf wendete ich an der nächsten Kreuzung erneut, und das Spiel begann von neuem. Diesmal klappte es jedoch auch wieder nicht, da ich mich inmitten einer Kolonne ziemlich dicht auffahrender Autos befand und mich die Fahrer beim unerlaubten Fotografieren einer Militäranlage sehen und evtl. anzeigen hätten können. Und eine Vernehmung durch die Militärpolizei, das FBI oder die CIA war das Letzte, was ich auf dieser heiklen Mission gebrauchen konnte. Ich fuhr also abermals an der Anlage vorbei, ohne etwas zu unternehmen und kehrte dann erneut um. Als ich diesmal wirklich den Auslöser betätigen wollte, bemerkte ich, wie schlecht die Perspektive war, aus der ich fotografieren wollte. Ich blies die Aktion also wiederum ab. Beim nächsten Mal musste es aber klappen, nahm ich mir felsenfest vor. Denn mein pausenloses Hin- und Herkreuzen vor der Militärbasis wäre für sich allein mittlerweile schon fast Anlass genug gewesen, die Polizei auf den Plan zu rufen. Nun gut. Dieses Mal wartete ich an einer Tankstelle die optimale Gelegenheit ab. Dann schwenkte ich so ein, dass der nachfolgende Wagen mindestens noch 100 Meter Abstand zu mir hatte. Das Dumme war nur, dass dieser Wagen etwas schneller fuhr als ich, und so kam es, dass der andere mich fast schon wieder eingeholt hatte, als ich endlich die Hangarstelle erreicht hatte. Zudem sah ich im Rückspiegel, dass nun auch ein schwarzer Jeep hinzugekommen war, der meinem Hintermann dicht an den Fersen hing. Na egal, sagte ich mir, jetzt oder nie! Und drückte ab. Besser wäre nie gewesen. Denn was mir bei aller Konzentration auf das Objekt völlig entgangen war, war die fette, dunkle Regenwolke, die sich inzwischen vor die Sonne geschoben hatte – und meinen Fotoblitz auslöste … Ein Schreck durchzuckte da meine Glieder wie dieses unsägliche Licht meine Fahrerkabine durchzuckte und – für jedermann sichtbar – mein Autofenster. Schnell stopfte ich die Kamera in die Ablage und fuhr einfach weiter, als wäre nichts geschehen. Bei der Kreuzung würde sich ja zeigen, ob mich jemand zur Brust nehmen wollte oder nicht. Die Kreuzung kam, und ich bog links ab, diesmal allerdings nicht, um zu wenden, sondern um die Militäranlage ganz zu umrunden. Gespannt verfolgte ich im Rückspiegel das Verhalten meiner »Verfolger«. Der Wagen unmittelbar hinter mir fuhr an der Kreuzung geradeaus weiter, der schwarze Jeep jedoch bog ebenfalls links ab und … folgte mir. Konnte auch Zufall sein, dachte ich und fuhr unbeirrt weiter. Da kam mir einer dieser gelben, altmodischen, typisch amerikanischen Schulbusse entgegen und verlangsamte an einer Haltestelle. Ich sah noch, wie außen am Bus irgendein Schild plötzlich aufklappte, dachte mir aber weiter nichts dabei und fuhr unter wildem Gestikulieren und Gehupe der schwarzen Busfahrerin mit unverminderter, aber korrekter Geschwindigkeit daran vorbei. Erst nachdem ich den Bus passiert hatte, erkannte ich im Rückspiegel, dass die ausgeklappte Tafel definitiv ein Stoppschild darstellen sollte. Mist! Auch das noch, dachte ich – hoffentlich gibt das keinen Ärger. Denn die Amis waren ja streng bei solchen Dingen, das wusste man ... Im Rückspiegel sah ich noch, wie der schwarze Jeep in Höhe des Busses brav stehen blieb und somit von meiner »Verfolgung« abfiel. Hatte also doch was Gutes, das Ganze, dachte ich, atmete auf und fuhr weiter. Nach etwa zwei oder drei Kilometern tauchte dann inmitten einer Straßengabelung ein kleiner Shop auf, an dem ich hielt, weil ich mir etwas zu trinken kaufen wollte. Ich holte mir wie immer eine Packung Erdnüsse und eine Flasche Orangensaft als Proviant und wollte wieder zum Auto zurückgehen. Da durchfuhr mich erneut ein Schreck. Denn draußen parkte mittlerweile der schwarze Jeep, und ein Mann mit schwarzem Basecap, marineblauem Polohemd und schwarzer Jeans mit Walkie-Talkie am Gürtel war ausgestiegen und schritt auf die Eingangstür des Geschäfts zu. Ich fasste mich, tat so, als hätte ich ihn nicht bemerkt und ging ganz normal weiter. Als sich unsere Wege kreuzten, blieb der irgendwie soldatisch wirkende Mann plötzlich vor mir stehen und fragte mich freundlich, aber bestimmt:

»Sir, sind Sie der Fahrer dieses Wagens?«

Jetzt war alles vorbei, dachte ich. Die CIA hat mich. Verhör, Spionageverdacht, Auskundschaften von Militäranlagen, möglicherweise Zusammenarbeit mit Terroristen und die ganze Palette – ab nach Guantanamo und tschüss! Und alles nur wegen diesem lächerlichen Scheiß Blitzgerät ... Da Leugnen ohnehin völlig zwecklos gewesen wäre und meine Lage nur noch verschlimmern konnte, antwortete ich:

»Yes, I'am – why?« Da machte der Mann ein sehr ernstes Gesicht und sagte:

»Sie haben an dem Stoppschild des Schulbusses nicht gehalten!«

Ich fühlte mich mit einem Schlag so leicht, als ob ich abheben könnte. Guantanamo hatte sich damit wohl fürs Erste erledigt, und ein Bußgeld nahm ich gern in Kauf ...

Ich entschuldigte mich für mein Fehlverhalten und erklärte dem Mann, dass ich als Europäer ein Stoppschild in dieser Form nicht kannte und auch in den USA bisher noch nie gesehen hatte – was der absoluten Wahrheit entsprach. Der Mann schien mir dies auch zu glauben, mahnte mich eines besseren Verhaltens in der Zukunft, ging wieder zurück zu seinem Jeep und fuhr davon ... ist Amerika nicht großartig?

Doch nun wieder zurück zu unseren Drohnen. Auch die abschließende Umrundung der gesamten Lakehurst-Anlage per Auto brachte erwartungsgemäß keine weiteren Erkenntnisse in dieser Sache. Selbstverständlich wäre es technisch und organisatorisch auf jeden Fall möglich, auf diesem Gelände echte Boeings landen und unbemannte Doppelgängerdrohnen starten zu lassen – und dies auf Grund der Weite des Areals, der Dichte der Vegetation und des ohnehin schon gewohnten, hohen Düsenflugzeugaufkommens in und um die Anlage herum, vielleicht sogar noch weitgehend »unauffällig«. Doch würde dies gleichzeitig bedeuten, dass das reguläre US-Militär – und hier insbesondere sämtliche zum fraglichen Zeitpunkt tätigen Piloten, Fluglotsen, Flugzeugmechaniker, Wachsoldaten und Zivilbediensteten dieser Anlage – an der Verschwörung beteiligt sein bzw. zumindest von dieser Kenntnis erlangt haben mussten. Und dies erscheint mir – unabhängig von der damit verbundenen, schier unerträglichen Mitwisserproblematik – schon ganz schön starker Tobak ... Man stelle sich nur mal vor, ein Einziger von diesen Hunderten oder gar Tausenden Beschäftigten auf einer solch riesigen Militärbasis – und sei es nur ein junger Rekrut, der erst wenige Monate dabei war und sich »Uncle Sam« doch ganz anders vorgestellt hatte – würde »singen« und CNN oder besser noch einem europäischen Nachrichtensender erzählen, dass am 11. September die Passagier-Boeings von American Airlines und United Airlines nicht in den WTC-Türmen, sondern in Lakehurst ihr Ende fanden und kurz danach entsprechende Nachbildungen von dort wieder gestartet seien ... Ich denke, diese Variante grenzt fast an Unmachbarkeit, oder sehen Sie das anders? Bleiben also noch die geheimen (CIA-)Flugfelder ... Doch wie suchen, wie finden? Da ich hierauf keine Antwort hatte, beschloss ich, die Untersuchung des »Umkehrpunktes 1« hiermit abzubrechen und meine Reise Richtung Washington fortzusetzen. Als ich somit die Straße 539 weiter Richtung Süden gemütlich dahinkutschierte, musste ich plötzlich erneut zusammenzucken: Wenige Kilometer vor mir hing in einer Höhe von ca. 1000 Metern ein Boeing-ähnliches Flugzeug leicht schräg in der Luft! Eine Boeing – hier? Was tat sie da? Es gab bis auf das bereits einige Meilen hinter mir liegende Lakehurst in dieser öden Gegend keinen Flugplatz, schon gar nicht für solch große Maschinen. Und der nächstgrößere Flughafen (in Philadelphia) war noch 60, 70 Kilometer entfernt – deutlich zu weit für eine schon derart niedrige Flughöhe, fand ich. Unvermeidlich schossen mir nun wieder Wisnewskis geheime Militärbasen durch den Kopf. Also doch? Unglücklicherweise verlor ich die Maschine sogleich wieder aus den Augen, da sie mittlerweile die Straße überflogen hatte und der dichte Pinienwald zur Rechten meinen Blickradius empfindlich abschnitt – unabhängig davon, dass ich zeitgleich ein Auto zu steuern hatte ... Ich trat also etwas aufs Gas, um so bald wie möglich die nächste Kreuzung erreichen, rechts abbiegen und dann die »Drohne« vom Boden aus verfolgen zu können. Oder zumindest eine Erhebung zu finden, von der aus ich das Gelände bzw. den Luftraum einigermaßen überblicken konnte. Die erhoffte Kreuzung kam zwar schon relativ bald, der nötige Aussichts-Buckel jedoch erst nach ca. 5 – 10 Minuten. Ich parkte hastig den Wagen am Straßenrand, griff mir mein Fernglas und stürzte aus dem Auto. Doch die Boeing war weg! Wie vom Erdboden bzw. Himmel verschluckt. Ich hatte ungehindert Ausschau fast bis zum Horizont nach jeder Seite, doch ich sah nichts außer Flachland. Wie war das möglich? Dass das Flugzeug in dieser kurzen Zeit bis nach Philadelphia oder zu einer anderen Großstadt entschwunden war, hielt ich für beinahe unmöglich. Steigflug bis in die graue Wolkendecke? Hätte schon sehr steil sein müssen oder schnell oder einfach doch irgendwie zu sehen ... Außerdem hatte die Maschine nicht den Eindruck vermittelt, gleich hoch aufsteigen und über die Wolken ziehen zu wollen. Aber wo war sie dann hin? Das vernünftigste Ergebnis des Nachdenkens musste wohl »Lakehurst« lauten. Es ist ja kein Geheimnis, dass auch das Militär über Düsenflugzeuge dieses Typs verfügt, und vermutlich dürfte es sich hierbei um einen Übungsflug einer solchen gehandelt haben. Oder? Natürlich wäre auch eine Landung auf einem geheimen Flugfeld denkbar. Es gab da zum Beispiel weiter südlich noch ein ähnlich großes, uneinsehbares Gebiet, nämlich den einsamen »Pine-Barrens«-Staatswald. Und wenn dergleichen Übungsflüge schon Gewohnheit für die Menschen in dieser Umgebung geworden sein sollten, würde es dann wirklich so auffallen, wenn mal nicht eine Militär-, sondern eine Zivil-Boeing dort irgendwo im Tiefflug runtergehen würde – vorausgesetzt sie wäre über Ortschaften und Straßen immerhin noch so hoch, dass man zumindest ihr Logo und charakteristisches Styling nicht genau identifizieren könnte? Theoretisch vielleicht möglich, würde ich sagen, wenn man nur noch die geheimen Start- und Landebahnen hierzu finden könnte. Doch auch die könnte es rein theoretisch dort geben, wie wir an den Besonderheiten des Geländes gesehen haben. Ja, die Drohnentheorie war wohl hier, ca. 50 km vom Umkehrpunkt der zweiten WTC-Boeing entfernt, eventuell machbar. (Auf die sich hieraus natürlich unmittelbar ergebende Notwendigkeit inszenierter Handy-Anrufe von Bord der Todesmaschinen und geschauspielter Angehörigen-Szenen werde ich später noch kurz eingehen.) Ob die Theorie auch in Anbetracht sämtlicher Umstände und Risikofaktoren als wahrscheinlich bezeichnet werden kann, möchte ich später bewerten bzw. dem werten Leser am Ende des Buches selbst überlassen. Dennoch: Wollen wir diesen Punkt Herrn Wisnewski zuschlagen und annehmen, dass die echte UA 175 hier irgendwo gelandet und anschließend eine Drohne in den Südturm des World Trade Centers geflogen sein soll. Nur: Wie verhält es sich mit den drei anderen Maschinen?

6. Pentagon: Die Widersprüche der Zeugen

Bevor ich die Verfolgung der Flugrouten der anderen Maschinen aufnehmen und auch hier die neuralgischen Umkehrpunkte näher inspizieren wollte, führte mich die Reise zunächst zur Hauptstadt der Vereinigten Staaten – also dorthin, wo die dritte Todesmaschine ihr Ziel fand, nämlich das amerikanische Verteidigungsministerium. Die biblische »Stadt auf dem Berge«, wie Washington von einigen amerikanischen Christen gerne gesehen wird, präsentierte sich am Tage meiner Ankunft tatsächlich in nahezu religiös anmutendem Glanze – jedenfalls sobald man den endlosen Tunnelschläuchen und verwirrenden Highwaygeflechten entronnen war und das strahlende Kapitol vor Augen hatte. An allen Ecken und Enden der »Mall«, dem ausgedehnten parkähnlichen Gelände vor dem Kapitol, lauerten Polizeiautos und überwachten Uniformierte mit Funkgeräten die Szene. Dennoch glückte es mir, mit dem Auto direkt bis vor die »Grand Statue« am Fuße des Capitol Hill zu fahren und dort sogar frank und frei meinen Wagen auf einem vorreservierten Parkplatz abzustellen. Das wirklich Erste, was sich mir aufdrängte, als ich vor diesem prächtigen Kuppelbau in Weiß stand, war die Frage: Warum haben die Terroristen die Flugzeuge eigentlich nicht hier hinein gelenkt? Das gewaltige und auf dem Hügel optimal exponierte Bauwerk müsste von oben her eigentlich viel leichter zu sehen, vor allem aber zu treffen gewesen sein als die flache, graue Flunder jenseits des Potomac namens »Pentagon«. Angeblich soll ja auch Binalshibh ausgesagt haben, dass die United Airlines Maschine, welche in Pennsylvania vorzeitig niederging, tatsächlich für das Kapitol bestimmt gewesen sei. Schon etwas seltsam, dass ausgerechnet diese Maschine, die nun wirklich das politische Herz der USA treffen und möglicherweise Hunderte von Politikern, Kongress-Abgeordneten, Senatoren und Regierungsmitgliedern das Leben hätte kosten können, die Einzige des Kommandos war, die jämmerlich versagte und ihr Ziel nicht einmal annähernd erreicht hat – könnte man denken. Doch wenn es einem der Todespiloten aus irgendwelchen Gründen nicht möglich war, den Angriff erfolgreich auszuführen, lautete die Anweisung, die Maschine einfach abstürzen zu lassen (Rep., S. 244). Weil ein solcher Absturz bei der Autopilot-Technik eines Airbusses jedoch gar nicht möglich sei, habe man sich generell entschlossen, den gesamten Coup nur mit Boeings durchzuführen (Rep., S. 245). Auch hätte nach direkter Anweisung bin Ladens noch eine weitere (fünfte) Maschine unterwegs sein sollen – bestimmt für das Weiße Haus (Rep., S. 243). Auf die (nicht zum Zug gekommene) Nr. 5 werden wir später noch kurz zu sprechen kommen. Allerdings habe Atta jedoch ernste Bedenken gehabt, das Weiße Haus überhaupt treffen zu können, sodass nunmehr doch davon auszugehen ist, dass die Pennsylvania-Maschine – trotz gegenlautender Zusicherung Attas gegenüber dem al-Quaida-Führungsstab – wohl auf das Kapitol zugesteuert hätte, wenn sie nicht vorher bei Shanksville abgestürzt wäre (Rep., S. 244, 248). Auf jeden Fall standen laut der Vernehmungen von Binalshibh und Khalid Sheikh Mohammed durch FBI und CIA (Rep., S. 243 + 248) bereits im Frühjahr 2000 die Ziele fest: World Trade Center (codiert: »*architecture – Architektur*«), Pentagon (codiert: »*arts – Künste*«), Kapitol (codiert: »*laws – Gesetze*«) und Weißes Haus (codiert: »*politics – Politik*«). **Attas Vorschlag, auch eine Nuklearanlage nahe New York treffen zu wollen**, sei von den anderen Piloten lediglich wegen der dort schwer überwindbaren Luftraumüberwachung und der damit einhergehenden Gefährdung des gesamten Unternehmens sowie wegen »mangelhaftem Symbolcharakter« eines solchen Zieles verworfen worden (Rep., S. 245) …

Da ich beim Kapitol, am Weißen Haus und vor allem durch das irrende und stockende Umherfahren im Verkehrs-Gewühl Washingtons erheblich mehr Zeit als geplant verloren hatte, kam ich am Pentagon erst etwas später an – nämlich gegen 22.30 Uhr. Dass eine Begehung des 9/11-Tatorts Nummer drei bei absoluter Dunkelheit natürlich nicht mehr viel Sinn machte, war mir klar, doch wollte ich unbedingt noch einen Blick auf das größte Bürogebäude der Welt werfen, bevor ich mir ein Motel für die Nacht suchte. Und dann die Überraschung: Schon vom Highway aus sah ich, dass »noch Licht brannte«. Tatsächlich war das gigantische, fünffache Fünfeck, das etwa 20 000 Beschäftigte in sich aufnehmen konnte, noch hell erleuchtet und der riesige Parkplatz davor etwa noch zu einem Drittel oder Viertel belegt. Umrahmt von drei verschiedenen Autobahnen brütete da ein kalter, undurchsichtiger, nachtaktiver Moloch Gott weiß was für Sachen aus, während sich die Menschen zu Bett begaben – eine gespenstische Szenerie und Vorstellung. Ich kam mir vor wie Fox Moulder von Akte X, als ich die Ausfahrt hinabkurvte, nur um mich Sekunden später mitten im Angestellten-Parkplatz des mächtigsten Verteidigungsministeriums der Welt wiederzufinden – nachts um halb elf … Am Ende des Parkplatzes standen ein paar Polizeiautos mit schwarzen Polizisten, die lässig am Wagen lehnten oder kaugummikauend auf der

Kühlerhaube saßen und sich unterhielten. Auch an anderen Stellen des ausgedehnten Parkplatzes waren Polizeiautos postiert. Ein paar der Uniformierten darin hatten mich schon wahrgenommen und ließen mich nicht aus den Augen. Um nicht in irgendeinen unbegründeten Verdacht zu schlittern, beschloss ich, auf die Beamten aktiv zuzugehen anstatt weiter »unidentifiziert« und suspekt in der Gegend herumzuschleichen. So ließ ich den Wagen langsam an sie heranrollen, hielt dann in angemessenem Abstand brav an, ließ mein Fenster sachte herunter und fragte die bulligen Kerle, ob es denn erlaubt sei, als Tourist das Gebäude um diese Zeit noch betrachten zu dürfen.

»Ja, Sie dürfen«, erwiderte da einer von ihnen zu meiner Überraschung, »... solange sie nicht näher an das Gebäude herangehen oder Fotos davon machen! Sie können auch auf der Ringstraße um das Gebäude herumfahren, nur anhalten dürfen sie dabei nicht ...« Das war mehr, als ich erwarten durfte. Nachts um halb elf als Einzelperson im Privat-PKW das Pentagon umrunden – wer hat so was schon mal gemacht? War das wirklich das Amerika, das seine Freiheits- und Bürgerrechte geopfert hatte nach dem 11. September, wie viele uns glauben machen wollen? Ein Überwachungs- und Spitzelstaat schlimmer als in der McCarthy-Ära? Also fuhr ich herum. In einem Abstand von ungefähr 100 Metern. Gleich nach der ersten Rechts-Kurve entblößte sich aus der Dunkelheit jene Front, in welche die American-Airlines-Boeing 77 vor knapp drei Jahren gekracht sein soll. Von der Unfallstelle war freilich nichts mehr zu sehen, sofern man um diese Uhrzeit überhaupt noch etwas sehen konnte. Alles war längst wieder renoviert – so viel konnte man trotz Dunkelheit erkennen. Bei der zweiten Rechtskurve um die nächste Kante bemerkte ich am Rande des Geländes unter dunklem Gebüsch ein Polizeiauto mit ausgeschalteten Scheinwerfern, und an der nächsten Kurve gleich nochmal eines. Als ich vier Seiten des Pentagon abgefahren hatte, ging die Straße eine leichte Erhebung hinauf, bevor sie wieder zum Parkplatz bzw. zur ersten Seite des fünfeckigen Baus zurückführte. Am Scheitelpunkt der kleinen Anhöhe konnte ich dann einfach nicht widerstehen: In einem (scheinbar) toten Sichtwinkel zwischen Bäumen, Brückengeländer und Lichtmasten hielt ich den Wagen rechts an und stieg aus, nur um mal für eine Minute in Ruhe diesen glitzernden Koloss überschauen zu können. Ich glaube, ich stand noch keine zehn Sekunden so neben meinem Auto, als unvermittelt ein anderer Wagen mit Fernlicht die Anhöhe heraufzischte und etwas versetzt hinter meinem Wagen stoppte. Die gleißenden Scheinwerfer des Störenfrieds blendeten mich so stark, dass ich nichts erkennen, ja, mich kaum umdrehen konnte. Dann hörte ich, wie die Tür des Wagens aufflog und eine Stimme befahl: »Please don't move – Bitte bewegen Sie sich nicht!« Aus der Deckung heraus sah ich schemenhaft einen Uniformierten mit großer Taschenlampe vorsichtig auf mich zukommen. Etwa einen Meter vor mir blieb er stehen, strahlte mir mit der Funsel noch zusätzlich mitten ins Gesicht und verlangte gleichzeitig meine Papiere. Es dauerte eine halbe Ewigkeit, bis es mir – fast blind unter der grellen Lichterorgie – gelang, meine Dokumente aus der Jackentasche zu kramen und sie dem Officer zu reichen. Da ich so gut wie nichts mehr sehen konnte, insbesondere nicht den Officer, traf ich den guten Mann aus der Drehbewegung heraus versehentlich mit meinem Handrücken am Arm, worauf dieser gleich sensibel zurückzuckte und mir ein »Stay away!« entgegenschoss. Noch so eine Ungeschicklichkeit, und ich konnte wohl die Heimreise im Zinksarg antreten ...

»Was machen Sie hier?«, fragte mich der Wachmann, während sein Kollege im Polizeiwagen meine Dokumente ausgiebig kontrollierte.

»Ich bin Tourist aus Deutschland, sehr spät heute in Washington eingetroffen, und wollte nur mal schnell einen Blick aufs Pentagon werfen – das ist alles ...«

Der Polizist erwiderte darauf nichts. Nach einiger Zeit gab man mir meine Papiere wieder zurück und nochmals den eindringlichen Rat: »Fahren Sie weiter, Sir, aber halten Sie nicht mehr an! Sie dürfen hier nicht anhalten ...« Aufatmend folgte ich der Anweisung des Polizisten, verließ das Gelände und begab mich zur Übernachtung in ein nahe gelegenes Motel.

Mein zweiter Besuch des Pentagons bei Tageslicht war zwar nicht mehr ganz so spannend wie der bei Nacht, dafür aber umso interessanter in puncto 9/11. Ich wollte erforschen, ob und wie Hani Hanjour es überhaupt möglich gewesen sein soll, mit der AA 77 diesen perfekten Treffer zu landen. Auf die Flugroute der Maschine und die Abläufe der Ereignisse an Bord werde ich – was auch für die übrigen Maschinen gilt – an anderer Stelle noch zurückkommen. Bevor ich diesmal zu Fuß das Pentagon umrunden wollte, begab ich mich zum Haupteingang. Dieser war gespickt mit Sicherheitspersonal, und sämtliche Besucher des Gebäudes, die nicht dort beschäftigt waren und die Identity-Plakette angeheftet hatten, wurden mit Abtasten und Piepser kontrolliert. Es waren sogar Tische aufgestellt, wo Besucher ihre Handkoffer oder -taschen entleeren mussten. Ich ging auf einen der Sicherheitsleute zu und fragte ihn, ob man das Gebäude als Tourist betreten und von innen besichtigen dürfte. Als er dies verneinte, fragte ich ihn, ob es zumindest erlaubt sei, zu Fuß um das Gebäude herumzugehen. Er musterte mich daraufhin für einen Augenblick von oben bis unten, sah dann mein kleines Digicam-Täschchen am Gürtel hängen und antwortete:

»Es ist erlaubt, solange Sie den Fußweg nicht verlassen und keine Fotos von dem Gebäude machen. Ich möchte aber, dass Sie begreifen, dass, wenn Sie ein Foto machen und ich dies sehe, Ihre Kamera in meinen Besitz übergeht ...«

»That's okay, Sir!«

Also los. Ich ging die Parkplatz-Straße entlang, an der Bushaltestelle für die Beschäftigten vorbei, passierte unter den Augen eines Wachsoldaten einen Fußgänger-Durchlass und bog um die erste Ecke des Pentagon. Jetzt war sie deutlich zu sehen – die Seite, an der der Einschlag erfolgt war. Sie war wie gesagt bereits komplett wiederhergestellt, und nur aus dem etwas helleren Farbton des Mauerwerks konnte man schließen, dass die Erneuerung vor nicht allzu langer Zeit erfolgt war. Ein hoher Zaun machte ein näheres Herankommen an die Unfallstelle des 11. September unmöglich. Diese selbst lag allerdings auch gar nicht so sehr in meinem Interesse als vielmehr das, was sich *vor* ihr befand. Als ich der »Crash-Site« etwa 150 Meter genau gegenüberstand, kehrte ich ihr den Rücken zu und sah mir an, welches Bild die Einflugschneise bot. Unmittelbar vor mir führte der leicht erhöht gelegene Washington-Boulevard-Highway fast parallel am Pentagon vorbei, im Abstand von etwa 40 Metern säumten Lichtmasten den Straßenrand, und ansonsten war nichts, vor allem keine anderen Gebäude, zu sehen. »Held« Hani Hanjour müsste demnach mit seiner Maschine den Highway-Belag fast »abrasiert« haben, um die unmittelbar dahinter und leicht tiefer gelegene Pentagonfront noch im Erdgeschoss bzw. ersten Stock treffen zu können. Denn bei einem derartigen de-facto-Landeanflug sei das Fahrgestell einer Boeing bereits automatisch ausgefahren, wie Meissan, Wisnewski und Bröckers kritisieren. Außerdem hätte die Boeing 757 bei einer Flügelspannweite von 38,05 Metern eigentlich auch den ein oder anderen der relativ dicht gesäten Lichtmasten »mitnehmen« müssen, doch nichts von alledem ist berichtet. Ja, noch nicht einmal das feine, zwischen Highway und Gebäudewand befindliche Rasenstück hatte einen Kratzer vom Fahrgestell oder Rumpf der Maschine abbekommen. Demzufolge hätte Hani Hanjour die Maschine knapp über den Highway und die Lichtmasten hinwegheben müssen, um sie gleich danach abrupt zu senken und mit ca. 600 Sachen in die nur noch wenige Meter entfernten, unteren Etagen der ohnehin nur 24 Meter hohen Pentagon-Fassade zu befördern. Ist so etwas flugtechnisch überhaupt möglich? Insbesondere für einen mäßig ausgebildeten Piloten wie Hanjour, der noch nie in seinem Leben zuvor ein Düsenflugzeug vom Kaliber Boeing gesteuert hatte und bei dem die

Fluglehrer »*(...) Bedenken hatten, dass so jemand eigentlich nicht in der Luft sein sollte ...*«. Ein Unterweiser beim Boeing-737-(im Übrigen dem falschen)-Simulator-Training sagte sogar: *»Er konnte doch überhaupt nicht fliegen.«* Die Expertenmeinungen gehen da auseinander. Manche sagen, es sei möglich, andere schütteln jedoch mit dem Kopf. Darüber, dass dieses Flugmanöver aber auf jeden Fall ziemlich schwierig gewesen sein dürfte, sind sich so gut wie alle einig. Vielleicht liegt die Lösung ja in dem Anflugwinkel der Maschine, werden Sie vielleicht sagen, wenn Sie mit der Materie etwas vertrauter sind. Denn tatsächlich soll die Boeing ja nicht direkt von Westen her senkrecht auf die Fassade zugeflogen sein, sondern von südwestlicher Seite her. Wie kam man zu dieser Überzeugung? Vielleicht zum einen, weil auf dieser Seite deutlich mehr Spielraum hinsichtlich der notwendigen »Highway- und Lichtmastenüberwindung« verbleibt, da sich der Washington Boulevard in dieser Richtung praktisch etwas vom Pentagon entfernt, und zum anderen, weil Augenzeugen dies so gesehen haben wollen. Diese Version macht zwar vielleicht ein »Rasieren« des Highways nicht mehr notwendig, schafft dafür aber eine neue, schwer zu erklärende Fragestellung: Wenn die Maschine derart spitzwinklig (ca. 45 Grad!) mit einer Geschwindigkeit von ca. 600 km/h auf die Pentagonwand aufgetroffen sein soll, müsste es ein gut Teil dieser Gebäudeseite (gesamte Länge: 280 Meter) praktisch aufgerissen haben – zuerst mit der »schleifenden« rechten Tragfläche, dann mit dem schlitternden Rumpf und möglicherweise noch mit einer Drehung um die eigene Achse auf Grund der Hebelgesetze. Auf jeden Fall müsste diese Version an der Unfallstelle eine viel chaotischere Verwüstung hinterlassen haben, als dies augenscheinlich der Fall war. Denn angeblich maß das Eintrittsloch des Flugkörpers unmittelbar nach dem Treffer gerade mal eine Breite von ca. sechs Metern, was der Franzose Thierry Meissan in seinem Folgeband »Pentagate« aus dem Jahr 2003 anhand eindrucksvoller Fotodokumentationen nachgewiesen haben will. Denn die für die Medien freigegebenen Bilder und Filmaufnahmen von der tiefen Bresche seien erst gemacht worden, *nachdem* die Fassade heruntergekracht war. Diese sei aber nach dem Treffer noch für eine ganze Weile ziemlich »unversehrt« dagestanden, bevor ihre Statik schließlich doch irgendwann den Geist aufgab. Fragt sich, weshalb dem Fernsehpublikum immer nur die Bilder von der später eingestürzten Fassade, nie aber von dem »Mauseloch« kurz nach dem Einschlag gezeigt wurden ... Wie also kann eine mit 600 Stundenkilometer Geschwindigkeit schief auf ein Gebäude auftreffende, 100 Tonnen schwere, knapp 40 Meter breite und 13 Meter hohe Boeing nur ein »Löchlein« von ca. sechs Metern Breite und wenigen Metern Höhe hinterlassen?

Pentagon: Superflachanflug und kein Lichtmast getroffen?

Ein Doktor der Luft- und Raumfahrttechnik meint hierzu: »Eines weiß ich genau – dass hier keine Boeing reingeflogen ist!« Zusätzlichen Auftrieb erhält diese Einschätzung, wenn man sich den weiteren Verlauf des Flugkörpers *im* Gebäude ansieht. Hiernach sei die mutmaßliche Cockpit-Nase entweder diagonal über eine Strecke von ca. 100 Metern durch die zwei nachfolgenden Gebäuderinge hindurchgebrettert oder habe einen merkwürdig gezackten bzw. verwinkelten »Gang« über die zwei Verbindungskorridore von Gebäudering 1 bis Gebäudering 3 hingelegt, um zu guter Letzt wiederum kerzengerade durch die Rückseite von Ring 3 herauszubrechen. Wie passt diese gewaltige, immerhin sechs Wände hintereinander durchbrechende Stoßkraft zu dem relativ geringfügigen Schaden an der Außenmauer? Und warum sah man so gut wie keine Wrackteile des Flugzeugs? Experten begründeten Letzteres mit der »relativen Material-Strukturschwäche« eines solchen Verkehrsflugzeugs, auf Grund derer es an den vielen Stahlstreben im Gebäude quasi »zersiebt« worden sei. Damit führten sie aber im gleichen Atemzug die Tatsache der

Spitzer Einflugwinkel und nur sechs Meter breites Eintrittsloch in der linken Fassade?

sechs Mauern durchbohrenden Cockpit-Nase praktisch ad absurdum. Lassen Art des Schadens und Geschossverlauf nicht eher auf ein etwas »kleineres, spitzes Teil« als auf ein »großes, plumpes Ding« schließen? Das jedenfalls meint Ex-Artillerie-Beobachter Thierry Meissan. Seiner Meinung nach sei keine Boeing, sondern entweder eine Rakete oder ein Marschflugkörper in das Pentagon gerast. Diese These leitet er neben dem oben bereits Erwähnten u.a. aus der Art der Explosion, welche die Bodenkameras des Pentagon unmittelbar nach dem Einschlag festgehalten hatten, her. Den Bildern will Brandschutzexperte Meissan entnehmen, dass es sich augenscheinlich um eine sprengstofftypische Detonation (kurze, harte Schockwelle) und keine kerosintypische Deflagration (»langsame« Verpuffung) handelte. Dies ist ein wichtiger Umstand, da Flugzeugunfälle klassischerweise deflagrieren, während Raketen oder cruise missiles beim Einschlag (auf Grund ihrer zusätzlichen Sprengstoffladung) detonieren. Dass beim Pentagon-Stunt Letzteres der Fall gewesen sein solle, sei auch daraus erkennbar, dass der anschließende Bürobrand richtigerweise mit Wasser gelöscht worden ist, was bei einem Kersoinbrand wiederum wirkungslos, ja sogar kontraproduktiv gewesen wäre. Es gibt Augenzeugenberichte, welche diese Version zu bestätigen scheinen. Der Graphiker Steve Patterson beispielsweise habe von seiner Wohnung im 14. Stock der direkt neben dem Pentagon liegenden Trabantenstadt Pentagon-City »... *einen silbernen Flugkörper am Fenster vorbeifliegen* ...« sehen. »*Das Flugzeug, dessen schrilles Geräusch an einen Jagdbomber erinnerte, flog über dem Friedhof von Arlington so niedrig, dass ich dachte, es würde auf dem Highway landen ... Das Flugzeug, in dem anscheinend Platz für acht bis zwölf Personen war, steuerte geradeaus Richtung Pentagon.*« Für Meissan ist Pattersons Aussage ein weiterer Beleg bzw. ein Indiz dafür, dass eben keine große Boeing, sondern ein kleinerer, schnellerer und wendigerer Flugkörper ins Pentagon raste. Denn auch das schrille Geräusch sei typisch für das Pfeiffen einer Rakete oder eines missiles, wenn es kurz vor seinem Ziel nochmal exakt anvisiere und dann beschleunige. Weitere Zeugen wollen neben »*totally black windows – völlig schwarzen Fenstern*« auch ausgeprägte Stabilisierungsbewegungen bei den Flügeln des Objekts wahrgenommen haben, was ebenfalls die »Endphase« eines Raketenzielanflugs oder einer Wisnewski-Drohne charakterisieren könnte. Diese Aussagen von »Bodenzeugen« deckten sich auch ganz gut mit den Angaben der Fluglotsen, welche auf ihren Radarschirmen einen Flugkörper mit hoher Geschwindigkeit herannahen sahen: »... *(Washington) Dulles controllers observed a primary radar target tracking eastbound at a high rate of speed* ...« (Rep., S. 25). Fluglotsin Danielle O'Brien führte in einem (vom 9/11-Report nicht wiedergegebenen) Interview sogar noch weiter aus: »*Auf Grund der Geschwindigkeit, der Wendigkeit und der Art und Weise, wie er Kurven flog, dachten wir alle im Radarraum, alle wir erfahrenen Fluglotsen, dass dies ein militärisches Flugzeug sein muss. Man kann eine Boeing 757 nicht auf diese Weise fliegen, das ist gefährlich.*« Identität und Typ des bewussten Flugkörpers waren vom Zeitpunkt seiner Entdeckung in Washington bis kurz vor seinem Einschlag im Pentagon offensichtlich unbekannt (Rep., Fußnote 146: John Hendershot Interview). Aus einem »*zehnstöckigen Hochhaus in der Nähe des Pentagon*« habe Reporter David Winslow schließlich »*(...) ein riesiges Flugzeugheck vorbeizischen* ...« sehen. »*Ich erkannte ein rotes Logo, und dann kam der Knall auf das Pentagon, eine riesige Feuerkugel* ...«

Ich stand da und blickte vom Fußweg aus suchend und fragend in weitem Winkel um mich. Da war kein Gebäude, für Meilen nicht – weder ein zehnstöckiges noch überhaupt irgendeines. Vor der getroffenen Pentagon-Seite breitete sich direkt nach dem Washington-Boulevard-Highway der mehrere Quadratkilometer große Arlington-Friedhof aus und

Mit dem Rücken zur Einschlagstelle: keine Hochhäuser in der Einflugschneise

sonst nichts. Wenn nun David Winslow den Flugkörper kurz vor dem Einschlag direkt an seinem Fenster vorbeizischen gesehen haben will, so befand sich Mr. Winslow mit ziemlicher Sicherheit entweder in keinem (10-stöckigen) Gebäude oder aber – wie Steve Patterson – in Pentagon-City, denn nur hier gibt es Häuser dieser Höhe in unmittelbarer Nähe zum Pentagon. Oder aber der Mann übertrieb, und das »riesige Flugzeugheck« war doch noch ein ganzes Stück weg von ihm und hatte auch noch etwas Flugzeit bis zum Pentagon zurückzulegen. Dann aber hätte er es wohl kaum so genau identifizieren können, wie er es eben tat. Ich blickte nach links hinüber bzw. gen Süden und sah keinen Kilometer entfernt die Spitzen einiger Hochhäuser von Pentagon-City hervorragen. Das Dumme an der Sache war nur, dass die meisten dieser Hochhäuser praktisch bereits *hinter* der getroffenen Pentagonseite lagen. Nur einige wenige kamen etwas über die 180-Grad-Achse hinaus, sodass man sie über den Daumen gepeilt noch als *vor* der getroffenen Pentagonseite liegend bezeichnen konnte. Dies ist deshalb von Bedeutung, als eine 100-Tonnen-Boeing mit

600 Sachen nicht erst an einem Hochhaus, das de facto hinter dem Ziel liegt, knapp vorbeifliegen kann, um dann das Ziel unmittelbar danach noch von vorne treffen zu können, ohne vorher eine weite Schleife gedreht und einen neuen (Lande-)Anflug auf das Ziel unternommen zu haben. Auch in der Patterson-Aussage findet sich der gleiche Widerspruch: Einerseits soll das Flugzeug an seinem Fenster vorbeigeflogen, andererseits sehr knapp über dem Arlington-Friedhof hinweggeflogen sein. Die äußersten 14-stöckigen Hochhäuser von Pentagon-City sind aber per Luftlinie mindestens noch einen guten halben Kilometer vom Arlington-Friedhof entfernt. Es gibt daher im Prinzip nur vier Möglichkeiten, diese Diskrepanzen in den Aussagen zu erklären:

1. Patterson hat sich getäuscht, hat übertrieben (oder gelogen) oder aber das Interview ist nicht korrekt wiedergegeben, und das Flugzeug ist nicht nah »an seinem Fenster vorbeigeflogen«, sondern eben nur in einiger Entfernung dazu über den Arlington-Friedhof. Folge: Boeing möglich.
2. Patterson hat sich getäuscht, hat übertrieben (oder gelogen) oder aber das Interview ist nicht korrekt wiedergegeben, und das Flugzeug ist nicht über Arlington herangeflogen, sondern eben nur an seinem Fenster vorbei. Folge:
   - Boeing (rein theoretisch) nur möglich, wenn Patterson wirklich in einem der äußersten, westlich gelegenen Hochhäuser von Pentagon-City gewohnt hat.
   - Boeing dagegen definitiv nicht möglich, falls Patterson in irgendeinem anderen Bereich von Pentagon-City gewohnt hat. In diesem Fall wären in der Tat nur eine Rakete, ein Marschflugkörper oder eine kleine, wendige Drohne die einzig vorstellbaren Flugkörper, die entsprechend scharfe Kurven und Drehungen fliegen könnten.
3. Pattersons Aussagen bezüglich des Flugzeugs sind zwar korrekt und auch korrekt widergegeben, aber die Information, dass er in Pentagon-City gewohnt habe, ist falsch. Folge: Boeing nur möglich, wenn man ein anderes 14-stöckiges Hochaus in der mutmaßlichen Einflugschneise des Flugkörpers finden würde (was mir jedoch – wie im Falle Winslow – eben nicht gelungen ist).
4. Pattersons Aussagen sind insgesamt korrekt und auch korrekt wiedergegeben. Folge: Boeing nahezu unmöglich. Rakete, Marschflugkörper oder kleine, wendige Drohne einzig vorstellbarer Flugkörper, der zuerst knapp an Pattersons Haus vorbeifliegen, anschließend »zum Ausholen« bzw. »Anvisieren« eine enge Schleife über den Arlington-Friedhof hinlegen und zu guter Letzt den Westflügel des Pentagon treffen hätte können.

Pentagon-City: Boing am 14. Stock vorbeigeflogen?

Wir sehen also an den verschiedenen denkbaren Fallvarianten, dass entweder etwas an Pattersons (u.a. Winslows) Aussage bzw. an der Berichterstattung derselben nicht stimmen kann (in welchem Umfang und aus welchen Gründen auch immer) oder aber dass keine Boeing, sondern etwas anderes das Pentagon getroffen haben muss. Die einfachste, logisch plausibelste und menschlich am meisten nachvollziehbare Erklärung dürfte freilich Punkt eins liefern: Hiernach könnte Patterson etwa das Flugzeug durch sein Fenster hindurch in einer Entfernung von etwa einem drei viertel Kilometer über den Arlington-Friedhof auf das Pentagon zurauschen gesehen haben und diesen Vorgang nachträglich im Interview etwas »salopp«, »grob geschätzt« oder auch ein bisschen »dramatisiert« mit der Wendung »an meinem Fenster vorbei« untermalt haben. Oder aber der Interviewer, Journalist, Redakteur hat ein solches getan ... Doch selbst wenn letztgenannte Variante in irgendeiner Form zutreffen sollte, haben wir natürlich immer noch keine überzeugende Erklärung für die oben beschriebene, seltsam inadäquate Physis und Morphologie der Unfallstelle. Hierüber sich den Kopf weiter zu zerbrechen, sei jedoch die Aufgabe von Unfallforschern, Flugzeug- und Waffentechnikern, Sprengstoffexperten sowie Brandschutz- und Ballistik-Spezialisten …

Was wir als Laien jedoch tun können, ist z.B. Zeugen zu befragen. Also machte ich mich kurzerhand auf den Weg in das nebenan gelegene Pentagon-City, um den viel beschworenen Steve Patterson zu finden. Die meisten der dortigen Häuser zählten nicht mehr als 10 Stockwerke, einige wenige jedoch hatten tatsächlich genau 14 bzw. 15 Etagen. Gleich das Erste davon nahm ich mir vor. Ich stellte den Wagen auf dem Parkplatz ab und begab mich zur Eingangstür. Auf dem Weg dorthin kamen mir Menschen – vor allem Afro-Amerikaner und Hispanics – entgegen, die ich ihrem Auftreten und Aussehen nach wohl in erster Linie als Soldaten oder/und Angestellte des Pentagon einordnen möchte. Diese Einschätzung wurde auch durch die Art der Wohnanlage bestätigt: Als ich durch die Außentür des Hauses geschritten war, stand ich vor einer verschlossenen »Innentür«. In dem dazwischen befindlichen Raum war an der Wand ein kleiner Kasten mit elektronischem Display sowie Ziffern- und Buchstabentasten angebracht, wo man offenbar erst den Namen des Gesuchten einzutippen hatte, bevor die Innentür aufging und man das Gebäude betreten durfte. Ich blickte erst etwas ratlos umher, ging dann zu dem Kasten und versuchte, Pattersons Namen einzugeben. Doch irgendwie funktionierte es nicht richtig, oder ich machte irgendwas falsch, auf jeden Fall reagierte weder Patterson noch der Kasten. Da öffnete sich die Innentür und Leute kamen aus dem Foyer. Noch bevor die Glastür wieder zufiel, schlüpfte ich geschwind durch den Spalt und stand im Foyer. Dort gab es eine Rezeption, in der gelangweilt zwei farbige Empfangsdamen in dunkelblauen Uniformen hockten und beobachteten, was für einen Stunt der Affe wohl als Nächstes hinlegen würde, um sich endlich Zugang zu diesem Gebäude zu verschaffen. Ich ging auf eine der nicht besonders intelligent dreinschauenden Frauen zu und fragte nach Pattersons Namen. Entweder verstand die Gute mich nicht richtig oder Steve Patterson war hier wirklich unbekannt, jedenfalls schüttelte sie einfach nur den Kopf. Da wurde es mir zu blöd, und ich verließ das Anwesen wieder so, wie ich gekommen war. Beim nächsten »verdächtigen« Wohnhaus widerfuhr mir dann genau das gleiche Spiel mit dem einzigen Unterschied, dass ich es dort nicht mal bis ins Foyer schaffte … Weil bei den übrigen Wohnanlagen wohl Ähnliches zu erwarten war, beschloss ich, vorab telefonischen Kontakt mit dem Zeugen aufzunehmen. Da ich keine Nummer von Steve Patterson zur Hand hatte, rief ich den Operator an. Dieser fand in der gesuchten Gegend nur eine(n) einzige(n) »S. Patterson«. Als ich dort anrief, meldete sich eine Frau, die versicherte, mit dem Gesuchten nicht das Geringste zu tun zu haben. Ähnlich erging es mir auch bei anderen Pentagon-Zeugen wie zum Beispiel Baustellenleiter Kirk Milburn *(»... Ich nehme an, dass es ›das Flugzeug‹ gegen die Straßenlaternen schlug ... Das machte Wusch-Wusch, dann hat es Feuer und Rauch gegeben, und ich hörte eine zweite Explosion ...«)*, Pentagon-Netzwerkingenieur Tom Seibert (»... *Wir haben etwas gehört wie das Geräusch eines missiles ...*«), Autofahrer Asework Hagos (»... *Logo von American Airlines erkannt ...*«), Anwohner Donald Timmermann (»*Es war eine Boeing 757*«), den Passanten Michael Benfante, Lowie Cacchioli, Steve Evans, Tom Canaban sowie Mike Walter, Joel Sulcherman, Maurice Bease, Michael di Paula, Lincoln Liebner, Terry Morin, Christopher Munsey, James Robbins und James Ryan. Entweder gab es sie gar nicht in Washington D.C. (was durchaus der Fall sein konnte) oder sie waren nicht zuhause, hatten nichts damit zu tun, wollten nichts sagen, oder es war eine simple Namensgleichheit etc. Hm – was nun? Nach einigem Hin- und Herüberlegen überwand ich mich schließlich zu einem »Frontalangriff«: Ich wollte Pentagon-Mitarbeiter direkt befragen. Dazu fuhr ich auf einen Parkplatz, der über einen Fußgängertunnel unter dem Highway mit dem Pentagon-Gelände verbunden war. Wie ich schon vorher bemerkt hatte, wurde dieser Tunnel gern von Mitarbeitern genutzt. Ich stellte also meinen Wagen in der Nähe des Tunnelausgangs ab und wartete, bis jemand aus der schummrigen Röhre heraustrat. Der Erste, der kam, war ein Mann mit zu forschem Schritt, als dass ich wagte, ihn aufzuhalten. Der Zweite war ein Uniformierter, den ich sicherheitshalber lieber nicht in Versuchung führen wollte. Dann kamen zwei Frauen schnatternd ins Gespräch vertieft – erneut Fehlanzeige. Nach einiger Zeit trat ein »normal aussehender« Mann in den Dreißigern mit weißem Hemd und grauer Bundfaltenhose aus dem Tunnel, und er hatte das Gesicht von jemandem, den man ansprechen konnte. Ich schwang mich aus dem Wagen, ging auf ihn zu und sagte:

»Hello, Sir, entschuldigen Sie bitte, wenn ich Sie kurz störe, aber ich komme aus Deutschland, schreibe ein Buch über den 11. September und wollte Sie nur fragen, ob Sie mir vielleicht ein bisschen erzählen könnten, was Sie an diesem Tag erlebt haben ...«

»Oh, sorry, Mister«, antwortete der Mann höflich, »aber da war ich gerade nicht im Dienst ...«, und ging weiter seines Weges. Nun ja, kann schon sein, dachte ich, und setzte mich wieder in den Wagen, um auf mein nächstes Opfer zu warten. Der Nächstpassende war wiederum ein Mann, diesmal ein etwas reiferer Herr mit rötlichen Haaren und braunem Jackett, dem ich entgegentrat und selbige Frage stellte.

»Tut mir Leid, aber da habe ich gerade Urlaub gehabt ...«, lautete seine Antwort.

»Nein, Sir, zu dieser Zeit war ich noch nicht beim Pentagon tätig«, war die Antwort des Nächsten.

»Da kann ich Ihnen nicht weiterhelfen, weil ich am 11. September in Florida war«, sagte der Folgende, und »Da war ich gar nicht in Washington«, entgegnete Nummer 5. Mochte alles sein, aber irgendwie roch dies ziemlich nach allgemeiner Auskunftssperre. Und tatsächlich soll ja auch Paul Wolfowitz höchstpersönlich nicht lange nach den Anschlägen in einem Memo eine solche gegenüber den Bediensteten des Pentagon verfügt haben. Aus verschiedenen nachvollziehbaren Gründen konnte man ja hierfür auch Verständnis aufbringen, doch warum nicht ehrlich damit umgehen? Warum eine suspekte Lügengeschichte auftischen anstatt offen und ehrlich zu bekunden: »Entschuldigung, Sir, aber es ist uns aus Sicherheitsgründen untersagt, ohne vorherige Genehmigung des Dienstherrn Auskünfte zum Geschehensablauf des 11. September zu erteilen« oder ein ähnlicher Spruch? Warum nur diese Geheimniskrämerei?

Während ich Washington verließ und mich zu meiner nächsten Station aufmachte, grübelte ich über all das Gesehene und Gelesene noch stundenlang nach. Das schwierige Anflugmanöver, widersprüchlich scheinende Zeugenaussagen und die physikalischen Seltsamkeiten an der Unfallstelle wollten mir nicht aus dem Kopf gehen – ebenso wenig wie die Frage nach den unterbliebenen lokalen Abwehrmaßnahmen. Denn laut Meissan und Wisnewski verfügte das Verteidigungsministerium über eigene, auf den Dächern installierte, ständig aktive Überwachungseinrichtungen (Film, Foto, Radar) sowie intakte Abwehrmöglichkeiten. Warum kamen sie am 11. September offenbar allesamt nicht zum Einsatz? Und warum flogen die Entführer erst einen beinahe kompletten Kreis um das Pentagon und suchten sich als Einschlagspunkt ausgerechnet den Gebäudeteil aus, der bekannterweise wegen Renovierungsarbeiten schon seit einigen Jahren leer stand? Erstaunlicher- und befremdlicherweise werden diese Fragestellungen im offiziellen 9/11-Report gar nicht erst diskutiert. Warum nicht? Sind diese Dinge etwa niemandem aufgefallen? Hat es die Kommissare einfach nicht interessiert? Oder wurden sie erst gar nicht an sie herangetragen bzw. problematisiert? Dieser Mangel erscheint obendrein umso merkwürdiger als im Gegensatz dazu der Bericht auf die nicht erfolgte, missglückte oder auch verspätete Kommunikation unter den Behörden sowie die ausgebliebenen Abwehrmaßnahmen auf national-militärischer Ebene wiederum erstaunlich ausführlich eingeht. Die diesbezüglichen Abhandlungen wollen wir jedoch an anderer Stelle eigens unter die Lupe nehmen ...

Was aber war nun das bisherige Ergebnis des Augenscheins von Unfallstelle Nr. 3?

Es konnte einerseits festgehalten werden, dass die offizielle (Boeing-) Version nur unter gewissen Voraussetzungen in Gänze stimmen konnte, sowie andererseits, dass auch eine Rakete, ein Marschflugkörper oder eine Drohne das Pentagon getroffen haben könnte. Warum Letzteres aber überhaupt von etwaigen Verschwörern veranstaltet worden sein sollte und was in diesem Falle mit dem echten American-Airlines-Flug-77 zwangsläufig geschehen sein sollte, werden wir ebenfalls im Folgenden bzw. gegen Ende des Buches noch näher beleuchten. Wollen wir aber zunächst »großzügig« sein und auch hier Herrn Wisnewski und Thierry Meissan einen weiteren Pluspunkt gönnen, allein deswegen, weil ihre Version hier rein theoretisch möglich und wohl auch machbar gewesen sein könnte. Auch Herrn Bröckers (Fernsteuerung) wollen wir hier einen Teilsieg zubilligen, da immerhin der 9/11-Bericht selbst das Erscheinen der (angeblich »fernsteuerungsfähigen«) C130-Transporter in unmittelbarer Nähe der Pentagon-Unfallstelle nun offiziell bestätigt: »*Reagan National (›Airport‹) controllers then vectored an unarmed National Guard C-130H cargo aircraft ...*« (Rep., S. 25). Allerdings sei dieses Hightech-Militärflugzeug von seiner ursprünglichen Flugroute zum Bundesstaat Minnesota eben gerade deshalb abgewichen, um den auf Washington zurasenden, unbekannten Flugkörper »*zu identifizieren und zu verfolgen*«. Tatsächlich sei es dann sogar der Pilot der C130-Maschine selbst gewesen, der das Flugobjekt erstmals als Boeing 757 identifiziert haben will (Rep., S. 26). Dies ist deshalb von Bedeutung, als sich damit die amtliche Verifizierung des Pentagon-Flugkörpers als der verschollene AA 77-Flug letztlich auf die Aussage einer einzigen Person stützt (von den verschiedenen oben aufgeführten Zeugenaussagen fliegerischer Laien bzw. evtl. »gedopter« Pentagonmitarbeiter einmal abgesehen). Angesichts eines weltpolitisch-geschichtlich bedeutsamen Ermittlungsgegenstandes vom Ausmaß eines 11. September ist dies nicht nur als etwas dürftig zu bezeichnen, sondern auch nicht gerade das, was man juristisch einen »Vollbeweis« nennt ... Derselbe Pilot sei es dann auch gewesen, der dem Kontrollturm in Washington ein paar Minuten später gemeldet habe, dass »*... es so aussieht, als ob die Maschine in das Pentagon gekracht ist ...*« (Rep., S. 26). Dem aber nicht genug: Der gleiche Pilot habe 27 Minuten nach dem Pentagon-Crash schließlich auch die Absturzstelle der vierten Maschine, des legendären Flugs UA 93, als Erster von oben optisch entdeckt (Rep., S. 30) – ein Zufall? Da es hierbei auch noch zu einer bis dato nicht geklärten Diskrepanz hinsichtlich des genauen Aufschlagszeitpunkts dieser Maschine gekommen ist, werden wir uns mit dieser Problematik im übernächsten

Kapitel ohnehin noch etwas ausführlicher befassen müssen. Auf jeden Fall dürften die Aussagen des bewussten Piloten allein schon bezüglich des Pentagon-Treffers Wasser auf den Mühlen sowohl von Herrn Bröckers als auch Herrn Wisnewski sein, denn der eine wird sie als weiteres Indiz für die Fernsteuerung der echten AA 77-Maschine in das Pentagon mittels des C130-Transporters, und der andere als Indiz für eine (fehlindentifizierte) Drohne werten.

Wie dem auch sei: Man könnte durchaus so weit gehen zu sagen, dass ohne Vorlage der amtlichen Untersuchungsergebnisse von den Wrack- und Leichenteilen an der Unfallstelle (auf die der 9/11-Report übrigens ebenfalls keinerlei Bezug nimmt) der Pentagon-Flugkörper (mitsamt Opfern) bis heute nicht als eindeutig identifiziert betrachtet werden kann – jedenfalls nicht anhand des der Öffentlichkeit bis dato zur Verfügung gestellten Materials ... Dass eine definitive Klärung jedoch unbedingt erforderlich ist, zeigt sich z.B. schon an dem von dem ominösen Navy-Fotografen Mark Faram unternommenen (aber letztlich gescheiterten) Versuch, ein nachträglich auf den Pentagon-Rasen gelegtes, verbogenes Stück Blech mit »AA 77-Bemalung« dem staunenden Publikum einer »Panorama«-Sendung als Original-Wrackteil der American-Airlines-Boeing zu verkaufen (was es jedoch nachweislich nicht war) sowie an der hastigen Verleihung der US-Staatsbürgerschaft an sämtliche 9/11-Opfer, was die Herausgabe von Beweismaterial an deren Regierungen erschwert ... Um die Wisnewski-Meissan-Version(en) jedoch weiter prüfen zu können, war die Besichtigung des dritten Umkehrpunktes, also der Stelle, an der die Pentagon-Maschine ihre ursprüngliche Flugroute verlassen hatte, um nach Washington zurückzufliegen, unerlässlich und daher meine nächste Aufgabe ...

7. Ohio: Geheime Landebahnen?

Endlich mal wieder bisschen Natur und Berge! Um die Anflugroute der AA 77 zum Pentagon möglichst präzise zurückzuverfolgen, hatte ich bewusst nicht die direkte bzw. schnellste Highway-Verbindung genommen, sondern den umständlichen und langwierigen Weg quer durch das Appalachen-Gebirge. Doch verging auf dieser zwei- bis dreitägigen Fahrt keine Stunde, in der ich nicht in den sanftblauen Maihimmel hinaufblickte und mich fragte, was genau sich dort oben – zehn Kilometer über meinem Kopfe – vor drei Jahren wohl (wirklich) abgespielt haben mochte. Die einzigen Zeugen des Dramas wären Zirrus- oder Kumuluswolken gewesen, aber wie jeder weiß, sind sie äußerst kurzlebig, wechselhaft und obendrein nicht gerade gesprächig ... Vielleicht konnten uns aber auch gerade jene wolkenhaften Erscheinungen etwas mitteilen, die dort eben nicht zu sehen waren, obwohl man sie vielleicht erwartet hätte: Kondensstreifen von Düsenflugzeugen ... Ich kann mich nicht erinnern, sie ein einziges Mal dort ausgemacht zu haben. Ja und, werden Sie sich vielleicht fragen, was soll das schon bedeuten? Nun, es könnte beispielsweise bedeuten, dass die entführte AA 77 fernab von den offiziellen Flugrouten (soweit die maßgeblichen seit 11. September nicht wesentlich geändert worden sind) durch relativ »einsame« und »zeugenlose« Luftareale glitt, bevor sie kurz vor ihrem Einschlag im Pentagon mit menschlichem Auge wieder entdeckt worden ist. Es gab also möglicherweise für relativ lange Zeit keine optische Erfassung der Boeing, zumindest nicht von der Luft aus (in Form »benachbarter« Passagiermaschinen etwa). Rein theoretisch also hätte hier eine abstrakte Chance bestanden, gemäß Wisnewski die echte Boeing irgendwo landen und an ihrer Stelle eine Drohne starten zu lassen. Wenn wir nun schon nicht den leeren Himmel zum Tatablauf des 11. September befragen können, so kann aber vielleicht der feste Boden bzw. die Oberflächenform desselben einige wertvolle Hinweise beisteuern. Und da sieht es, mit Verlaub, ziemlich finster aus für Herrn Wisnewski. Wenn Sie jemals den Bayerischen Wald, den Schwarzwald oder auch ein anderes Mittelgebirge durchfahren haben, wissen Sie, wovon ich spreche: Zu hoch die Hügel, zu schmal die Täler, zu wellig der Untergrund, zu unregelmäßig die Flussmäander und zu dicht der Wald, als dass dort an eine geheime, mindestens 50 Meter breite und einen Kilometer lange »Boeing-Piste« zu denken wäre – unabhängig davon, dass auch hier die Beobachtungsgefahr durch Wanderer, Forstarbeiter, Autofahrer etc. unablässig lauerte. Und zu guter Letzt ist im 9/11-Report und auch sonstwo nichts davon berichtet, dass es im gesamten Appalachen-Flugabschnitt irgendein Verschwinden des primären Radarsignals der Maschine bzw. ein doppeltes Signal (Drohne) gegeben hätte, was aber eigentlich die physioelektronische Folge eines Flugzeugaustauschs sein müsste. Dass die Maschine nach Verschwinden des Transpondersignals in dieser Region dennoch für ganze 36 Minuten auch von Fluglotsen nicht wahrgenommen wurde (»*undetected*«), lag nach offizieller Darstellung nicht am Erlöschen des Primärsignals, sondern daran, dass Fluglotsen von Managern »*keine Anweisung*« bekommen hatten, überhaupt nach Primärsignalen Ausschau zu halten, sowie daran, dass die, die es doch taten, das Primärsignal der AA 77 in der falschen Richtung suchten – nämlich dort, wo sie ursprünglich (vor ihrer Entführung) hingeflogen *wäre*. Andere Controller wiederum hielten überhaupt keine Ausschau (mehr), da sie dachten, die Maschine sei bereits abgestürzt ... (Rep., S. 25 Mitte). Ob all diese Verhaltensweisen nachvollziehbar sind und Sinn machten angesichts der Kenntnis bzw. Annahme einer Flugzeugentführung, sei momentan dahingestellt, jedoch an späterer Stelle unter einem anderen Aspekt noch zu diskutieren. Dass das Flugzeug gegen Ende der unbeobachteten 36-Minuten-Etappe kurz vor Washington gelandet sein könnte – etwa auf der südlich von Washington am Potomac-Fjord gelegenen großen »Quantico Marine Base« oder dem noch weiter südlich gelegenen Militärgelände von Caroline – wäre zwar wohl eine technisch realisierbare und vielleicht sogar auch weitgehend »unauffällige« Möglichkeit gewesen, kann aber anhand des im 9/11-Bericht jedenfalls so geschilderten Signalverlaufs rein radartechnisch nicht nachvollzogen werden. Unabhängig davon, dass diese Variante ein weiteres Mal eine (höchst gewagte) Mitwisserschaft des US-Militärs an dem Komplott voraussetzen würde, kann diese Version bestenfalls spekulativ bleiben ...

Wir wollen aber nicht aufgeben und weiter nach einer Stelle suchen, an der sowohl die geomorphologischen Voraussetzungen für eine Boeing-Landung vorliegen könnten, als auch ein entsprechendes Pendant bei den Radarsignalen dokumentiert ist. Gemäß Report, Seite 9 ging kurz nach der Entführung der Maschine bzw. dem Verlassen der vorgesehenen Flugroute etwa über der Bundesstaatengrenze West-Virginia/Ohio neben dem Transpondersignal auch das primäre Radarsignal verloren: »*At 8:54 the aircraft deviated from its assigned course, turning south. Two minutes later the transponder was turned off and even primary radar contact with the aircraft was lost.«* Dies bedeutet im Klartext, dass die Maschine ab dem genannten Zeitpunkt auf keinen (FAA-)Schirmen mehr zu sehen war (NORAD-Schirme jedoch fraglich, aber vom Report nicht erörtert), also rein physikalisch »gar nicht mehr existierte«. Wie lautet die offizielle Erklärung dafür? Gemäß Report, Seite 25 hätten Rekonstruktionen ergeben, dass die Radareinrichtung der FAA das Primärsignal zwar grundsätzlich aufgezeichnet habe, jedoch wegen irgendwelcher technischer Probleme für ganze 8 Minuten und 13 Sekunden nicht an die Fluglotsen übermittelte: *»But for 8 minutes and 13 seconds, between 8:56 and 9:05 this primary radar information on American 77 was not displayed to controllers at Indianapolis center.«* Als genauere Begründung hierfür wiederum wird in Fußnote 142 erläutert, dass der in diesem geographischen Gebiet »bevorzugte« Radar mit keinem Primärsignalerkennungssystem ausgestattet sei und der »Ergänzungs«-Radar nur schwach über Primärsignale »berichten« könne, da die Software der Flugaufsichtsbehörde keine Übermittlung bzw. Anzeige von Primärsignalen »tertiärer« und »quartiärer« Radaranlagen erlaube. Klingt rein technisch und verwaltungsbürokratisch vielleicht irgendwie nachvollziehbar, aber die Frage ist: Darf/Durfte so etwas sein? Muss(te) ein technologisch so hoch entwickeltes Land wie die USA im 21. Jahrhundert nicht jederzeit in der Lage sein, das Primärsignal einer Passagiermaschine der zivilen Luftfahrt an jedem x-beliebigen Ort ihres eigenen Hoheitsgebiets empfangen und auch übermitteln/anzeigen zu können? Die Frage ist deswegen so provokant gestellt, weil Wortwahl und Ausdrucksweise des Berichts vermuten lassen, dass es sich nicht um einen einmaligen Fehler, sondern einen generellen (Mangel-)Zustand in jenem »geographischen Gebiet« handelt(e). Ist das vorstellbar und glaubhaft? Die Frage sei an Flugsicherungs-, Rechts- und Verwaltungs-Experten weitergereicht, wird uns aber zu einem späteren Zeitpunkt nochmal beschäftigen …

Jetzt nehmen wir aber mal unverschämterweise an, Technik und Mensch haben dort *gar nicht* versagt, sondern lediglich haargenau das wiedergegeben, was sich nach Überzeugung von Herrn Wisnewski auch tatsächlich abgespielt hätte: Die Boeing ist ganz einfach gelandet und deswegen vom Radarschirm verschwunden! Erstaunlicher- und bedauerlicherweise bleibt Herr Wisnewski jedoch auch in seinem Folgewerk die Frage nach dem genauen Ort dieser (mutmaßlichen) Landung ein weiteres Mal schuldig – und das, obwohl im Falle der Pentagon-Maschine das geeignete Radarverhalten ja nun wirklich vorhanden war und mittlerweile sogar offiziell bestätigt ist, wie wir gelesen haben … Warum nur fällt dem Autor zur Frage nach dem Ort der geheimen Landebahnen nichts ein – ja, warum macht er nicht mal einen läppischen Vorschlag?

Dazu wollen wir uns das Gebiet, über dem die AA 77 umgekehrt ist und ihr Primärsignal verloren ging, mal etwas genauer anschauen ...

Jenseits der Appalachen angekommen, machte ich mich also auf den Weg zum Ohio-Fluss mit der Aufgabe, das unter dem Umkehrpunkt der Pentagon-Maschine liegende, in Frage kommende Landegebiet in einem grob bemessenen Radius von ca. 50 km systematisch zu durchkämmen. Dieses Gebiet erstreckte sich in etwa zwischen den Städten Charleston, Huntington, Portsmouth, Lancaster, Wheeling, Morgantown und Clarksburg. Schon bei der Anfahrt fiel mir die äußerst wellige, hügelige, stark bewaldete Landschaft auf, in der mit Sicherheit kein Flugzeug vom Typ Boeing starten und landen konnte. Je mehr ich in das Zentrum des besagten Areals vorrückte, desto mehr wurde zudem die Natur von verkehrsmäßiger und städtebaulicher Infrastruktur verdrängt. Besonders in der hoch industrialisierten Zone um Charleston und Huntington war nun (allein schon durch einen Blick in den Atlas oder auf die Landkarte) an geheime Landebahnen oder Militärflughäfen bzw. ein unauffälliges Landen und Starten irgendwelcher größerer Düsenflugzeuge definitiv noch weniger zu denken als in der weiten »Pampa«. Dasselbe galt natürlich auch für den weitausladenden, starkbebauten Uferbereich entlang der breiten Ohio-Wasserstraße selbst. Bei Point Pleasant (II) überquerte ich den legendären Strom und damit die Grenze zwischen West-Virginia und Ohio, um mir die andere Hälfte des »Observationsgebiets« anzusehen. Hier wurde es nach einiger Zeit zwar wieder etwas populationsärmer, aber dennoch keineswegs »Boeing-freundlicher«: Die auslaufenden Flussauen gingen hier in kurzhügelige, mit üppiger Vegetation ausgestattete und teilweise sogar noch von sumpfigen Niederungen durchzogene Reliefs über. Hätte ich auf diesen gottverlassenen Niemandsland-Straßen jemandem gebeichtet, dass ich hier nach dem geheimen Landeplatz der Pentagon-Boeing suchte, man hätte wohl weniger das FBI, sondern vielmehr gleich die Männer in den weißen Kitteln verständigt ... Einmal jedoch wurde ich tatsächlich stutzig: Als sich das Sträßlein an einer einsamen Stelle etwas aus den Ohio-Buckeln herausgeschlängelt hatte, empfing mich ein relativ flaches, von dichtem Gestrüpp sowie einem rostigen, hohen Maschendrahtzaun umgebenes Gelände. Merkwürdig, dachte ich – hier mittendrin ein solcher Zaun? Ich fuhr den Zaun entlang und gelangte irgendwann an ein mehr oder weniger verschlossenes, großes Gatter. Sah alles ein wenig abgehalftert aus, und wenn da nicht eine halbwegs intakt aussehende Überwachungskamera auf mich und meinen Wagen gezeigt hätte, man hätte wohl das marode Verbotsschild direkt auf dem Eingangstor nicht besonders ernst genommen. Ich folgte weiter dem Zaun bis zu seinem Ende und bog dann bei der nächsten

Abzweigung nach rechts ab, um das mysteriöse Gelände zu umfahren. Als ich die Straße dort entlangfuhr, stieß ich erneut auf ein gleichartiges Gatter – ganz offenbar das andere Ende des abgesperrten Grundstücks. »Coal Mining Company ...« stand da auf einem Schild. Aha, eine Kohlenmine also. Und als ich aus einer anderen Perspektive ein bisschen weiter in das Gelände hineinblicken konnte, sah ich auch einen förderanlagenähnlichen Maschinenpark hinter Bäumen vor sich hin gammeln ...

Als ich abends die Rezeption zu meinem Motel in Point Pleasant II wieder betrat, kam ich mit dem dortigen Empfangschef etwas ins Gespräch. Als er erfuhr, dass ich sozusagen als »9/11-Tourist« hier auf der Durchreise war, griff er das Thema sofort auf und sagte:

»Sie wissen, dass zwei der Maschinen hier über uns umdrehten ...«

»Ja – zumindest die Pentagon-Maschine. Die andere wendete erst weiter oben kurz vor dem Erie-See ...«

»Aja, stimmt, aber sie flog auch über Ohio ...«

»Das schon. Haben Sie die eine gesehen zufälligerweise?«

»Nein, nicht selbst. Ich habe es nur am nächsten Tag in der Zeitung gelesen ...«

»Aja ... schlimm, das Ganze ...«

»Ja, wirklich – aber auch unsere Reaktion danach ist schlimm! Die Kriege sind nicht okay ...«

»Ich verstehe, aber die USA ...«

»Afghanistan vielleicht – obwohl auch das nichts bringt! Ich meine, wir gehen dort hin, bringen selbst viele unschuldige Menschen um – genauso wie es die anderen beim World Trade Center taten, und dann was? Es ist nicht richtig. Und im Irak geht es sowieso nur um Öl und nicht um Terrorismus oder Massenvernichtungswaffen ...«

»Meinen Sie wirklich?«

»Sicher. Und ich habe einen Sohn, der als Soldat da unten ist. Ich wüsste nicht, wie ich reagieren würde, wenn ihm etwas zustößt. Aber es war seine freiwillige Entscheidung. Er wollte unbedingt hin, wie er auch schon in Afghanistan mit dabei war. Was kann ich da tun als Vater? Er ist erwachsen und muss selbstverantwortlich seinen eigenen Weg gehen ...«

Am nächsten Tag wollte ich mir den nördlichen Sektor des mutmaßlichen »Landegebiets« anschauen, checkte aus und fuhr los. Ich hatte noch nicht einmal den Parkplatz des Motels verlassen, da vernahm ich über mir das Geräusch eines Flugzeugs. Sofort riss ich meinen Kopf nach oben und sah einen Düsenflieger etwa von der Größe eines Learjets in einer Höhe von ca. 200 – 300 Metern über mich hinwegzischen. Ich blickte ihm hinterher, aber so blitzschnell wie er gekommen war, war er auch schon wieder hinter der ersten Hügelkette des Ohio-Ufers verschwunden. Um Flugzeugtyp, Farbe und Logo genau bestimmen zu können, war alles viel zu flott gegangen. Dass sich die Maschine aber offensichtlich im Landeanflug befunden hatte, war unschwer zu erkennen gewesen. Landeanflug? Düsenmaschine? Logo nicht erkannt? Schnell verschwunden? Waren das nicht all die Attribute, nach denen ich dauernd fieberhaft suchte? Ich stand noch für ca. zwei oder drei Sekunden wie versteinert neben meinem Wagen, bevor ich mich endlich hinters Steuer warf und losbrauste – zur Verfolgung des abgetauchten Learjets ... Hinter dem nahen Ortsausgang von Point Pleasant kurvte ich sofort auf den Highway 35 in nordöstlicher Richtung, da der Jet etwa dahin entfleucht war, wie ich glaubte. Bei der nicht unrasanten Auffahrt erhielt ich dann eindrucksvoll die akkustische Bestätigung dafür, dass Hollywood-Action-Filme keinesfalls übertrieben, wenn bei Verfolgungsjagden grundsätzlich die Autoreifen quietschten. Irgendwie muss das mit der amerikanischen Pneu-Qualität zu tun haben ... Ich fuhr also die 35 für ein paar Kilometer Richtung Norden, den Blick ständig auf alle Seiten der Fahrbahn konzentriert, wo denn das Flugzeug abgeblieben war bzw. ein entsprechender Flugplatz auftauchte. Doch nichts dergleichen. Wo nur war das Ding hin? Ich drehte wieder um, fuhr die nächste Ausfahrt vor Point Pleasant wieder raus und suchte dort. Auch nichts! Kein Flugzeug, kein Flugplatz. Mysteriös, dachte ich. So tief, wie der Jet über dem Motel schon war, konnte und durfte der Landeplatz eigentlich nicht mehr weit entfernt sein ... Etwas verwundert und desillusioniert kehrte ich schließlich nach Point Pleasant zurück, da es bereits Mittag war und ich Hunger hatte. In der anderen Hälfte des kleinen Städtchens jenseits der großen Ohio-Brücke entdeckte ich dann ein Steak-Lokal mit dem einladenden Namen »Ponderosa«. Gerade als ich in rühriger Kindheitserinnerung an die regelmäßigen »Bonanza«-Abende vor der Glotze dort einkehren wollte, stach mir zur Rechten ein Straßenschild mit »Airport« ins Auge. »Airport«? Wo sollte hier in dem verschlafenen Nest denn ein Flugplatz sein? Jedenfalls folgte ich statt der »Ponderosa« kurzerhand dem Airport-Schild und landete nach ca. 200 Metern tatsächlich vor dem Rollfeld eines Flugplatzes. Da gab es sogar einen kleinen Tower, ein niedliches »Terminälchen«, einen Hangar und ... parkenderweise jenen geheimnisvollen Jet! Das war also die »geheime Landebahn« – inmitten einer Kleinstadt, wie originell ... Ob das Equipment dieses Wald- und Wiesen-Airports jedoch auch Boeing-tauglich war, durfte stark bezweifelt werden, konnte aber dahingestellt bleiben, da ein unauffälliges Landen und Starten hier ohnehin völlig undenkbar wäre. Dennoch beinhaltete die kleine Begebenheit – quasi als »Nachschub« für die Problematik des fraglichen Pentagon-Flugkörpers (s.o.) ein paar interessante Beobachtungen:

1. Es konnte – zumindest für einen Laien – sehr schwierig, u.U. sogar unmöglich sein, Typ und Logo eines Düsenflugzeugs vom Boden aus genau zu bestimmen, auch wenn die Maschine schon sehr niedrig flog.
2. Ein Landeanflug konnte sehr schnell vonstatten gehen, ohne dass viele Menschen ihn überhaupt bemerkten.
3. Man konnte sich bzgl. Lage und Entfernung des vermuteten Landeplatzes nicht unwesentlich irren.

Dennoch: Eine passende »Boeing-Austausch-Stelle« am Boden hatte sich hiermit immer noch nicht erschlossen. Ich wollte jedoch Wisnewski in diesem Punkt noch eine letzte Chance geben und machte mich erneut auf die Suche. Beim Durchforsten des nördlichen Sektors entdeckte ich tatsächlich mal ein ziemlich abseits, fast versteckt gelegenes Fluggelände. Es dauerte durchaus ein paar Minuten, bis man es vom Highway mit dem Wagen erreichte. Die Infrastruktur hier erschöpfte sich in ein paar vereinzelt herumstehenden Farm- oder Wohnhäusern sowie einer schmalen, gewundenen Landstraße, auf der niemand fuhr oder ging und die irgendwo ins Nichts zu führen schien. Vorher aber führte sie offenbar zum »Passenger-Airport«. Da dieser ziemlich unlebendig daherkam (nämlich abgesperrt) und ich obendrein keinerlei Hangars sehen konnte, fuhr ich das Sträßlein weiter in der Hoffnung, irgendwann einmal auch auf den »Fracht-Flughafen« zu stoßen. Und siehe da: Nach einer Weile tauchte tatsächlich ein weiteres Flugfeld auf, das mit einem »CARGO«-Schild versehen war sowie einer erstaunlichen, fast schon auffälligen Anzahl halbrunder Hangars ... Da auch dieses Gelände irgendwie den Eindruck vermittelte, dass man es besser nicht betreten sollte, und zudem unweit des Eingangstores ein paar Figuren neben Autos herumstanden, für die mir gerade keine plausible Ausrede einfiel, begnügte ich mich damit, das Gelände von der parallel verlaufenden Straße aus zu »begutachten«. Besonders ergiebig war das Besichtigungsprogramm allerdings nicht. Neben ein paar einmotorigen Propellermaschinen gab es dort nur noch die besagten Flugzeughallen, die in militärähnlicher Ordnung aneinander gereiht waren. Zweifellos waren sie viel zu klein, um eine komplette Boeing 757 darin verschwinden zu lassen, dennoch blieb die Frage offen, wozu man hier so viele gleichartige Hangars benötigte und weshalb sie allesamt offenbar verschlossen waren, was an einem aktiven Flugplatz im Allgemeinen eher nicht der Fall ist ... Die Beantwortung dieser Frage sei freilich nicht unser Problem, denn eine »Boeing-Eignung« dieses Flugfelds schied ohnehin aus. Man konnte vielleicht noch mit einiger Fantasie und Willenskraft annehmen, dass eine Boeing 757 auf dieser relativ langen und breiten Asphalt-Piste zwar landen (und starten) konnte, fand aber dann keine Möglichkeit mehr, die »dicken Dinger« am helllichten Tag auch wieder möglichst schnell und unauffällig von der Bildfläche verschwinden zu lassen ... War damit das Ende von Wisnewskis Drohnen-Theorie gekommen? Streng genommen ja, da der Umkehrpunkt über dem Ohio-Fluss – bei tatsächlich nachgewiesenem, passendem »Radar-Korrelat« – wohl noch eine der plausibelsten Gelegenheiten gewesen wäre, zumindest die Pentagon-Maschine aus dem Verkehr zu ziehen und mit einer menschenleeren Doppelgängerin auszutauschen ...

Wie aber steht es mit der vierten Maschine, dem mysteriösen United-Airlines-Flug 93, der in Pennsylvania in den Acker rammte und als Einziger sein Ziel verfehlte? Dessen Umkehrpunkt lag wenige Kilometer vor den Ufern des großen Erie-See an der nördlichen Grenze des Bundesstaates Ohio nicht weit von der Stadt Cleveland – übrigens Sitz des örtlich zuständigen Luftverkehrskontroll-Centers der Flugaufsichtsbehörde – entfernt. Auf der Fahrt zum Lake Erie erkannte ich jedoch schon bald, dass sich die Infrastruktur in Richtung Cleveland noch dichter entwickelte als sie es beim Ohio schon war, und nachdem gemäß Landkarte auch keine größeren Militärbasen in dieser Gegend vorhanden waren, verzichtete ich auf eine nähere Inspektion des vierten Umkehrpunktes und wandte mich gleich dem größten Mysterium der 9/11-Anschläge zu, nämlich der Absturzstelle des legendären United-Airlines-Flugs 93.

8. Die Helden von Shanksville

»Die Entführer griffen um 9.28 Uhr an. Auf einer Reisehöhe von 35 000 Fuß (ca. 10 000 Meter) über Ost-Ohio ging United 93 plötzlich um 700 Fuß (ca. 230 Meter) runter (...) Man konnte den Kapitän oder Ersten Offizier rufen hören: »Hey, raus da – raus da – raus da!« Mit diesem dramatischen Auftakt gibt der 9/11-Bericht auf Seite 11 anhand der Funkverkehrs- und Flugschreiber-Aufzeichnungen den Beginn der Entführung der vierten Maschine wieder. Auf die näheren Umstände der Übernahme des Flugzeugs und insbesondere des Cockpits möchte ich hier nicht weiter eingehen, da sie zum einen selbst von der Untersuchungskommission nicht vollständig geklärt werden konnten, und zum anderen ich nicht denke, dass sie für unser Anliegen sehr aussagekräftig sind. Genau wie bei den drei anderen Maschinen möchte ich mich daher nur auf die wichtigsten Eckdaten des Entführungsvorgangs beschränken.

Um 9.32 Uhr machte vermutlich Terror-Pilot Jarrah vom Cockpit aus eine Durchsage, dass alle Passagiere sitzen bleiben sollten, da sie eine Bombe an Bord hätten. Gemäß Flight Data Recorder habe Jarrah dann den Autopiloten des Flugzeugs so eingestellt, dass es umdrehte und Richtung Osten flog (Rep., S. 12). Um 9.39 Uhr gab es eine zweite Durchsage bezüglich einer angeblichen (aber letztlich doch nicht vorhandenen) Bombe mit dem Zusatz, dass die Maschine zum Flughafen zurückkehren werde. Diese Durchsagen seien deswegen einwandfrei dokumentiert, da die Terrorpiloten der vierten Maschine – genauso wie Atta in der ersten Maschine übrigens – offenbar gar nicht wussten, wie sie Radio und Ansagegerät bedienen sollten und daher ihre eigentlich nur für die Passagiere bestimmten Ankündigungen irrtümlicherweise ausgerechnet über den Kanal der Luftverkehrskontrolle jagten! Denn – gemäß Rep., S. 12 i.V.m. Fußnote 75 – *»nach unserem Wissen hatte keiner von ihnen jemals zuvor einen echten Airliner geflogen«*. Ach was – auch schon gemerkt!? Ferner gehe aus Handytelefonaten von einigen Passagieren hervor, dass die Entführer offenbar Kenntnis von diesen Telefonaten hatten (oder zumindest hätten haben müssen) und nichts dagegen unternahmen (Rep., S. 12), was aus mehreren Gründen ziemlich absurd scheint:

1. Die Passagiere hatten somit ausgezeichnete Gelegenheit, von den

bereits erfolgreichen Treffern der drei anderen Maschinen sowie der wahren Absicht der Entführer ihrer eigenen Maschine informiert zu werden und damit erst die wirkliche Veranlassung, selbst etwas gegen die Entführer tun zu müssen.

2. Die Passagiere bekamen somit ohne Not zusätzlich noch die Gelegenheit, die Airlines, Behörden und das Militär von den Vorgängen an Bord zu unterrichten, sodass zumindest Coup Nr. 4 evtl. auch noch von diesen Stellen vereitelt hätte werden können.
3. Die Entführer riskierten mit der generellen Erlaubnis zahlreicher Handytelefonate last but not least auch das perfekte technische Funktionieren der Steuerungselemente des Flugzeugs – ebenfalls eine ziemlich unerklärliche Fahrlässigkeit angesichts der nicht gerade einfachen Flugmanöver, die sie noch zu absolvieren hatten. (Im Übrigen hatten ja auch einige von ihnen gerade Elektrotechnik an deutschen Hochschulen studiert und es schon von daher »besser wissen müssen« ...)

Nicht von ungefähr widmet der Report diesen Ungereimtheiten daher durchaus einige Zeilen, gleichwohl es ihm nicht gelingt, eine plausible Erklärung hierfür zu liefern. Und die Feststellung bzw. Behauptung, dass die Entführer angeblich »*red bandanas*« (rote Stirnbänder) getragen hätten (Rep., S. 13) – wo die Kampf-Farbe der »Islamisten« bekannterweise grün ist –, wird gleich gar nicht diskutiert. Genauso wenig thematisiert wird im Übrigen auch der seltsame Zufall, dass ausgerechnet der Voice-Rekorder der »heldenhaften« vierten Maschine als Einziger »überlebt« habe, während die Rekorder der beiden ersten Maschinen in den Trümmern des WTC niemals gefunden und der Rekorder der dritten Maschine nur noch verbrannt aus dem Pentagon geborgen worden sei – was laut Wisnewski ohnehin allen bisherigen Erfahrungen bei Flugzeugabstürzen vergleichbarer Art widerspreche. Doch bevor wir uns in den diversen Ungereimtheiten der Bord-Berichte verstricken, sehen wir uns erstmal die noch halbwegs greifbaren Dinge vor Ort an – nämlich die Unfallstelle selbst ...

Nichts, aber auch nichts deutete zunächst darauf hin, dass sich irgendwo über diesen Wiesen, Wäldern, Äckern und Bauernhöfen in der rustikalen Südostecke des Bundesstaates Pennsylvania vor drei Jahren Weltgeschichte abgespielt haben soll. So normal, so idyllisch, so unbekümmert und unschuldig lag es da – das vergessene Stück Land zwischen der Kleinstadt Somerset, der Ortschaft Stoystown und dem »Indian-Lake«, das Land, das damals von Hunderten von Journalisten, Korrespondenten, Kameraleuten und Buchschreibern aus aller Welt regelrecht überfallen wurde, das Land, das eines der größten 9/11-Rätsel in sich birgt, das

Land, auf dem sich eine Boeing in den Boden bohrte. Doch man möchte nicht meinen, wie schwierig dieses Fleckchen zu finden war. Als ich abends von Somerset kommend an einer kleinen Straßenkreuzung eine niedliche weiße Kapelle mit einer Tafel, die unverkennbar das Logo des abgestürzten United-Airlines-Flug 93 trug, erblickte, glaubte ich schon, am Ziel zu sein. Ein mit seinem Pferd vorbeistapfender Bauer machte mich jedoch darauf aufmerksam, dass dies lediglich ein »Memorial« – eine Gedenkstätte für den Flug 93 – sei, nicht aber die Unfallstelle selbst, und deutete mir den weiteren, nicht ganz unkomplizierten Weg zur tatsächlichen »crash-site«. Irgendwann traf ich dann in dem mittlerweile schon legendären, aber sympathischerweise trotzdem immer noch verschlafenen Örtchen Shanksville ein, glitt über die nahezu menschenleere »Hauptstraße« an einem wahren Spalier balkon-, fenster-, türen-, vorgärten- und bürgersteigsäumender Stars-and-Stripes-Flaggen zur Linken und zur Rechten vorbei und hielt schließlich an einer Ecke, an der sich der offenbar einzige Laden der gesamten Ortschaft befand. Ich stupste die moskitonetzüberzogene hölzerne Schwingtür »westernlike« auf und betrat einen Tante-Emma-Store wie aus dem 19. Jahrhundert. Und genauso sahen mich auch die Leute im Laden an – so als ob ich aus der Zukunft oder von einem anderen Stern kommen würde. Die großen, fragenden Augen der ländlich-adretten Verkäuferin hinter der Theke bekamen jedoch bald einen freundlichen Anflug, als ich sie höflich nach der 9/11-crash-site fragte. Mit einer knappen, aber verständlichen Beschreibung erklärte sie mir den Weg dorthin, bemerkte aber zugleich, dass um diese Zeit (kurz vor Sonnenuntergang) kein »Ambassador« mehr zugegen sei, der Dinge erklären könne. Das aber störte mich nicht, da ich ohnehin nur mal einen ersten Eindruck gewinnen wollte, bevor ich ein Nachtlager suchte. Ich verließ also Shanksville durch den anderen Ortsausgang und folgte den Hinweisschildern zur Unfallstelle. Nach etwa drei oder vier Kilometern Fahrt an malerischen Farmhäusern und Feldern entlang sowie durch ein dunkles Nadelwäldchen hindurch tauchte eine kleine Kreuzung auf, an der das UA-93-Schild nach rechts auf eine Schotterpiste wies. Ich bog entsprechend ab und fuhr den Wagen im zweiten Gang mit einer gigantischen Staubwolke im Schlepptau über grobkörnigen Kies die Anhöhe hinauf. Es war ein klein wenig spannend, dort hochzutuckern, weil man bis zum Scheitelpunkt des Hügels definitiv nicht realisieren konnte, was hinter der Wölbung auf einen wartete bzw. wohin die Straße überhaupt führte. Als ich die karge, baumlose Krümmung überwunden hatte, blickte ich in eine breite, pfannenartige Senke. In ihrer Mitte gab es einen tristen Teich und drumherum dehnten sich grünbraune Wiesen aus, bis der Wald kam und sie fast fallbeilartig abschnitt. An einer Stelle, wo er dies tat, waren in einer Entfernung von ca. einem halben Kilometer zwei ominöse Erdhügel – ein kleinerer heller und ein größerer dunkler – zu erkennen, daneben eine Umzäunung, eine Art Barracke sowie weiter rechts die verrunkelten Spitzen eines Schrottplatzes. Ungefähr 100 Meter direkt vor mir sah ich zwei Parkplätze, zwei blaue Toilettentonnen, ein Schutzhäuschen und neben diesem eine Art Aussichtsplattform mit einem ca. zehn Meter langen und drei Meter hohen Gitterzaun, an dem beidseitig vielerlei Dinge baumelten und ein paar Flaggen verloren im Abendwind flatterten. Ich stellte den Wagen ab und ging zum Aussichtspunkt. Es hatte etwas Gespenstisches an sich. Niemand war da außer mir, Düsternis kehrte bereits langsam ein, die Flaggen mit den vermischten Stars-, Stripes- und UA-93-Motiven peitschten wild im Wind und irgendwelche Ösen oder sonstige Metallteile schlugen in kurzem Stakkato aufgeregt gegen die Fahnenmasten. Fast so als wollten sie uns noch etwas Wichtiges mitteilen. Als wollten uns die 40 Toten des United-Flugzeugs zurufen: »Die Sache ist noch nicht vorüber, Leute!« Ich ging an der mit Hunderten von Wimpeln, Abzeichen, Maskottchen, Plakaten, Gedenksprüchen, T-Shirts und Basecaps aus aller Herren Länder – vor allem aber aus den USA – bestückten Maschendrahtwand vorbei bis an den Rand der Aussichtsfläche und starrte durch die Dämmerung in Richtung Wald. Dort irgendwo bei den beiden Erdhügeln war es passiert. Dort soll die Boeing am 11. September 2001 in den Boden gekracht sein und nichts weiter als den bekannten Krater mit ein paar Fetzen Allerlei hinterlassen haben. Das mysteriöse Loch war natürlich längst zugeschüttet, aber es durfte ohnehin niemand näher an den Ort des Geschehens. Blickte man keine zehn Meter weit vor sich in die Wiese hinein, so sprangen einem sogleich ein halbes Dutzend dieser gelben »Posted«-Schilder fast ins Gesicht. Sah beinahe so aus wie ein markiertes Minenfeld im Kosovo, dachte ich ... Um die Stimmung dieser Szene einzufangen und die erste Neugier zu befriedigen, genügte dies. Ich stieg wieder in meinen Wagen und machte mich auf zur Ortschaft »Berlin« jenseits des Highways 76, wo mir die Ladenverkäuferin von Shanksville ein »Bed and Breakfast« empfohlen hatte.

»Sure!«, antwortete Kathy Ogline kurz und bündig an der Tür, bat mich ins Haus und zeigte mir das Gästezimmer. Nachdem ich mich dort einquartiert hatte, fragte mich die etwa 45-jährige, leicht pummelig gewordene Mutter von drei Töchtern, was mich denn hierher verschlagen hätte. Als ich ihr vom Zweck meiner Reise erzählte, sprudelten gleich einige UA-93-Storys aus ihr heraus, und da wusste ich, genau die richtige Unterkunft erwischt zu haben ... Eine von Kathys gruseligsten Geschichten war zweifellos die des kleinen Jungen, der mehrere Meilen vom Aufschlagspunkt der UA 93 entfernt neben dem Traktor seines Daddys gestanden und kurze Zeit nach der Explosion plötzlich gesehen haben soll, wie tropfenartige Teilchen auf die Kühlerhaube des Fahrzeugs niederprasselten. Die Tropfen hätten nach »cooked meat« (gekochtem Fleisch) gerochen ... Und tatsächlich sollen ja auch den offiziellen Berichten zufolge kleine Wrackteile der Boeing selbst Meilen vom Unfallort entfernt noch gefunden worden sein, wie z.B. im »Indianersee« – Indiz genug für Wisnewskis Annahme, dass die echte UA-93-Maschine noch in der Luft abgeschossen und statt ihrer eine Bombe in den Boden geworfen worden sei. Denn nur bei einem Abschuss in einer gewissen Höhe könnten Wrackteile eines Flugzeugs so weit über den Erdboden verstreut werden, wie es hier offensichtlich der Fall war. Und nur so könnte erklärt werden, weshalb kein einziger Augenzeuge am Unfallort jemals größere, definierbare Wrack- und/oder Leichenteile gesehen habe. Diese seien nämlich erst nachträglich dort hingelegt worden, um genau diesen Geschehensablauf vorzutäuschen, der dann allgemein bekannt gegeben wurde. Außerdem gäbe es eine Zeugin, Mrs. Susan McElwain, die zwei Meilen von der Absturzstelle entfernt genau beobachtet habe, wie etwa 15 Meter über ihrem Kopf ein kleines, nicht gekennzeichnetes, militärjetartiges, weißes Flugzeug hinwegrauschte: »*(...) Es hatte zwei rückwärtige Triebwerke, eine große, hintere Flosse, wie der Spoiler am Heck eines Autos, und zwei senkrechte Flossen an den Seiten(...) Es war so niedrig, dass ich mich instinktiv duckte. Es flog wirklich sehr schnell, aber machte kaum Geräusche. (...) Dann verschwand es hinter einigen Bäumen. Ein paar Sekunden später hörte ich diese riesige Explosion und sah diesen Feuerball über den Bäumen hochsteigen, deshalb dachte ich, das Flugzeug ist abgestürzt (...) Aber das FBI wollte meine Story nicht (...).*« Während Bröckers dieses auch von diversen anderen Zeugen gesichtete unbekannte Flugobjekt als eine »Falcon Fairchild der Firma NetJet« klassifiziert haben will, passe nach Wisnewskis Ansicht Mrs. McElwains Beschreibung am ehesten zu einer A-10 Thunderbolt, einem bombenwerfenden Erdkampfflugzeug des US-Militärs ... Als ich Kathy mit Mrs. McElwains Beobachtungen konfrontierte, sagte sie:

»Well, ich habe schon davon gehört und gelesen, auch wenn ich diese Frau selbst nicht kenne ... Ich weiß nur, dass es hier mal einen Jungen gab, der ein eigenes kleines Flugzeug hatte, mit dem er private Luftaufnahmen zur Landvermessung für das Farmland seines Vaters machte oder so. Und der war damals mit seiner Maschine oben und hat auch gleich Fotos von der Unfallstelle gemacht oder zumindest welche machen wollen ... Auf jeden Fall kamen dann Abfangjäger des Militärs und haben ihn wieder zum Landen eskortiert ...« Aha, das klang ja interessant! Vielleicht war dies ja die Erklärung für Susan McElwains geheimnisvolles »UFO«. Würde auch in etwa zur Aussage des FBI passen, wonach »*(...) es ein Flugzeug war, das die Absturzstelle aus 1000 Metern Höhe fotografierte (...)*«. Doch um dies stichhaltig zu überprüfen, mussten natürlich noch ein paar mehr Fragen gestellt werden, wie z.B.: Wann genau hob das Privat-Flugzeug ab? Schon vor dem Crash oder erst später?

»Ist es möglich, dass ich den Jungen mal interviewen könnte?«, fragte ich Kathy daher.

»Leider nein, denn er ist vor ein oder zwei Jahren verstorben. Er litt an einer schweren Krankheit – Hodgkins-Syndrom oder so ähnlich. Eine Art Leukämie, glaub ich ...« Verdammt! Das war's dann erstmal diesbezüglich ... Doch als Auftakt war der Abend schon mal nicht schlecht gelaufen, und nachdem Kathy auch noch versprach, in der Nachbarschaft weitere Informationen hinsichtlich des Flugzeugabsturzes zu sammeln, konnte ich mit Spannung und Zuversicht die nächsten Tage erwarten ...

Nach einem opulenten Farmersfrühstück machte ich mich am nächsten Morgen denn auch gleich auf zur crash-site. Das Wetter war gut, und eine ganze Reihe von Besuchern stand bereits um den ehrenamtlich eingesetzten »Ambassador« herum. Dieser erklärte gerade, aus welcher Richtung und in welcher Höhe die Maschine in etwa angeflogen kam, in welchem Winkel und in welcher Lage sie abstürzte, wo sie genau aufschlug, wie hoch die Explosionswolke ungefähr war und dass die Bibel eines japanischen Studenten (welcher im Übrigen den falschen Flug genommen habe) nahezu unversehrt und mit aufgeschlagenem Matthäus-Evangelium neben einem schmorenden Reifen gefunden worden sei. Während der Vorträge fuhr etwa alle halbe Stunde eine Polizeistreife am Memorial vorbei bzw. um die Unfallstelle herum. Als der Ambassador, ein reiferer, grau melierter Herr, mal für wenige Momente nicht in Beschlag genommen wurde, nutzte ich den Augenblick, um mich bei ihm als 9/11-Autor vorzustellen und ihn im gleichen Atemzug um eine Genehmigung für Nahaufnahmen der Unfallstelle zu bitten.

»Well«, sagte er, »das Gelände um den ehemaligen Krater ist deswegen ›posted‹, weil es jetzt praktisch als eine Art Friedhof fungiert ... Die Experten nehmen nämlich an, dass ungefähr 92 Prozent der Körper noch im Boden stecken – pulverisiert natürlich ... Aus Rücksicht auf die Angehörigen der Opfer ist es grundsätzlich nicht gestattet, näher hinzugehen. Doch Sie können es trotzdem mal versuchen, wenn Sie möchten ... Wenn Sie die kleine Straße hinter dem Schrottplatz links reinfahren, kommen Sie an ein ›Trailerhäuschen‹, wo Polizisten die crash-site bewachen. Fragen Sie die doch mal, ob Sie eine Ausnahme machen und Sie näher hinlassen ... soviel ich weiß, kommen die Angehörigen auch erst in einer Stunde etwa, sodass Sie vielleicht eine Chance haben ...« Da war schnelles Handeln angesagt. Sofort stieg ich in den Wagen und folgte der Wegbeschreibung des Ambassadors. Kurz vor dem Wachhäuschen angekommen stoppte ich, stieg aus und ging zu der containerartigen Baracke. Da wurde auch schon die Tür geöffnet, ein Polizist in schwarzer Uniform trat heraus und kam mir entgegen. Ich stellte mich vor und schilderte mein Anliegen. Der Mann hielt daraufhin kurz Rücksprache mit seinem Kollegen in der Baracke, kam dann wieder auf mich zu, blickte auf die Uhr und sagte:

»It's okay, Buddy – for 5 minutes! Sie können auf den Erdhügel da steigen und auch Fotos schießen, wenn Sie wollen ... Spätestens aber wenn die Angehörigen kommen, müssen Sie wieder runter ...«

»Alles klar, ich danke Ihnen!« Das war wieder mal mehr, als ich erwarten konnte und durfte, wenngleich die Unfallstelle sicher nicht mehr viel hergab. Ich nahm also hurtig meine Digicam zur Hand und schritt auf den künstlich aufgeschütteten Erdhügel hinauf. Ich befand mich damit zwar nur noch ca. 20 – 30 Meter direkt vor der crash-site, doch freilich war de facto so gut wie nichts mehr zu sehen von derselben – alles schon wieder eben und mit Gras zugewachsen. Man konnte allenfalls anhand einer gewissen Abflachung bzw. vagen »Umrandung« des Bodens erahnen, wo der Krater mal genau gewesen sein könnte ... Deutlich zu erkennen war jedoch das auf der rechten Seite des Hügels durch die Explosion »zurückgedrängte« bzw. verbrannte Stück Wald. Schnell schoss ich ein Foto von der Szenerie und ging dann wieder zurück zum Auto. Als ich mich von dem Polizisten verabschieden wollte, fragte ich ihn noch kurz, ob und ggfs. was er selbst vom Absturz der Maschine damals mitbekommen habe. Da huschte ein Lächeln über sein Gesicht, und er entgegnete:

»Wissen Sie – ich war damals da, als es passierte! Ich war gerade beim Schrottplatz drüben und suchte eine Windschutzscheibe für mein Auto, als ich das Flugzeug plötzlich vom Hügel her kommen hörte ...«

»Wie war denn die Lage der Maschine? Ich meine – kam sie steil von hoch oben oder eher flach bzw. parallel zum Boden daher?«

»Nun, sie war schon ziemlich tief, als sie hinter der Anhöhe da hervorkam – vielleicht 100, 200 Meter, lag aber noch einigermaßen horizontal in der Luft. Erst danach machte sie dann etwa einen 45-Grad-Winkel nach unten, kippte etwas auf den Rücken und krachte dann in den Boden. Es war eine gigantische Explosion ...«

»Können Sie genauere Angaben zu Größe, Typ und farblichem Logo der Maschine machen?«

»Nicht direkt – es ging alles sehr schnell ... aber es war eine große Maschine ...«

»Darf ich Sie fotografieren?«

»Nein, lieber nicht ... mein Job, Sie wissen schon ...«

»Alles klar. Als Zeugen auch nicht namentlich aufführen?«

»Hmm – lieber auch nicht ... damit es keine Scherereien mit meinem Chef gibt ...«

»Verstehe. Danke schön trotzdem!«

»Bitte! Ah, sehen Sie – da kommen die Angehörigen schon ...«

Tatsächlich rollte in diesem Moment ein Wagen den Kiesweg heran und parkte hinter meinem Wagen. Ein einzelner Mann, in den Fünfzigern etwa, stieg aus. Er wirkte etwas zerknirscht.

»Okay, ich verschwinde jetzt«, sagte ich zu dem Polizisten, »vielen Dank nochmal!«

»So long, Buddy – have a nice time!«

Als ich zu meinem Auto zurückging und dabei den Weg des Herankommenden kreuzte, schoss mir intuitiv das noch unausgegorene Thema »Handyanrufe« durch den Kopf. Es war die vielleicht einmalige Gelegenheit, einen Angehörigen nach dem Gesprächsinhalt eines Passagier-Telefonats zu befragen – direkt, zwischenmenschlich und ohne jede Behördenfilterung ... Doch konnte ich es wagen, einen offenkundig Trauernden diesbezüglich einfach so anzusprechen, ohne dabei die gebotene Pietät zu verletzen? Nach kurzem inneren Ringen entschloss ich mich, es auf höfliche, rücksichtsvolle Weise zu probieren, drehte mich nach dem Mann um und sprach ihn an:

»Hello, Sir, I'm sorry, but ...« Der Mann blieb stehen, wandte sich zu mir um und sah mich etwas verstört an. Als ich in sein Gesicht blickte, wusste ich, dass es schwer sein würde, mit ihm über dieses Thema zu sprechen.

»... ich möchte Sie hier wirklich nicht stören«, fuhr ich fort, »aber ich bin ein deutscher Autor und schreibe an einem Buch über den 11. September und –«

»Sie können ruhig deutsch mit mir reden«, unterbrach mich da der Mann in meiner Muttersprache mit leicht amerikanischem Akzent.

»Oh, tatsächlich – sind Sie Deutscher?«

»Ja, schon im Prinzip ... aber wissen Sie, meine Frau liegt dort, und ich kann Sie da jetzt wirklich nicht mitnehmen, tut mir Leid ...«

»Nein, nein – Sie brauchen mich nicht mitzunehmen ... ich war auch schon dort ... es geht eigentlich nur ... um ein kleines Interview eventuell ... wegen geführter Telefonate, wenn Sie nichts dagegen haben ...«

»Wir haben nicht miteinander telefoniert, als es passierte. Aber bitte, ich muss jetzt wirklich zu meiner Frau ...«

»Schon gut, alles klar, entschuldigen Sie ...«

Der zugeschüttete Krater von Unfallstelle Nr. 4: 92 Prozent der Körper noch im Boden?

Da es momentan an der crash-site für mich nichts weiter zu tun gab, fuhr ich zunächst wieder zurück nach Shanksville, um mir Ernie Stull, Wisnewskis »Kronzeugen«, vorzuknöpfen. Dieser Mann, seines Zeichens betagter Bürgermeister von Shanksville, soll einer der Ersten an der Unfallstelle gewesen sein und *»kein Flugzeug«* gesehen haben. Wisnewski baute anhand dieser Zeugenaussage (und auch anderer) die Theorie auf, dass eben nicht die echte Boeing dort abgestürzt, sondern lediglich ein künstliches Loch herbeigebombt worden sei, um uns Ersteres glauben zu machen. Notwendig könnte dieser Coup für die Verschwörer deswegen gewesen sein, weil die Maschine einerseits das letzte (Haupt-)Ziel der 9/11-Anschläge, nämlich das Kapitol oder das Weiße Haus, ja nun auf keinen Fall wirklich treffen durfte – denn sonst wäre es ja möglicherweise einigen (regierungs- oder kongressinternen) Köpfen der Verschwörung selbst an den Kragen gegangen – und zum anderen, weil die Maschine ja nicht wirklich (von innen heraus) entführt worden war und daher abgeschossen (oder bestenfalls irgendwo gelandet) werden musste. Außerdem passte die hollywoodmäßige Story vom heldenhaften Kampf der Passagiere gegen die Terroristen an Bord hervorragend in die amerikanische 9/11-Emotionspropaganda – genauso wie die Verschonung des (politischen) Herzens der USA, um dem amerikanischen Volk nicht ganz den Stolz zu rauben. Allerdings hat Ernie Stull in einer kritischen Nachfrage zu Wisnewskis einschlägigem Beitrag im WDR-Fernsehen seine erstmalige Aussage insoweit revidiert, als er mit seinen Worten »Da war kein Flugzeug« lediglich ausdrücken wollte, kein solches gesehen zu haben (weil eben viele Teile davon bis zu elf Metern Tiefe »unsichtbar« im weichen Ackerboden steckten), nicht aber, dass definitiv keines da gewesen sein soll ... Diesem »Missverständnis« wollte ich auf den Grund gehen und eine definitive Klärung herbeiführen. Auch interessierte mich natürlich, ob Stull seine Aussage von sich aus korrigiert bzw. näher erläutert hatte oder ob er etwa von irgendjemand anderen dazu angehalten worden war ...

Die Verkäuferin im Tante-Emma-Store um die Ecke teilte mir mit, dass »Ernie« wohl gerade in der Dorfschule sei, wo heute die »Flight 93 – Memorial Task Force« noch tage. Er sei nämlich auch dort als ehrenamtlicher Helfer tätig. Ich fuhr also die Straße hoch, stellte den Wagen am Schulparkplatz ab und ging ins Gebäude. In einer Aula sah ich sie dann auch schon versammelt – die ehrenamtlichen Mitarbeiter einer Kommission, die es sich zur Aufgabe gemacht hatte, Vorschläge zur Ausgestaltung der nationalen Gedenkstätte für den UA-93-Flug zu unterbreiten. Man hatte eine Bühne mit Rednerpult, Mikrophonen, Leinwand, Dia- oder Filmprojektor aufgebaut und ganz offensichtlich sogar ein Fernseh-Team eingeladen. An den schon etwas ermüdet wirkenden Gesichtern und wild durcheinander liegenden Papierbögen auf den Tischen erkannte ich, dass das Ende der Versammlung wohl nicht mehr allzu fern sein konnte. Meine unvermittelte Gegenwart im Raume schien niemandem besonders aufzufallen oder zu interessieren, sodass ich in aller Ruhe nach Ernie Stull Ausschau halten konnte. Ich hatte ihn bisher nur in Büchern und einmal kurz im TV gesehen, konnte ihn aber unschwer gleich »identifizieren«. Er war schon ein alter Mann mit weißem Haar, der, von den Vorträgen erkennbar erschlafft, auf einem ausgeklappten Aula-Stuhl saß und seinen Kopf in die Hände gestützt hatte. Während einer Diskussion zwischen zwei Teilnehmern schlich ich mich zwischen den Stuhlreihen hindurch und nahm ganz einfach neben ihm Platz. Er machte hiervon keine Notiz, sodass ich ihn kurz anstupste. Da drehte er leicht seinen Kopf zu mir herüber und blickte mich mit trüben Augen in undefinierbarer Weise an.

»Hello, Sir! Sind Sie Mr. Ernie Stull?«, fragte ich ihn. Er nickte nur mit dem Kopf und behielt seinen leicht skeptisch-misstrauischen Blick bei. Daraufhin stellte ich mich und mein Anliegen kurz im Flüsterton vor, berief mich dabei auf Wisnewskis Buch und Fernsehfilm und bat ihn um ein kurzes Interview. Ernie nickte abermals.

»Okay, Mr. Stull … denken Sie, dass die nicht ganz korrekte Interpretation Ihres Satzes »Da war kein Flugzeug, kein Flugzeug« lediglich ein verbales Missverständnis war oder dass Wisnewski Ihre Antwort vielleicht etwas manipuliert bzw. aus dem Kontext gerissen hat, um dem Zuschauer oder Leser etwas anderes zu suggerieren?«

»Ich denke, es war ein Missverständnis«, hauchte Ernie etwas wortkarg und schwer verständlich hervor.

»Okay. Geschah irgendetwas nach diesem ersten Interview? Ich meine – bekamen Sie Druck, Anrufe oder sonstigen Ärger wegen Ihrer Aussage?«

Ernie schüttelte den Kopf und erwiderte:

»Es gab einen Anruf nach der Sendung – ich glaube aus Deutschland –, wo man mich nochmals fragte, wie ich dies denn genau gemeint hatte, aber sonst nichts weiter …«

»Alles klar. Das war's schon, Mr. Stull, danke schön …«

Ernie nickte stumm, und ich verzog mich wieder aus den Räumlichkeiten. Im Flur begegnete mir eine offiziell dreinschauende Dame mit einem behördenmäßigen Schildchen auf der Brust und einem verhaltenen Lächeln auf den Lippen. Ich fragte Sie, ob in dem gerade tagenden Gremium auch einige Hinterbliebene der Flugzeugopfer vertreten wären, die ich in punkto 9/11 interviewen könnte. Sie überlegte ein wenig, nickte dann mit dem Kopf und sagte:

»Ja, es sind welche dabei … und ich weiß auch, welche ich Ihnen da empfehlen könnte, weil sie sehr freundlich und aufgeschlossen sind … Kommen Sie mit raus zum Parkplatz, denn sie werden gleich dort erscheinen, weil die Sitzung gerade zu Ende geht …« Wir gingen also gemeinsam nach draußen und warteten dort auf die Angehörigen. Nach einiger Zeit kamen ein älteres Ehepaar, eine Dame im Rollstuhl und eine, die sie schob, an den Parkplatz.

»Das sind sie«, sagte die »Offizielle«, ging auf die Vierergruppe zu und brachte mein Anliegen vor. Da nickten sie alle mit dem Kopf, die hilfsbereite Dame mit dem Brustschildchen warf mir den Ball zu und verabschiedete sich. Ich brauchte nicht lange, um mit dem Ehepaar Guadagno, das ihren Sohn, und Mrs. Christine Fraser, die ihre Schwester mit der UA 93 verloren hatten, warm zu werden. Sie waren alle so freundlich, offenherzig und positiv, wie man es sich als Interviewer nur wünschen

Shanksville: Opferangehörige Christine Fraser und Ehepaar Guadagno (von links)

konnte und wohl nicht vermutet hätte. Sie waren einfach glänzend. Fast schien es so, als wären sie weniger traurig als vielmehr stolz darauf, dass nahe stehende Verwandte von ihnen die Ehre hatten, als heldenhafte Passagiere des legendären 9/11-Flugs UA 93 in die Annalen einzugehen. Leider aber hatten auch sie nicht mit ihren verunglückten Angehörigen an Bord telefoniert, sodass ich diesbezüglich ein weiteres Mal leer ausging. Wenn aber diese Interviews zu etwas gut sein konnten, dann mit Sicherheit zu einem: Sie bescheinigten »Echtheit« – will heißen, die drei haben wirklich ihre Liebsten verloren und zwar an Bord der UA 93. Wenn die Guadagnos stolz und trotz Trauer strahlend von ihrem Sohn, der eine leitende Position in der Forstverwaltung gehabt habe, erzählten, oder Mrs. Fraser glaubwürdig ihre dunkle Vorahnung zum Ausdruck brachte, die sie hatte, als das zweite Flugzeug in den WTC-Südturm krachte (»Da fühlte ich in meinem Bauch, dass meine Schwester in ernsthaften Schwierigkeiten war …«), so konnte es für mich keinen Zweifel mehr geben, dass die Opfer »real« waren (und keine CIA-Komparsen, die man irgendwo aussteigen ließ und dann mit neuen Identitäten ausstattete) und auch in den »realen« Flügen unterwegs waren (und nicht nur auf gefakten Passagierlisten existierten – was auch schon in Erwägung gezogen wurde). Die Flüge waren also echt, die Opfer auch, aber dennoch konnte es theoretisch möglich sein, dass die Passagiere nicht durch die Entführer umkamen, sondern durch einen vorzeitigen Abschuss der Maschine (s.o.), durch Liquidierung am Boden nach geheimer Landung oder durch ferngesteuerte Crashs. Es ging also nach wie vor darum, herauszufinden, ob bei Shanksville/Stonycreek nun die echte UA 93 ins Feld schoss oder irgendetwas anderes ...

Die einzigen Möglichkeiten, hiermit voranzukommen, bestanden praktisch nur darin, (noch nicht genannte) Augenzeugen zu finden, die Einschlägiges berichten konnten oder/und weitere aussagekräftige Trümmerteile aufzustöbern. Letzteres durfte zwar knapp drei Jahre nach dem Crash so gut wie aussichtslos sein, doch wollte ich nichts unversucht lassen. Die unmittelbare Umgebung um die Aufschlagstelle zu untersuchen, entpuppte sich jedoch schon bald als ein de facto unmögliches Vorhaben, da das bewusste Wäldchen nicht nur ziemlich dichtes Unterholz aufwies und ringsherum mit unmissverständlichen Verbotsschildern abgesteckt war. Es befand sich zu allem Überfluss auch noch weit gehend in Besitz verschiedener privater Gründstücksbewohner, mit denen man sich unweigerlich hätte anlegen müssen. Und ich hatte weder Lust, eine Ladung Schrot in den Hintern oder ein geiferndes Hundegebiss in die Wade zu kriegen noch den restlichen Urlaub beim örtlichen Sheriff abzusitzen. Da fiel mir aber ein, dass der Ambassador ausdrücklich erwähnt hatte, dass viele Teile und Teilchen im zwei Kilometer entfernten »Indianersee« gefunden und teilweise sogar von Tauchern geborgen worden seien. Also – warum nicht mal das Umfeld des Indian-Lake etwas genauer unter die Lupe nehmen? Da der See fast unmittelbar hinter dem Ortsausgang von Shanksville nahe der Schule lag, war ich auch gleich dort. Es war ein lieblich im Wald eingebetteter Moorsee, der da dunkelgrün durch die Bäume hindurchschimmerte. Der Uferbereich war mit Privatgrund und Bootsstegen reichlich zugebaut, sodass eine »Inspektion« dieses Gebiets ausschied bzw. entbehrlich war. In den See selbst hinabzutauchen, war natürlich ebenfalls indiskutabel, da mir hierfür Ausrüstung und Erfahrung fehlte und unabhängig davon eine reale Erfolgsaussicht vernachlässigt werden konnte. Das Gelände um den See wiederum war auch nicht gerade »easy-going«, da es kaum Wege gab, die in diesen Urwald führten, ohne gleichzeitig Privatbesitz zu durchqueren. Als ich aber doch irgendwann einen mehr oder weniger öffentlichen Fußweg gefunden hatte, stellte ich den Wagen am Straßenrand ab und stürzte mich auf Gedeih und Verderb ins Gehölz. Was sich für deutsche oder auch europäische Ohren so einfach und selbstverständlich anhört, war in Wirklichkeit gar nicht so ohne. Denn in den Vereinigten Staaten einfach so in ein Waldstück hineinzulaufen, war irgendwie etwas anderes, als das Gleiche in unseren Breiten zu tun:

1. Es gibt in den USA außer in den ausgewiesenen Natur- oder Nationalparks kaum Wanderwege oder sonstige Pfade.
2. Wenn es sie gibt, sind sie meistens Privatgrund.
3. Wenn es sie gibt und sie sind nicht Privatgrund, benutzt sie so gut wie niemand.
4. Wer sie dennoch benutzt, fällt unweigerlich auf.

So einfach die Rechnung dieses Viersatzes in der Theorie ist, so simpel ging sie dann auch in der Praxis auf: Kaum hatte ich einen Fuß in das unbekannte Waldstück gesetzt, fing prompt eine ganze Armada wild gewordener Hunde von überall her zu bellen an. Nach einiger Zeit gewöhnte ich mich jedoch an das Dauergekläffe genauso wie an den Gedanken, jeden Augenblick in den Lauf einer Pump-Gun zu starren. So folgte ich dem morastigen Trampelpfad, soweit mein Schuhwerk es erlaubte, schwärmte bald nach rechts, bald nach links aus, schlug mich durch Dornengestrüpp, meterhohe Brennnesseln und faulendes Unterholz, quälte mich über umgefallene Baumstämme und sprang über sumpfige Erdlöcher hinweg – kurz: begab mich überall dorthin, wo man sich nur vorstellen konnte, dass Suchmannschaften etwas übersehen hätten können. Den absoluten Höhepunkt meiner Nervosität verdankte ich schließlich einem Helikopter, der genau in diesem Augenblick tief über den Baumwipfeln herumzuschwirren begann, als ich mich maximal vom Weg entfernt und ins wohl komplexeste Vegetationsgewirr seit Humboldts Amazonas-Expeditionen verstrickt hatte. Und nicht mehr herausfand. Doch Mr. Kimble auf der Flucht überstand auch dies – wär ja gelacht. Irgendwann verzog sich denn der Hubschrauber aus dem Himmel genauso wie das üble Dickicht aus dem Wald und die Schweißperlen auf meiner Stirn. Dafür kläfften jetzt die Hunde wieder. Doch was soll's? Die kleine Dschungel-Expedition hatte zumindest gezeigt, dass (unentdeckte) Überreste des UA-93-Flugs wohl kaum mehr vorhanden sein dürften, und bevor ich meine eigenen Überreste hier zurücklassen musste, verließ ich Shanksvilles Jurassic-Park wieder und kehrte zum Wagen zurück …

Doch wie weiter? Der Tag war noch nicht zu Ende, und ich wollte noch irgendetwas Produktives tun. So fuhr ich wieder zur crash-site zurück, um zu sehen, was sich hier zwischenzeitlich getan hatte. Und es hatte sich etwas getan. Die »Ambassadors« hatten offenbar Schichtwechsel gehabt, denn der alte war weg und der neue da: Ernie Stull. Ich staunte nicht schlecht, ihn auch in dieser Funktion anzutreffen, obwohl er andererseits natürlich auch prädestiniert für diesen Job schien. Nachdem er eine kleine Traube von Besuchern wieder mit den gleichen Geschichten, die ich schon vom anderen Ambassador gehört hatte, befriedigt hatte, wandte ich mich ihm erneut zu.

»Hallo, noch ein Job für Sie?«

»Yes, ein bisschen noch, und dann ist Schluss für dieses Wochenende ...«

»Kann ich ein Bild von Ihnen machen?«

»Meinetwegen ...«

Nachdem ich ein Foto von ihm geschossen hatte, blieb Ernie noch eine Weile in der gleichen Position auf der Bank vor dem Schutzhäuschen regungslos und ein bisschen erschöpft wirkend sitzen, als er plötzlich sagte:

»... it's all a big mess – es ist alles großer Mist ...«

»Was genau?«

»Ich meine, unser Land steckt zurzeit in ganz großen Schwierigkeiten wegen dem 11. September, dem verschwundenen Osama, diesem Krieg im Irak, den nicht gefundenen Massenvernichtungswaffen, dem Folter-Skandal im Abu-Graib-Gefängnis und all das ...« Ernest Stull schüttelte nachdenklich und etwas resigniert den Kopf. Dann fuhr er fort: »Es ist eine völlig andere Art von Krieg, was wir heute erleben. Ich meine, als wir damals gegen die Deutschen kämpften, kämpften wir noch Mann gegen Mann. Wenn wir auf sie schossen, schossen sie auf uns und umgekehrt. Wenn sie wussten, wo wir waren, wussten wir meistens auch, wo sie waren und umgekehrt. Wenn wir sie sahen, sahen sie uns auch ...«

»Kind of ›fair‹, you mean?«

»Ja – fair ... genau. Aber jetzt ... wie kann man so etwas gewinnen?«

»Vermutlich gar nicht ... Darf ich Sie fragen, wie alt Sie sind, Mr. Stull?«

»Ich werde demnächst 80.«

»Wissen Sie eigentlich noch von anderen Augenzeugen, die das Flugzeug abstürzen gesehen haben?«

»Ja, ich weiß mindestens noch von einem – Neven Lambert. Sein Haus ist gleich da links oben auf dem Hügel! Sehen Sie's?« Ich sah es. Es war das einzige Haus in dieser Umgebung, das man von hier aus gleichzeitig mit der Unfallstelle sehen konnte. Aus unserer Position konnte man sogar denken, dass man auch von dem Haus selbst einen freien Blick auf die Unfallstelle hatte. Ob dies tatsächlich so war und welche Beobachtungen Mr. Lambert vom Crash gemacht hatte, wollte ich herausfinden.

Ich verabschiedete mich daher von Ernie und fuhr mit dem Wagen zu der Anhöhe jenseits des Teichs hinauf. Als ich vor dem weißen Farmhaus parkte und ausstieg, kam ein kräftiger, patent wirkender Mann in den Dreißigern aus einem Schuppen und blieb stehen, als er mich sah.

»Hi there! Sind Sie Mr. Neven Lambert?«

»Nein! Weshalb?«

»Es geht um nine-eleven ...«

»Ah ja, alles klar. Neven kann Ihnen sicher etwas erzählen dazu – er ist im Haus ...«

»Okay ... äh – darf ich Sie fragen, ob Sie auch das Flugzeug gesehen haben?«

»Ich habe kein Flugzeug gesehen, aber ich war auch nicht draußen, sondern im Haus, als es passierte ...«

»Okay ... ich frage nur, weil man so viele Geschichten hört ... Sie wissen schon – von seltsamen Flugkörpern in Baumwipfelhöhe, cruise missiles etc ...«

»Ja, davon habe ich gehört ... ich habe meine eigene Meinung dazu ... aber ich möchte nicht darüber sprechen, sorry ... gehen Sie doch zu Neven – er freut sich bestimmt ...« Damit ging der Mann wieder in den Schuppen zurück. Ich blieb noch für eine Weile nachdenklich

Bürgermeister Ernie Stull: Manchmal erzählt er Geschichten ...

stehen. Was er wohl meinte mit »eigener Meinung«? Seine Meinung zu den seltsamen Beobachtungen oder zu dem Absturz allgemein? Da der Mann nicht so aussah, als ob man groß mit ihm diskutieren könnte, drehte ich mich um, ging zur Haustür und klopfte an. Nach einer Weile hörte ich von innen Schritte, die Tür wurde geöffnet, und ein Mann – schätzungsweise in den Sechzigern – mit hellblauem Flanellhemd, hellbraunem Basecap und dicker, dunkelglasiger Brille im etwas knubbeligen Gesicht stand im Eingang.

»Hello, Sir, are you Mr. Neven Lambert?«

»Yes, yes, Neven, I'm Neven ...«, antwortete er, und schnell war anhand des etwas kindlich wirkenden Auftretens und der offenkundigen Sprachfehler erkennbar, dass Neven wohl eine leichte geistig-soziale Behinderung hatte. Sie reichte jedoch nicht so weit, dass er die Dinge, die um ihn herum geschahen oder gesprochen wurden, nicht verstand. So freute er sich auch riesig, als ich ihm mitteilte, woher ich kam und was mich an diesem Ort interessierte. Ohne weitere Umschweife führte er mich gleich durch das Haus auf die Terrasse, von der man einen freien Blick auf das einstweilige Memorial hatte, aber nur einen eingeschränkten Blick auf die Unfallstelle selbst.

»Dort unten stand ich und hab gearbeitet, als es passiert ist!«, erklärte Neven mit großen Gesten und offenbar noch nachempfundener Aufgeregtheit und deutete auf die Rasenfläche unmittelbar vor der Terrasse. Mit der Handfläche beschrieb er dann den Kurs des Flugzeugs, der sich – bis auf die in Richtung Boden abgeknickte letzte Kurve, die nach meiner Erinnerung genau andersherum erfolgt war – weitgehend mit der Aussage des ersten Ambassadors und des Polizisten deckte. Eine genaue Beschreibung der Maschine selbst (vor allem bezüglich Art, Größe, Farbe, Logo etc.) war jedoch auch Neven kaum zu entlocken, da zum einen »alles sehr schnell ging« und zum anderen seinem mündlichen Vortrag (akustisch) teilweise nur schwer zu folgen war. Die Maschine habe er nicht direkt aufschlagen sehen, was auch durch das davor liegende, die Sicht etwas behindernde Waldstück objektiv nicht möglich gewesen wäre, aber den gewaltigen, die Baumwipfel weit übersteigenden Feuerball, der die Erde erzittern ließ, schon. Andere Flugkörper unmittelbar vor oder nach dem Unfall oder sonstige Auffälligkeiten habe er nicht registriert. »Ich kann aber wirklich sagen, dass dieser Tag mein Leben verändert hat«, konstatierte Neven, bevor wir auseinander gingen.

Als ich bei Familie Ogline zu Abend aß, war diesmal auch das Familienoberhaupt zugegen. Ich berichtete Daddy Ogline von meinen heutigen Erlebnissen, und er hörte – wie der ganze vierköpfige Rest der Familie

– interessiert zu. Auch Kathy hatte zwischenzeitlich einige Leute kontaktiert bzw. versucht zu kontaktieren, doch sie seien entweder nicht da, nicht zu 9/11-Gesprächen bereit oder hätten einfach keine (neuen) Storys auf Lager. Das Thema schwenkte daher bald auf die aktuellen News zur explosiven Situation im Irak, insbesondere den Folter-Skandal, um.

»Wissen Sie ...«, sagte der von deutschen Einwanderern abstammende Mr. Ogline (= »Äuglein«), nachdem er das Tischgebet beendet hatte, »... es sind sehr viele Soldaten gerade aus dieser Gegend im Irak, und ich kenne einige von ihnen sogar persönlich. Ich kenne auch Graner, den Hauptangeklagten im Folterskandal. Ich kenne ihn als ganz normalen, ruhigen Menschen, der noch nie irgendwie aufgefallen ist. Ich kann mir einfach nicht vorstellen, dass er all dies getan haben soll, was sie ihm vorwerfen. Ich weiß nicht, aber ich habe das Gefühl, dass irgendetwas an diesen Geschichten nicht ganz stimmt ... genauso wie die angeblich nicht vorhandenen Massenvernichtungswaffen von Saddam Hussein ... Ich glaub, da wird vieles von den Medien oder sonstjemanden hochgezogen, um der Regierung Schaden zuzufügen ...«

Kathy und die Kinder blickten ernst und stumm. Auf meine Frage, weshalb seiner Meinung nach Bush und Blair den Irak-Krieg so sehr mit der – nicht bewiesenen – Existenz von Massenvernichtungswaffen begründet hatten anstatt mehr auf die jedermann bekannte Vorgeschichte Saddams zu verweisen (Krieg gegen Iran, Kurden, Kuweit und Israel), sagte Ogline:

»In diesem Punkt stimme ich mit Ihnen überein – wir hätten keine Massenvernichtungswaffen gebraucht, um Saddam und sein kriminelles Regime aus dem Amt zu jagen, aber sie brachten diese Dinger ins Spiel, um eine möglichst breite Mehrheit für den Einsatz zu gewinnen – das ist alles, denke ich ...«

»Was denken Sie eigentlich von den Deutschen, weil sie so vehement gegen den Irak-Krieg Stellung bezogen haben?«

»Es ist ihre eigene und freie Entscheidung, die wir respektieren ...«

»Und was denken Sie von Kanzler Schröder persönlich?«

»Well ...«, antwortete da der Mann, und es war wieder dieses lang gezogene »Well«, das ich angesichts dieses Themas schon einmal von einem Amerikaner hören musste und das Bände sprach. Diese Menschen akzeptierten die Entscheidung Deutschlands hinsichtlich des Irak-Kriegs und waren viel zu korrekt und anständig, einen Deutschen deswegen schlecht zu behandeln oder eine schlechte Meinung von ihm zu haben oder zu verbreiten, aber man spürte, dass die Ablehnung Deutschlands – vor allem in der vorgetragenen Art und Weise – hier nicht als eine Ablehnung eines sachlich und moralisch möglicherweise nicht gerechtfertigten Krieges aufgenommen wurde, sondern vielmehr als Ablehnung Amerikas, als Illoyalität gegenüber dem großen Bruder, der Deutschland einst von Hitler befreit hatte – schlicht als Verweigerung von Hilfe in den schweren Zeiten nach dem 11. September …

»… I'm not so sure about him – Ich bin mir nicht so sicher über ihn …«, beendete Daddy Ogline nun durchaus diplomatisch seinen Satz. Dennoch war die Botschaft deutlich. Ähnliches konnte ich auch noch in einer etwas verschärften Form anderntags erfahren, als ich nach einem Besuch eines Hotelschwimmbads in Stonycreek mit einem jungen Amerikaner ins Gespräch kam. Er akzeptierte die Haltung Deutschlands und des »alten Europas« in der Irakfrage grundsätzlich, schickte aber gleich hinterher:

»… aber denkt nicht, dass wir euch wieder helfen werden, wenn euch so was passiert wie der 11. September! Das müsst ihr dann schon selbst ausbaden. Aber letztlich ist es egal, ob die Welt uns beim Kampf gegen den Terrorismus hilft oder nicht. Wir machen den Job selbst und fragen andere nicht nach ihrer Meinung. Denn wir sind Amerikaner – und die Besten!«

Tags darauf machte ich wieder meine Runde zur crash-site – immer noch in der Hoffnung, *den* Zeugen oder *die* Zeugin aufzutreiben, der/die alles erhellen konnte. Ein neuer Ambassador trat heute seinen Dienst am Memorial an, und ich war schon drauf und dran, mich wieder zu verziehen, um nicht noch einmal die bekannten Geschichten ertragen zu müssen, als ich plötzlich aufhorchte:

»Die Maschine kam hinter uns vom Hügel her, flog so knapp über diesen drüber, dass ein Mann, der gerade auf dem Hügel stand, sich instinktiv zu Boden warf, um nicht von ihr getroffen zu werden«, erzählte der Mann, »… der Arme erlitt dabei einen Schock und ist seither ein bisschen verwirrt, wie Sie sich sicherlich vorstellen können. Er wohnt übrigens gleich in dem Haus dort drüben auf der anderen Seite und heißt Neven Lambert …« Wie bitte? Neven Lambert? Der Mann, der mir gestern noch brühwarm erzählt hatte, vor der Terrasse seines Hauses, welches mindestens in einem 100-Grad-Winkel zum bewussten Hügel und gleichzeitig mindestens einen halben Kilometer entfernt davon stand, gearbeitet zu haben, als das Flugzeug über die Anhöhe rauschte? Neven Lambert, der sicher nicht erst seit dem 11. September »ein bisschen verwirrt« ist … Die Aussagen von Neven und dem Ambassador schlossen sich gegenseitig absolut aus, so viel stand fest. Irgendeiner von den beiden musste daher die Unwahrheit sagen – doch wer von beiden und vor allem: warum? Nach einigem Überlegen verzichtete ich jedoch darauf, die beiden mit ihren paradoxen Versionen zu konfrontieren, da ich wenig Aussicht auf

Erfolg sah. Man würde entweder mit einer Verwechslung, einem verbalen Missverständnis, Nevens sprachlich-geistiger Behinderung oder sonst was argumentieren oder aber jeweils dumpf auf seiner eigenen Version beharren ... Abgesehen davon, dass ich nach dem gestrigen Interview mit Neven ohnehin ein wenig die Vermutung hatte, dass sich unser Freund (verständlicherweise) mit Hilfe des 11. September durchaus ein bisschen aus seinem Einsiedlerdasein befreien und »weltweit« in Szene setzen wollte, brachte die kleine Begebenheit aber doch etwas: nämlich die Erfahrung, dass man sich auf Zeugenaussagen – oder auch Ausführungen »Offizieller« – nicht immer und unbedingt verlassen konnte und durfte. Ich musste also nach wie vor alles dransetzen, einen eigenen glaubwürdigen Zeugen aufzutreiben, der möglichst von keinem anderen »gebraucht« oder »empfohlen« worden war ... Und wie es manchmal so ist im Leben, wurde ich scheinbar postwendend erhört: Als ich nicht an Nevens Haus vorbei nach Shanksville zurückfuhr, sondern die andere Seite am Schrottplatz vorbei nahm, fiel mir zum wiederholten Mal ein frei stehendes Einfamilienhäuschen mit US-Flagge und Friseursalon-Logo auf, von dem aus man eigentlich einen guten Blick zumindest in Richtung Unfallstelle gehabt haben müsste. Diesmal beschloss ich anzuhalten und nachzufragen. Mrs. Paula Pluta, Friseurin und Hausfrau in den Vierzigern, hatte mit ihrer offenen und unkomplizierten Art gleich einen gewissen Vertrauensbonus bei mir. Als ich sie um ein Interview bzgl. der UA 93 bat, willigte sie auch sofort ein, obwohl sie schon Dutzende von Interviews gegeben hatte und sich weiß Gott nicht mehr wichtig machen musste. Dafür schien sie auch gar nicht der Typ.

»Wissen Sie, gleich nach dem 11. September war's am schlimmsten«, sagte sie, »... FBI, CNN, Reporter und Fernsehteams aus aller Welt – auch aus Deutschland – waren für Tage, wenn nicht gar Wochen bei uns, um alles genau zu erfahren und zu berichten! Teilweise sogar live ... die haben uns richtig belagert, und es war schon ganz schön stressig damals ... aber jetzt ist es wieder ruhiger geworden und ich hab kein Problem mehr damit ...«

»Okay, Mrs. Pluta, wenn Sie mir vielleicht zeigen, von wo sie das Ereignis gesehen und gehört haben und es mir nochmal erzählen, damit ich es gleich auf Kamera aufnehmen kann ...«

»Alles klar!«, sagte sie, ging mit mir auf die straßenseitige Veranda, wandte sich dann halb zu mir, halb zur Straße und führte Folgendes aus:

»Ich war gerade in meinem Wohnzimmer und hörte ein Flugzeug reinkommen, und ich checkte alle Fenster. Ich rannte also zum Fenster und ich sah das Flugzeug (noch) nicht zu diesem Zeitpunkt. Also ging ich nach draußen auf die Veranda, und da sah ich das Flugzeug vom

Himmel kommen (...) und es begann, ungefähr in einem 70-Grad-Winkel runterzugehen und dann schlug es auf den Boden auf und explodierte. Der Feuerball (...) ging von hier aus betrachtet bis zwischen die beiden oberen Stromkabel – wenn Sie sie vielleicht von hier aus sehen können – oder sogar noch darüber hinaus (...) Die Explosion war so heftig, dass sich der Veranda-Boden unter mir sogar leicht anhob und ich glaubte umzufallen. Irgendwo in der Wohnung sind auch ein paar Sachen von den Wänden gefallen, glaube ich ... Mein Mann kam erst etwas später nach Hause und hat mir das Ganze zuerst gar nicht richtig abgenommen ... nach dem Motto ›weibliche Überreaktion‹ und so – Sie wissen schon ...«

»Okay, Frau Pluta, können Sie das Flugzeug etwas näher beschreiben? Wie groß war es etwa?«

»Nun – es war groß, ein Airliner ... das konnte ich sehen ...«

»Haben Sie Flügel gesehen?«

»Ja, natürlich, ganz deutlich – es hatte zwei große Flügel wie bei einer Boeing ... man konnte es sehr gut sehen, weil die Maschine ja seitlich abkippte ...«

»In welchem Winkel etwa standen die Flügel zum Rumpf?«

»Nun, normal eben ... vielleicht 45 Grad oder so ...«

»Haben Sie am Heck auch Flügel gesehen, kleinere?«

»Ja, da waren auch Flügel.«

»Können Sie sagen, ob die Maschine Propeller oder Düsentriebwerke hatte?«

»Das kann ich nicht genau sagen. Dafür war sie zu schnell, und ich konnte sie nicht so genau anschauen ... ich glaube aber, es waren Düsen ... Das Cockpit habe ich aber genau erkennen können ...«

»Welche Form hatte es in etwa?«

»So wie bei einer Boeing.«

»Haben Sie auch ein ausgefahrenes Fahrgestell sehen können?«

»Weiß ich nicht, kann mich nicht mehr daran erinnern ...«

»Haben Sie Fenster am Rumpf gesehen?«

»Ja, da waren auch Fenster.«

»Wissen Sie noch, wie viel ungefähr?«

»Das kann ich nicht mehr genau sagen ... aber mehrere sicher ...«

»Und ungefähr? Ich meine – waren es eher 5 oder 50 zum Beispiel?«

»Hm ... vielleicht so was um die 20 ... aber genau kann ich es wirklich nicht sagen ...«

»Haben Sie sonst irgendwelche Auffälligkeiten vor dem Crash, während des Crashs oder danach gesehen oder gehört?«

Friseurin Paula Pluta: großes Flugzeug mit vielen Fenstern in einem 45-Grad-Absturzwinkel, danach riesiger Feuerball hinter dem Wäldchen

»Nein.«

»Auch keine kleineren Flugkörper gesehen – wie z.B. Raketen, Missiles oder Ähnliches?«

»Nein.«

»Danke, Mrs. Pluta. Darf ich Sie namentlich in meinem Buch erwähnen?«

»Ja, sicher.«

»Mit Foto?«

»Okay – aber ohne dieses schreckliche Kopftuch bitte!«

Nun, mit der Zeugenaussage von Mrs. Pluta wurde es langsam etwas eng (bzw. noch enger) um Wisnewskis Theorien. Nach der Beobachtung der Friseurmeisterin – an deren Stimmigkeit man keine Zweifel haben musste – handelte es sich bei dem Flugzeug auf jeden Fall um eine größere Maschine (wenn auch noch nicht zwingend um eine echte Boeing 757), die als *Ganzes* – also ohne vorher abgeschossen worden zu sein oder dergleichen – abgestürzt und am Boden zerschellt war. Hier blieb wenig Raum (und Sinn) für ein Erdkampfflugzeug, das eine Bombe abgeworfen hätte, um den Absturz der UA 93 bei Shanksville nur zu simulieren. Dennoch blieben noch einige Fragen offen und ungeklärt, insbesondere was die bereits erwähnten Merkwürdigkeiten an der Unfallstelle selbst anbelangte. Um hier noch etwas Licht in das Dunkel zu bringen, fuhr ich wieder einmal zu meinem »persönlichen Auskunftsbüro« – dem kleinen Tante-Emma-Store an der Ecke in Shanksville – und erkundigte mich nach Rick King, dem Chef der örtlichen Feuerwehr.

»Das ist mein Mann«, sagte die Verkäuferin lächelnd. »Er ist gerade nicht da, aber sie können ihn gern heute Abend anrufen ...« Das tat ich, und wir arrangierten einen Gesprächstermin für den nächsten Vormittag, den Tag meiner geplanten Abreise.

Wisnewski hatte ja verschiedene Zeugen – darunter eben auch Feuerwehrmann King – benannt, die allesamt nur kleinste Teile an der Unfallstelle gefunden hätten, und damit seine Theorie bekräftigt, dass der Krater von Shanksville ein reines Fake sei, das man im Nachhinein mit den entsprechenden »Requisiten« ausgestattet habe. Schon als mir »Assistant Fire Chief« King vor dem Tante-Emma-Laden pünktlich entgegenschritt, hatte ich das sichere Gefühl, hier nochmals einen vertrauenswürdigen, zuverlässigen und daher äußerst wertvollen Interviewpartner aufgetan zu haben. Er war im richtigen Leben mit Sicherheit ein Mann der Tat, wie er da so vor mir stand – nicht allzu groß, aber zupackender Art, in den Vierzigern, blond mit Stirnglatze und wachen, »praxisorientierten« Augen. Er machte auch nicht lange rum und bat mich gleich in einen Raum des angrenzenden Feuerwehrhauses. Dort setzten wir uns an einen Tisch, und er wartete auf meine Fragen.

»Okay, Mr. King«, begann ich das Interview, »... bevor wir anfangen: Darf ich das Gespräch mit meiner Digicam aufnehmen bzw. mitfilmen?«

»Nein, bitte nicht.«

»Alles klar. Ein Foto von Ihnen machen?«

»Eigentlich auch nicht ...«

»Gut. Wie sind Sie auf den Absturz aufmerksam geworden?«

»Es gab eine laute Explosion und einen großen Feuerball, der vom Dorf aus zu sehen war.«

»Wann trafen Sie am 11. September an der Absturzstelle ein?«

»Etwa fünf Minuten nach dem Crash. Wir Feuerwehrleute gehörten natürlich mit zu den Ersten an der Unfallstelle ...«

»Wer war sonst noch zugegen?«

»Es waren lediglich ein paar Einheimische schon vor uns da ... etwas später erschienen dann die örtliche Polizei und die Staatspolizei, um die

Absturzstelle zu sichern. Das FBI kam etwa nach einer halben Stunde und erklärte das Gelände zum ›Verbrechensort‹ (crime scene).«

»Haben Sie eigentlich Ernie Stull auch dort gesehen?«

Da huschte Mr. King ein spitzbübisches Lächeln übers Gesicht, er hielt kurz inne und sagte:

»Ernie? Well, Ernie ... is my uncle, you know – Ernie ist mein Onkel, müssen Sie wissen ... und ...«

»Ah ja! Und?«

»Nun ja, er ist ein ganz feiner alter Mann, wirklich, aber, hm ... manchmal erzählt er bisschen Geschichten, wissen Sie ...«

»Ach ja? Was meinen Sie denn damit?«

»Nun ... ich war ja wie gesagt mit meinen Jungs wirklich sehr schnell an der Unfallstelle, und ich war auch seit diesem Zeitpunkt jeden Tag für acht Stunden dort und dies zwei Wochen lang, müssen Sie wissen ...«

»Ja ... und?«

»Ehrlich gesagt ... ich hab Ernie kein einziges Mal dort oben gesehen ...«

Was für ein Hammer! **Nach Aussage des örtlichen Feuerwehrchefs sei Ernie Stull, einer von Wisnewskis »Kronzeugen«, gar nicht an der Unfallstelle aufgetaucht!** Und selbst wenn Feuerwehrmann King Onkel Ernie doch irgendwie und irgendwann vor lauter Beschäftigung kurz dort übersehen hätte, lange Zeit konnte sich der Mann sicher nicht an der frischen Absturzstelle aufgehalten haben, ohne von seinem Neffen wahrgenommen und erkannt zu werden – jedenfalls nicht lange genug, um den Krater ausreichend »inspizieren« zu können.

»Okay, Mr. King ... was genau haben Sie an der Unfallstelle dann gesehen, als sie dort eintrafen?«

»Zunächst nicht viel: Den rauchenden Krater, wenig Feuer – und viele kleine Einzelteile drinnen und außen herum ... etwa handtellergroße Fetzen von irgendwas ... Erst nach einiger Zeit konnten wir einiges davon identifizieren – z.B. Teile von Installationsmaterial, Fenstern, Kabeln, Sesseln, Turbinen, Kleidung, Schuhe und ... menschlichem Fleisch. Später fand man auch ein Note-Book mit arabischen Schriftzeichen und nach einigen Tagen den Voice-Recorder und die Blackbox ... Die Suche nach Wrack- und Leichenteilen dauerte zweieinhalb Wochen.«

»Welche Ausmaße hatte denn der Krater ungefähr?«

»Er war ungefähr zwei bis drei Meter tief und hatte einen Durchmesser von ca. sieben Metern. Dort wo die Tragflächen des Flugzeugs aufgeschlagen waren, war er etwas breiter. Einzelne Teile hat man übrigens noch zehn Meter tief im Boden gefunden, Motorteile wiederum noch in einer Entfernung von bis zu 400 Meter vom Krater weg.«

Ob und inwieweit diese Angaben und Fakten beim Absturz einer Boeing – vor allem aus einer relativ geringen Höhe – in Gänze nachvollziehbar waren, war und ist bis heute – ähnlich wie die Beschaffenheit der Pentagon-Unfallstelle – eine vielumstrittene Fragestellung, die wir in diesem Buch mangels fundierter Fachkenntnisse leider nicht zu lösen vermögen ...

»Mr. King, was sagen Sie zu der häufig geäußerten Vermutung, dass die Maschine vor dem Aufprall abgeschossen worden sei?«

»Halte ich für nicht möglich, da die Wrackteile in Flugrichtung gefunden wurden und nicht ›dahinter‹, wie es für einen Abschuss typisch wäre ...«

Meine letzte Frage an den örtlichen Feuerwehrchef kostete mich einige Überwindung, aber ich musste sie stellen, um eine der zentralen Behauptungen Wisnewskis prüfen zu können:

»Wir sind fast fertig, Mr. King. Eine letzte Frage noch, die ich Ihnen auch stellen muss: Haben Sie in all der Zeit, in der Sie sich am Unfallort aufgehalten haben – und das war ja praktisch die ganze Zeit über, wenn ich Sie richtig verstanden habe –, irgendwelche Auffälligkeiten, z.B. auch am Verhalten der übrigen anwesenden Personen, feststellen oder beobachten können?«

»Nicht, dass ich wüsste!«

»Äh ... ich meine konkret: **War es möglich, dass irgendjemand, der auch an der Unfallstelle zugegen war, irgendwelche Teile dort eigens hingelegt haben könnte?«**

Der Mann lächelte nur, schüttelte den Kopf und sagte:

»Definitiv nicht!«

»Danke schön für das Interview, Mr. King!«

»You're welcome!«

Wenn Gerhard Wisnewski Feuerwehrmann King wirklich interviewt hatte, muss man sich unweigerlich fragen, weshalb er diesen Mann dann eigentlich nicht auf seine Theorie hin angesprochen hat. Kaum einer war so prädestiniert für eine akkurate Antwort hinsichtlich etwaiger Mauscheleien an der Unfallstelle wie Rick King. Weshalb also hat Wisnewski ihn nicht nach all diesen Dingen gefragt anstatt immer nur zig Zeugen zu präsentieren, die alle das bereits sattsam Bekannte berichteten bzw. evtl. gar die Unwahrheit sagten? Man kann also guten Gewissens festhalten, dass Wisnewskis Analyse des Unfallorts mindestens genauso wenig seine Theorie beweist wie die offizielle Version die ihre ...

Auffällig bleibt allerdings nicht nur, dass – wie weiter oben bereits erwähnt – die amtliche Identifikation der UA 93-Maschine am Tag des

11. September letztlich wiederum über den bereits beim Pentagon herumgondelnden C130-Militärtransporter erfolgte (»*black smoke*« gem. Rep., S. 30). Es ist auch besonders merkwürdig, dass man gemäß der Analysen des National Transportation Safety Board (NTSB), der Radar-, Flugschreiber-, Voice Recorder-, Infrarot-Satelliten- und Bodenkontrollaufzeichnungen den Aufschlagszeitpunkt der Boeing mehr als eine Minute vor der entsprechenden seismographisch eruierten Bodenerschütterung ermittelt hat. Der Report ist dabei zwar noch so anständig, diese nicht ganz unwesentliche Diskrepanz zumindest in seiner Anlage überhaupt zu erwähnen, sieht sich andererseits aber in keiner Weise genötigt, eine wissenschaftlich gestützte Erklärung hierfür abzugeben. **Somit bleibt auch bis heute der genaue Absturzzeitpunkt der vierten Todesmaschine ein *»subject of some disput – ein Gegenstand einiger Streitigkeiten«*** (Rep., S. 30) …

Da einer der ersten Männer, der am Radarschirm Auffälligkeiten beim UA-93-Flug beobachtet haben soll, Air Traffic Manager Dennis Fritz von der Bodenkontrollstation im 30 km entfernten Johnstown gewesen sein soll, beschloss ich, auch diesen aufzusuchen, bevor ich mich von Pennsylvania endgültig verabschiedete. Der Flughafen besagter Kleinstadt war etwa zur einen Hälfte zivil und zur anderen Hälfte militärisch genutzt. Im Terminal herrschte kaum Betrieb, und nur eine einzige Flughafenangestellte stand hinter einem Schalter. Ich ging zu ihr und fragte sie nach Dennis Fritz.

»Ja, ich glaube, er ist noch da«, sagte sie und griff sogleich nach dem Hörer, um den Gesuchten anzurufen. Ich hatte offenbar Glück, denn nach einer kurzen Weile sprach sie:

»Hello, Mr. Fritz, hier ist ein Gentleman aus …« Sie blickte mich fragend an.

»… Germany«, warf ich ein.

»– Germany … und er wollte Sie sprechen wegen …« Sie blickte mich erneut fragend an.

»nine-eleven …«

Die Dame hob die Augenbrauen und wiederholte:

»… nine-eleven!«

Dann horchte sie auf, blickte mich an und reichte mir den Hörer.

»Es ist okay. Sie können mit ihm sprechen, Sir, aber nur am Telefon …«

Ich nahm den Apparat und stellte mich dem Mann kurz vor.

»Okay, was möchten Sie wissen?«, fragte Mr. Fritz freundlich.

»Wann genau erhielten Sie Kenntnis von der entführten UA 93?«

»Ungefähr um 10.02 Uhr erhielten wir vom Kontrollzentrum in Cleveland die Nachricht, dass eine Boeing in etwa 700 bis 1000 Metern Höhe auf uns zukomme ...«

»Haben Sie sie gesehen?«

»Ja.«

»Ist Ihnen dabei irgendetwas aufgefallen?«

»Nein.«

»Keine Instabilitäten, Zick-Zack-Kurs oder so?«

»Nein.«

Hier widerspricht die Aussage von Dennis Fritz offenbar Bröckers Recherchen, der den örtlichen Air Traffic Manager als Ersten *»ungwöhnliche Flugmanöver«* festgestellt haben lassen wollte.

»Wurde unabhängig davon irgendeine Form unbekannter Flugobjekte in Ihrem Zuständigkeitsbereich gesichtet?«

»Nein.«

»Waren zum Zeitpunkt des Unglücks bzw. kurz davor noch andere, ›normale‹ Flugzeuge in der Luft?«

»Ja – jede Menge ...«

»Welche denn?«

»Ah, das kann ich nicht mehr genau sagen ...«

»Auch C130-Transporter?«

»Zu keiner Zeit!«

Auch dies widerspricht offenkundig den Ermittlungen – diesmal sogar denen der 9/11-Kommission selbst (siehe oben). Vielleicht aber war jener geheimnisvolle C130-Transporter, der die Rauchwolke der UA 93 entdeckt haben soll, auch erst kurz nach dem Crash in den (luft-)räumlichen Zuständigkeitsbereich der Kontrollstation von Johnstown geraten. Oder auch nicht. Zu dieser Thematik werden wir aber zu einem späteren Zeitpunkt noch eine nicht unwesentliche Information erhalten ...

»Es war jedenfalls eine sehr weise Entscheidung, den gesamten Luftraum der USA umgehend zu sperren und alle Maschinen landen zu lassen«, ergänzte Mr. Fritz von sich aus.

»Weshalb?«

»Weil es Anhaltspunkte gab, dass noch mehr Todesmaschinen unterwegs waren bzw. noch starten sollten. Wir wissen es ziemlich sicher von mindestens einer Maschine, die von Kansas City nach Los Angeles fliegen sollte ...«

»Warum?«

»Weil sie später unter den Sitzen dieser Maschine ein paar von diesen Teppichmessern fanden ...« (Diese Einschätzung deckt sich mit den Ermittlungen des Reports, Seite 237, wonach Terrorist Khalid al Mihdhar gesagt habe, dass Osama bin Laden fünf Attacken geplant habe.)

»Okay, eine Frage noch: Wäre es theoretisch denkbar, dass die Maschinen von außen ferngesteuert worden sein könnten?«

»Definitiv nicht!«

»Weshalb nicht?«

»Weil hierfür ein bestimmtes Equipment fest in die Bordanlage installiert sein muss, und dies ist nicht machbar ohne Wissen und Erlaubnis der Fluggesellschaften. Und meines Wissens nach haben die Airlines so etwas nicht installieren lassen und würden es wohl auch nicht ...« Der bereits oben erwähnte, mir bekannte Luft- und Raumfahrtexperte vertritt die gleiche Auffassung wie Mr. Fritz und zwar nicht nur, was eine Fernsteuerung vom Boden, sondern auch von der Luft aus betrifft – mittels des von Herrn Bröckers favorisierten Steuerungsflugzeugs (Sheperd) vom Typ einer C130. Auch in diesem Fall wäre nämlich ein ziemlich großer Klumpen Technikmasse in das Cockpit der zu entführenden Maschine einzupflanzen (das bloße Mitführen einer Fernsteuerungsanlage im Gepäckraum oder gar als »Handgepäck« im Passagierraum genügt zu ihrem Funktionieren allein nicht), und ein solcher Vorgang ist nachvollziehbarerweise nur mit Kenntnis der Fluggesellschaft, der Wartungsingenieure und der Piloten denkbar, was die ganze Unternehmung doch etwas unrealistisch erscheinen lässt. Und dass der »Fernsteuerungskasten« stattdessen außen (am Rumpf der Maschine) angebracht worden sein könnte, wie es die berühmt-berüchtigte, triebwerksähnliche »Anomalie« unter der zweiten WTC-Maschine (siehe erstes Kapitel) suggeriert, ist nicht gerade wahrscheinlicher, da das äußerst auffällige Teil ja schon am Boden sämtlichen Inspekteuren, Bordingenieuren und Flugkapitänen ins Auge springen hätte müssen – ungeachtet der Beobachtungsgabe eines weltweiten Fernsehpublikums, dem das »Beweismittel« Fernsteuerung ja quasi direkt unter die Nase gerieben worden wäre. Unabhängig davon würde die so ferngesteuerte Maschine in aller Regel den gepulsten Mikrowellen aus dem C130-Transporter bis zu ihrem Sendeort folgen, d.h. sie würde am Ende des Leitstrahls nicht in das eigentliche Terrorziel, sondern vielmehr in den C130-Transporter selbst hineinkrachen ...

»Wäre es aber nicht möglich, in den Bordcomputer zu hacken und so die Führung des Flugzeugs zu übernehmen?«, fragte ich weiter.

»Überhaupt nicht! Außerdem sind Piloten trainiert für den Fall einer versuchten Fremdsteuerung der Maschine von außen. Und es gibt da auch – so glaube ich – ein paar technische Einrichtungen an Bord, mit denen dies vereitelt werden kann ...«

»Und wie erklären Sie es sich, dass es während und nach den Anschlägen viele Funk- und Radarausfälle sowie angeblich auch Steuerungsprobleme von Verkehrsflugzeugen im gesamten US-Luftraum gegeben haben soll? Könnte dies nicht von elektronischen ›Übernahmeversuchen‹ von außen herrühren oder Ähnlichem?«

»Hm, das könnte auch gut mit den 4500 außerplanmäßigen Landungen als Folge der Sperrung des gesamten Luftraums zusammenhängen ...« An dieser Stelle möchte ich gleich vorwegnehmen, dass das nordamerikanische Luftverteidigungssystem NORAD mir bei einer späteren telefonischen Anfrage die besagten, von einem deutschen Flugsicherungsexperten im »ARD-Brennpunkt« berichteten Auffälligkeiten im US-Luftraum nicht bestätigt hat ...

»Gut ... etwas anderes: Nach bestimmten Berichten soll es in einer entscheidenden Phase zumindest einer der Flugzeugentführungen im Bodenkontrollzentrum von Cleveland eine Bombendrohung gegeben haben, sodass der gesamte Kontrollraum bis auf einen einzigen Fluglotsen für einige Zeit geräumt werden musste, was angeblich zur Folge hatte, dass die genauen Abläufe an den Radarschirmen nicht ausreichend beobachtet werden konnten und somit die nötigen Meldungen an das militärische Abwehrsystem der USA entsprechend verschleppt wurden ... Können Sie dies bestätigen bzw. was wissen Sie darüber?«

»Davon weiß ich nichts.«

»Und von einem angeblichen ›Maulwurf‹ unter den Fluglotsen, der von dem Mitarbeiter James P. Hopkins ›enttarnt‹ worden sei – worauf Letzterer gefeuert wurde?«

»Auch nichts.«

»Okay, Mr. Fritz, das war's schon ... danke!«

»Bitte, bitte! Ich hoffe, Ihnen ein wenig geholfen zu haben für Ihr Buch ... Aber sagen Sie mal ...«

»Ja?«

»Wie denkt jetzt eigentlich Ihr Land über uns Amerikaner wegen des Irak-Kriegs?«

Daraufhin unterhielten wir uns ausführlich über dieses Thema, und ich gewann dabei einen positiven und glaubwürdigen Eindruck von Herrn Fritz. Zum Schluss kamen wir nochmal kurz auf die Unfallstelle in Shanksville und die dürftigen Hinterlassenschaften des Crashs zu sprechen, bevor wir das Gespräch beendeten. Als ich den Hörer aufgelegt hatte und zu meinem Wagen zurückgehen wollte, sagte die Dame, die während des Gesprächs mit Herrn Fritz ständig anwesend war:

»Entschuldigen Sie bitte, Sir, aber ich habe zufällig die letzten Fetzen Ihres Gesprächs mitgehört und da kann ich Ihnen sagen, dass mein Vater ein Sprengstoffexperte der Navy ist.«

»Ah ja? Das ist ja interessant ...«

»... und er sagt, dass bei bestimmten Unfallabläufen bzw. einer bestimmten Lage und Bewegung der Treibstofftanks eine Boeing wirklich so explodieren kann, dass von Mensch und Maschine fast nichts mehr übrig bleibt ... es hängt nicht unbedingt mit der Absturzhöhe zusammen, meint er. Genauer kann ich's Ihnen aber auch nicht erklären, sorry ...«

»Tatsächlich? Sehr nett, ich danke Ihnen vielmals für diese Auskunft ...«

»Gern geschehen.«

Auf meiner Rückfahrt nach New York City ließ ich es mir auch nicht entgehen, noch bei der 193. »Special Operations Wing« – Staffel der Military Air Force Base auf dem Internationalen Flughafen von Harrisburg vorbeizuschauen. Denn immerhin seien dort – laut Bröckers Recherche – jene geheimnisvollen C130-Transporter stationiert, die in der Nähe sämtlicher Absturzstellen gesichtet wurden ... Und tatsächlich glaubte ich auch, einige dieser Ungetüme starten und landen sowie vor Hangars stehen zu sehen, als ich um das Flughafengelände herumkurvte. Ein direktes Interview mit einem Militär-Vertreter scheiterte jedoch vor den Toren des Geschwaders, aber immerhin drückte mir der Wachmann eine Visitenkarte des zuständigen Verbindungsoffiziers für »Public Affairs«, Mr. Jason Ostrich, in die Hand. Dies wäre an sich nicht weiter erwähnenswert, wenn ich in dem anschließenden Telefonat mit diesem Mann nicht doch eine kleine, aber nicht unwesentliche Information erhalten hätte: nämlich, dass die amerikanische Flugaufsichtsbehörde FAA, der Arbeitgeber von Air Traffic Manager Dennis Fritz, gar nicht für Militärflugzeuge wie die C130-Transporter verantwortlich sei und damit das von FAA-Chef Ben Sliney damals verfügte »allgemeine und totale« Flugverbot im gesamten US-Luftraum für das Militär überhaupt nicht gegolten habe. (Demzufolge hätte Mr. Fritz bezüglich der C130-Maschinen wohl ohnehin keine verbindliche Auskunft erteilen können/dürfen.) Also darf das bloße Auftauchen der C130-Transporter während des verhängten Flugverbots für sich allein noch nicht als Verdachtsmoment gewertet werden, was Bröckers Anschuldigungen freilich ein wenig die Spitze nimmt ... Weitere telefonische Anfragen meinerseits hinsichtlich der genauen Arbeitsabläufe und Reaktionsweisen von Behörden und Militär während der Anschläge versandeten allerdings im Verwaltungsdschungel bzw. wurden mit Verweis auf die laufenden 9/11-Untersuchungen geblockt. Auf die zwischenzeitlich vorliegenden Ergebnisse dieser Untersuchungen werden wir jedoch im übernächsten Kapitel zurückgreifen.

9. An Attas Airport

Bevor wir uns der abschließenden Auswertung unserer Beobachtungen und Erfahrungen um die 9/11-Unfallstellen herum widmen, sollten wir zur Abrundung jedoch noch einen kurzen Blick auf das »amerikanische Trainingslager« der mutmaßlichen 9/11-Todespiloten werfen: die Flugschule »Huffman Aviation« in Venice an der Westküste Floridas. Aber warum eigentlich? Nun, es gab und gibt viele merkwürdige Gerüchte und Beobachtungen rund um diese Flugschule im Besonderen und um den gesamten Flugplatz im Allgemeinen. Sie reichen so weit, dass der investigative US-Journalist Daniel Hopsicker den Rentner- und Badeort Venice gar als »*wichtigsten Schauplatz des Verbrechens vom 11. September 2001, der nicht in Schutt und Asche gelegt wurde*«, bezeichnet hat. Es ist die Rede von einer Flugschule, für deren Niederlassung die Innenministerin von Florida, Gouverneur Jeb Bush (Bruder des US-Präsidenten George W. Bush) eigens geworben haben soll, deren Schüler auf Anhieb die höchste Visa-Stufe der USA erhalten sollen, die von einem bis zu seinem Erscheinen am Flugplatz völlig unbekannten Holländer über Nacht für einen Haufen Geld gekauft und kurz darauf von arabischen Flugschülern nahezu überrannt worden sein soll, die Verbindungen zum CIA unterhalten soll, auf deren Gelände mitten in der Nacht seltsame Helikopter gelandet seien, die ein Lufttaxi-Unternehmen mit keinerlei Passagieren betrieben haben soll und der Osama bin Ladens Bruder Yeslam Flugunterricht auf seinen Avcon-Maschinen zur Verfügung gestellt bzw. Geld für eine dortige Flugausbildung überwiesen haben soll (s. zweites Kapitel i.V.m. »Geheimsache 9/11« von Nafeez Ahmed) ... Ohne jetzt weiter Hopsickers Entdeckungen/Behauptungen, die u.a. bei Bröckers nachzulesen sind, hier in Gänze zu wiederholen oder zu diskutieren und freilich auch ohne mir einzubilden, als Privatmann all dies vor Ort stichhaltig und umfassend überprüfen zu können, wollte ich mir dennoch Mohammed Attas, Marwan al-Shehhis und Ziad Jarrahs fliegerisches »Ausbildungscamp« in Florida mal etwas aus der Nähe anschauen.

Die Hitze im südlichsten Bundesstaat der USA war bereits Ende Mai fast unerträglich. Als ich nach wenigen Stunden Inlandsflug von New

York City nach Tampa den air-condition-Bereich verließ, verstand ich die absolute, schon vor meiner Reise von allen Seiten gepredigte Notwendigkeit einer funktionstüchtigen Klimaanlage im Leihauto. Ich zögerte daher keineswegs, mir diesmal eine etwas komfortablere PKW-Variante als gehabt andrehen zu lassen, denn schließlich ging's ja auch nur um ein paar Tage, bevor ich meine Rückreise nach Deutschland anzutreten hatte. Außer der drückenden Schwüle gab es da zu dieser Zeit aber noch ein anderes kleines Problem, über das ich zwar ebenfalls vorab informiert war, es aber gleichwohl geflissentlich unterschätzt hatte: den amerikanischen »Memorial Day«-Feiertag und damit die totale Ausbuchung sämtlicher Hotels, Motels, Campingplätze, Bed and Breakfasts usw. entlang der gesamten Küste Floridas just an diesem (verlängerten) Wochenende ... Als ich spätabends in dem ausgedehnten wie gesichtslosen Küstenstädtchen Venice eintraf, hatte ich bereits Dutzende von Unterkünfte ergebnislos abgeklappert und befand mich nahe am Kreislaufkollaps. Schließlich aber ergatterte ich nach mehrmaligem Durchkreuzen der Palmenalleen eine Bleibe in einer etwas überteuerten Privatpension. Hier ließ ich mich bei feuchten 30 Grad Nachttemperatur nieder und ließ schwitzend den morgigen Tag auf mich zukommen ...

An diesem ging es dann gleich in medias res: »Attas Airport« war nur wenige Blocks von meiner Unterkunft entfernt und ich daher in wenigen Minuten dort. Das Fluggelände befand sich unmittelbar vor der Küste, nur wenige hundert Meter vom Strand entfernt, und Start- und Landepiste führten schnurstracks Richtung Meer. Am Flughafen selbst waren etwa sieben Betriebe ansässig, davon drei Flugschulen, eine Flugzeug-Reparatur, zwei Gastronomiebetriebe und ein Tower bzw. eine Überwachungsstation. Etwa zwei Einrichtungen davon schienen ziemlich verwaist bzw. stillgelegt zu sein, obwohl auch auf deren Parkplätzen vereinzelt Autos herumstanden, teilweise mit getönten Scheiben. An einem dieser (fast) ausgestorbenen Gebäude fragte ich einen Flughafenbediensteten nach Huffmann Aviation. Er deutete vage in Richtung des nächsten Gebäudes und fügte hinzu:

»Aber da ist kein Betrieb mehr jetzt. Sie ist seit einiger Zeit stillgelegt ...«

Mist! Wohl ein wenig zu spät, um den schillernden Rudi Dekkers, Attas holländischen Fluglehrer, nochmal zu interviewen ... Doch was soll's? Es gab noch mehr Leute an diesem Flugplatz, und oft erfuhr man über die betreffende Person und deren Umstände mehr durch andere als durch die Person selbst. Also fuhr ich weiter zur »44th Aero Squadron«-Flugplatzkneipe und der unmittelbar daneben befindlichen Flugschule bzw. dem Luftverkehrsunternehmen »Triple Diamond Jet Center«. Die Kneipe

Venice, Florida: Die Übungsstätte der Terroristen?

war vormittags noch geschlossen, beim Jet Center hingegen herrschte bereits Hochbetrieb. Viele Autos standen auf dem Parkplatz, Fluggäste oder -schüler gingen ein und aus, und auf dem Rollfeld schwänzelten Mechaniker und Piloten geschäftig um ihre Cessnas und Pipers herum. Ich parkte meinen Wagen und begab mich in das Gebäude. Dort saßen gegenüber von wartenden Passagieren hinter einem Tresen zwei Frauen in einer Art Fluguniform. Ich schlenderte ein bisschen vor den Aushängen an der Wand herum und las die Angebote. Neben üblichen zivilen Flugverbindungen stand da auch etwas von Flugakrobatik-Stunden und Kunstflug-Passagierflügen. Ich studierte die Programme, ging dann auf eine der beiden Damen zu und fragte:

»Entschuldigen Sie ... kann man hier so einen Kunstflug mitmachen?«

»Ja, können Sie ... aber ich glaube, der Pilot ist die nächsten Tage nicht da ...«

»Ah ja ... wann kommt er denn wieder?«

»Im Verlauf der nächsten Woche ... Soll ich Sie anmelden, Sir?«

»Nein, danke, da bin ich schon wieder weg. Ich bleib nur übers Wochenende ...«

»Ich verstehe ...«

»Hm ... vielleicht gibt es ja 'ne Möglichkeit in der Flugschule nebenan ...«

»Das könnte sein.«

»Oder bei Huffmann Aviation ...«

Die Dame bekam jetzt einen anderen Blick und antwortete kühl:

»... die gibt es hier nicht mehr ...«

»Ach so? Warum denn?«

»Ich habe keine Idee.«

»Hm, ist Ihnen bei denen vielleicht was aufgefallen?«

»Weshalb?«

»Nun gut: Ich schreibe ein Buch über den 11. September und deswegen interessiert mich das ...«

»Mir ist nichts aufgefallen!«, erwiderte sie und blickte auf die Seite, um das Gespräch zu beenden.

»Okay ... nur eines noch: Haben Sie jemals eine Maschine der Avcon-Airlines auf diesem Flugplatz gesehen?«

»Nein.«

»Danke, sehr freundlich!«

Um etwaigen »Flugplatz-Konspiratoren« nicht allzu lange Zeit zu geben, sich gegenseitig vorzuwarnen bzw. abzusprechen, begab ich mich sofort zur nächsten Station, dem »Florida Flight Training School Center«. Diese Flugschule gehört Arne Kruithof, dem zweiten Holländer an diesem Flugplatz, der auch seinen Betrieb kurz vor Auftauchen der arabischen Flugschüler eröffnet hatte, aber angeblich Rudi Dekkers bis zu diesem Zeitpunkt nicht gekannt haben wollte (was Hopsicker wiederum als unwahr aufgedeckt haben will ...). Witzigerweise lief mir gerade in dem Moment, als ich das Florida Training Center betreten wollte, ein arabisch aussehender, sehr alert und sportlich wirkender junger Mann im Pilotendress über den Weg. Es beschlich einen schon ein merkwürdiges Gefühl, so jemanden aus einer Flugschule kommen zu sehen, deren Nachbarunternehmen offenkundig die arabischen Terroristen vom 11. September fliegerisch ausgebildet hatte, doch wollen wir nicht voreingenommen sein und uns überraschen lassen ...

Ich betrat also den quaderförmigen Betonbau im ersten Stock nicht ohne gewisse Anspannung. Die Wände des Flurs waren wie in dem anderen Betrieb mit allerlei Fliegerkram, Werbeprospekten, Flugpreisen, Flugzeiten usw. bestückt. Als ich darunter erneut ein Kunstflugangebot entdeckte, wandte ich mich damit an die Sekretärin, nur um irgendwie ins

Gespräch zu kommen. Sie erzählte mir irgendetwas darüber und erwähnte ebenfalls, dass der zuständige Pilot erst nächste Woche wieder hier erscheine. Bei der Unterredung zeigte sich, dass die Dame offenbar auch Holländerin war und deutsch sprechen konnte. Irgendwann fragte ich sie dann nach Arne Kruithof.

»Tut mir Leid, er ist nicht hier, und ich weiß nicht, wann er wieder kommt«, antwortete sie kurz.

»Hm, könnten Sie ihm ausrichten, dass ich ihn gerne sprechen würde?«

»Weswegen denn?«

»Wegen des 11. September ... ich schreibe ein Buch ...«

»Ah, Sie sind ein Buchschreiber ...«

»Ja. Und ich würde nicht nur Herrn Kruithof, sondern auch Herrn Dekkers gerne interviewen ... Haben Sie vielleicht eine Ahnung, wo der steckt?«

»Nein, keine Ahnung. Er ist schon über ein Jahr weg von hier. Niemand weiß, wo er ist ...«

»Soso ... Was halten Sie eigentlich von ihm?«

»Er ist ein Opfer. Was immer bezüglich 9/11 über ihn geschrieben wurde, ist unwahr – ganz einfach.«

»Und über seine Flugschule?«

»Auch unwahr. Da gab es nichts Auffälliges – außer das mit Atta natürlich ...«

»Klar ... und ansonsten keine Horden arabischer Flugschüler?«

»Ich habe keine gesehen ...«

Genau in diesem Augenblick kam der »Araber« von vorhin mit ein paar Unterlagen in der Hand den Gang entlanggelaufen und grüßte mich freundlich. Ich grüßte zurück, und da fragte er mich, ob er mir irgendwie helfen könne (– er hatte die Unterredung zwischen mir und der Sekretärin nicht mitbekommen –). Ich erklärte, dass ich einen Piloten für einen Passagier-Kunstflug suchte, und so kamen wir etwas ins Gespräch. Es stellte sich heraus, dass der »Araber« in Wirklichkeit ein »Holländer« war, der hier seine Pilotenausbildung bestritt, weil »hier mehr erlaubt sei als in Europa und das Wetter besser mitspiele«. Leider konnte ich mich nicht länger und freier mit ihm unterhalten, als ich dies gerne getan hätte, da sich die Sekretärin ständig in Hörweite befand. Als wir auseinander gingen, bat ich die Sekretärin nochmals, Kruithof um ein Interview zu bitten.

»Werde ich machen, aber ich kann Ihnen nichts versprechen«, sagte sie, »... rufen Sie einfach die nächsten Tage mal an ...«

»Okay, danke, werde ich machen. Wiedersehen.«

»Wiedersehen. Ich hoffe, Sie schreiben die richtigen Sachen ...«

Da ich nicht schon an meinem ersten Tag in Venice durch übermäßige Präsenz am »Tatort« Flugplatz auffallen wollte, beendete ich die Airport-Visite für heute und knallte mich die restlichen Stunden des Tages an den nahen Strand. Bis spätabends waren hier, mitten unter der Einflugschneise, allerlei startende und landende Flugzeuge verschiedener Art zu beobachen – von einmotorigen Schulungs- bis hin zu zweistrahligen Passagier- und Frachtflugzeugen. Erst gegen Mitternacht etwa wurde der Flugbetrieb eingestellt. Dies war dann auch die Zeit, wo ich in meine neue Bleibe, das stilvolle »Banjan-House«, zurückkehrte. Dort sprang ich noch in den Pool, ließ mich in der Hollywoodschaukel »trocknen« und unterhielt mich zum Abschluss des Tages noch mit den Pensionsbesitzern – einem netten, gediegenen Ehepaar. Dabei stellte sich heraus, dass der Mann einmal Fluglehrer an genau diesem Flugplatz gewesen war, den Job allerdings schon vor Aufkreuzen »unserer« Piloten quittiert hatte. Da er aber wiederum einen Kollegen kannte, der mit Atta ein paar Übungsflüge gemacht hatte, versprach mir seine Frau, morgen einen Kontakt zu diesem Mann herzustellen. Des Weiteren empfahl sie mir, die Flughafenkneipe zu besuchen und den Barmixer zu interviewen ...

»Okay, am besten wenden Sie sich da an John«, erwiderte einer der Schankkellner der »44th Aero Squadron«-Kneipe meine Nachfrage am darauf folgenden Tag, »ich glaube, der hat Atta und Binalshibh (welcher ebenfalls bei Huffmann Aviation ausgebildet worden war, ohne jedoch später eingesetzt worden zu sein) oft gesehen und bedient ... da drüben is' er ...« Mit diesen Worten schwenkte der Mann seinen Kopf zum anderen Ende der Theke hin. Dort wischte gerade ein kräftig gebauter, etwas in die Jahre gekommener »Easyrider«-Typ mit einem Lappen den kirschbaumfarbenen Tisch ab. Ich schlenderte zu ihm hinüber und fragte:

»Sorry, are you John?«

»Yeah!«, antwortete er, ohne mich anzusehen oder die Arbeit zu unterbrechen.

»Okay, ich wollte Sie nur fragen, ob ...«

»... hab schon gehört, um was es geht, Buddy ... was genau willst du wissen über ›die‹?«

»Nun ... wie sie waren, wie sie sich verhalten haben, was sie so gesprochen haben und mit wem sie sich evtl. getroffen haben ...« Diese Fragen zielten u.a. darauf ab, die von einigen Verschwörungstheoretikern ins Spiel gebrachten Doppelgängererscheinungen von Atta und einigen seiner Kompagnons zu überprüfen.

»Hm, was soll ich da groß sagen? Sie waren eigentlich ganz nett, ja, wirklich nett, auch wenn sie sehr wenig gesprochen haben ... Haben nie

Alkohol getrunken, sondern nur Coke und sind meistens an dem Tisch da vorne beim Fenster gesessen und haben sich untereinander unterhalten oder die Flugzeuge auf dem Rollfeld beobachtet ...« Ich folgte Johns Blick zu dem bewussten Tischchen.

»Hm, und immer nur die beiden? War sonst kein anderer mal dabei oder so?«

»Glaube nicht oder kann mich nicht mehr daran erinnern ... Attas Freundin war mal da, ja, aber sonst ...«

»Und wo ist die jetzt?«

»Keine Ahnung. Hat mal in so 'nem Lokal weiter oben gearbeitet ... weiß aber nicht, ob sie da noch ist ... ich glaub nicht ...«

»Und wie denken Sie eigentlich über die ganze Sache?«

»Ich? Hm ... kann es immer noch nicht glauben, das Ganze ...«

»Sonst noch was?«

»Nicht, dass ich wüsste ...«

»Ich danke Ihnen, John.«

»Kein Problem ...«

Ich drehte mich um und wollte gehen, da schob er nach:

»Hey ... wollen Sie ›seine‹ Maschine mal sehen?«

»Welche?«

»Von Atta ... das Flugzeug, auf dem er fliegen lernte ...«

Ich hielt schweigend inne, worauf John die Theke verließ und mit mir zum Fenster ging.

»Dort draußen – das ist sie ...«

Vor einem Hangar stand eine weiße, zweimotorige Propellermaschine mit roten und blauen Längsstreifen.

»Wir versuchen schon seit einiger Zeit, sie zu versteigern, finden aber niemanden, der sie nimmt ...«

»Tatsächlich?«

»Ja ... die meisten wollen sie nicht wegen dem, was Atta getan hat. Und einige wenige wollen sie gerade deswegen – aber denen möchten wir die Maschine dann auch nicht geben, wenn Sie verstehen, was ich meine ...«

Der folgende Besuch bei der 100 Meter weiter befindlichen Flugzeuginstandsetzungsfirma »Avionics Sarasota«, dessen Besitzer Coy Jacob sich in einem Interview mit Hopsicker etwas suspekt über Dekkers und Kruithof sowie über den gesamten Flugplatz geäußert hatte, blieb ohne Ergebnis, da Mr. Jacob nicht anwesend war und mich auch nicht auf der seiner Sekretärin hinterlassenen Telefon-Nummer zurückrief. Auch meiner Pensionsbesitzerin war es zwischenzeitlich nicht gelungen, etwas Greifbares

Zu versteigern: Attas Schulungsflugzeug

an Land zu ziehen bzw. ein Zeugen-Interview zu vermitteln. Der von ihr genannte Fluglehrer Attas könne lediglich mitteilen, dass Letzterer immer etwas »finster und muffig« dreingeschaut habe (was Barmixer Johns Beobachtungen eher konterkariert). Nachdem ich auch an Steve Kona, Feuerwehrmann und kurzzeitig Attas Vermieter, in der mir verbliebenen Zeit nicht mehr »herankam« und auch keine Gelegenheit mehr fand, in Attas Lieblingslokal »Pelican Alley« anderen »heißen Spuren« nachzujagen, entschied ich mich, das Ganze zu beenden und die Rückreise anzutreten. Bevor ich dies jedoch tat, begab ich mich noch einmal zum Flugplatz, um doch ein letztes Interview zu führen ...

Mein Wagen war bereits voll bepackt und reisefertig, als ich ihn am Parkplatz der »Municipal Airport Administration of Venice«, der städtischen Flughafenverwaltung, zurückließ. Wieder einmal befanden sich einige Autos am und um den Parkplatz herum, die nicht so aussahen, als ob sie irgendwann die letzten Tage oder Wochen auch mal bewegt worden wären. Nun gut, heute war der letzte Tag und da konnte es mir letztlich wurscht sein, ob FBI, CIA oder NSA doch noch »zugreifen« würden oder nicht. Schließlich war ich mit meinen Nachforschungen durch, und das war für mich das Wichtigste. Es dauerte einige Zeit, bis ich in dem weitgehend »leeren« Gebäude mal ein Büro fand, wo sich auch jemand drin aufhielt – zugleich die einzig anwesende Person in dem Haus überhaupt. Der Mann, ein schwarzhaariger Mittfünfziger spanischer oder auch mexikanischer Abstammung, lümmelte in seinem Sessel hinter dem Schreibtisch und telefonierte gerade. Auf einem Schildchen stand »Robert Hernandez, Airport Manager«, und da der Name hervorragend zur Physiognomie des Menschen am Telefon passte, war auch davon auszugehen, dass ich hier den Chef höchstpersönlich vor mir hatte. Als mich dieser wahrnahm, reagierte er lediglich mit einem kurzen »Hallo hab dich gesehen«-Blick, ansonsten telefonierte der Mann erst mal ungeniert weiter. Ich blieb derweil in der Tür stehen und sah mir die aufgehängten Bilder an. Die Wände waren voll von diversen Flugzeug- und Airport-Fotos, und dazwischen hingen gerahmt irgendwelche Auszeichnungen, darunter auch eine Vietnam-Tapferkeitsurkunde ersten Ranges. Nach ein oder zwei Minuten beendete der Mann das Gespräch, hing den Hörer auf, blickte mich mit humorig leuchtenden Augen an und fragte: »Guten Tag! Was kann ich für Sie tun?«

»Guten Tag! Mein Name ist ...«, antwortete ich und betete die altgewohnte Mühle herunter. Bei Erwähnung der Begriffe »Buch« und »9/11« entwich Mr. Hernandezs Augen der humorige Ausdruck, und er betrachtete mich von nun an als potenzielles Feindbild.

»Wie kann ich Ihnen da helfen?«, fragte er skeptisch-zurückhaltend.

»Hm, ich dachte, Sie könnten mir vielleicht bisschen was erzählen über Atta & Co. und über die Vorgänge an diesem Flugplatz damals ...«

Da lehnte sich der Airport Manager in seinem Sessel zurück, sann kurz nach und holte dann zu einer Antwort aus, von der man spürte, dass sie länger und grundsätzlicher ausfallen würde als üblicherweise zu erwarten war:

»Was würden Sie über mich denken, wenn ich hier reinspaziere – so wie Sie eben –, mich höflich vorstelle, freundlich benehme – so wie Sie eben – und auch ansonsten nie etwas Schlechtes oder Auffälliges tue? Würden Sie irgendeinen Verdacht schöpfen? Nein! Sie würden ganz einfach denken: Nice guy – and that's it ... Und was würden Sie dann von mir denken, wenn Sie erfahren, dass ich am anderen Tag Tausende unschuldiger Menschen umgebracht habe?! Es war verflucht nochmal nichts Großartiges, was die getan haben, sondern nur »fucking chicken shit« – verdammte Hühnerscheiße! Sie haben einfach Zivilisten bei ihrer täglichen Arbeit grundlos, heimtückisch und ohne Chance auf Gegenwehr gemeuchelt. Sie haben uns angegriffen ›at lowest level‹ – auf unterster Ebene. Jeder Arsch kann tun, was Atta getan hat. Es ist nichts dabei, diese Maschinen zu fliegen, absolut nichts dabei ...«

»Aber der Pentagon-Treffer zum Beispiel ...«

»Ach was! Ich habe als Hubschrauber-Pilot Tausende von Einsätze in Vietnam geflogen, und ich sage Ihnen: Es ist nichts dabei! Ich habe unsere Jungs aus dem Dschungel geholt im Tiefflug unter MG-Feuer ... und wissen Sie, was das Gefährlichste daran war? Dass wir selbst nicht schießen durften – jedenfalls nicht als Erste, weil das unsere Militär-Doktrin war! Deshalb haben wir Vietnam auch verloren, weil wir ganz einfach erst schießen durften, nachdem bereits auf uns geschossen worden war. Der Scheiß Paragraphensalat dieser Pentagon-Wichser hat uns die Niederlage beschert, nicht die schlechten Soldaten, das schlechte Gerät, schlechte Pläne oder sonst irgendwas ... und genauso ist's jetzt wieder im Irak ... ich hoffe nur, dass sie meinen Sohn nicht holen – er wird nächstes Jahr 18, und wenn die Regierung dranbleibt, werden sie wahrscheinlich den ›Draft‹ einführen und junge Leute per Zwang zum Wehrdienst einziehen, weil ihnen langsam die Soldaten ausgehen ... Als Vater würde ich ein großes Problem damit haben, und zwar ganz einfach wieder deswegen, weil unsere Soldaten wegen dieser Scheiß Gesetze und Bestimmungen auch im Irak ständig im Nachteil sind ... Dabei ist unsere einzige Chance, den Krieg gegen den Terror zu gewinnen, auf lange Sicht wohl die, uns auf dieselbe Ebene wie die anderen hinabzubegeben – at lowest level, sonst kämpfen wir sozusagen nicht auf gleicher Augenhöhe ... Sie werden es noch so weit treiben, bis wir wieder den ›weißen Blitz‹ rausholen, wenn sie wissen, was ich meine ...«

»– die Atombombe?«

»Genau ... fucking chicken shit gegen fucking chicken shit ...!«

»Okay, eine Frage noch: Hatten Sie jemals eine Maschine von Avcon-Airlines hier am Flugplatz?«

»Nein. Allerdings bin ich erst seit einiger Zeit hier. Als 9/11 passierte bzw. Atta & Co. sich hier ausbilden ließen, war jemand anderer Airport Manager und ich noch Chef von Dallas Airport ...«

»Ah ja? Sorry, das wusste ich nicht ...«

»Macht ja nichts ... Hab mich damals sogar mit dem Secret Service angelegt, als Präsident Bush nach Dallas flog und die Sicherheitstypen deswegen den gesamten Flughafen gleich für 24 Stunden lahm legen wollten. Da hab ich gesagt: Das geht nicht, Freunde, denn dies ist ein kommerzieller Flughafen, und ich muss dafür sorgen, dass er schwarze Zahlen schreibt. Gab Riesenärger danach, haha ...« Robert Hernandez grinste nicht ohne Stolz. Dann blickte er auf eine Fotografie an der Wand, das den Dallas-Airport mit der blauen »Air-Force-One«-Maschine des Präsidenten zeigte, und fügte lächelnd hinzu:

»Jaja, da ist viel los zurzeit mit Geheimdiensten auf Flughäfen ...«

»Wie meinen Sie das?«, fragte ich pseudodoof.

»Na ja, so genau darf ich Ihnen das nicht sagen ...«, antwortete er und lächelte erneut süffisant.

»Äh, ein Letztes: Könnten Sie mir vielleicht die Nummer des damaligen Airport-Managers von hier geben?«

»Ich kenne ihn, aber ich weiß nicht, ob er ein Interview geben wird ... Geben Sie mir Ihre Nummer oder E-Mail-Anschrift. Ich rede dann mit ihm, und er wird sich bei Ihnen melden, wenn er damit einverstanden ist ...«

»Danke schön, Mr. Hernandez.«

»That's okay. Wissen Sie, worin das ganze Problem der Menschheit liegt?«

»Worin?«

»Der Mensch kann im Gegensatz zum Tier seine Gefühle, seinen Instinkt und sein Sozialverhalten ›rationalisieren‹. Atta konnte nur tun, was er getan hat, weil er die Fähigkeit zum Rationalisieren hatte. Er wollte ein bestimmtes Ziel erreichen und hat alles andere – Menschlichkeit, Liebe, sein eigenes Leben – dem unterworfen. Aber das, wofür er rationalisiert hat, ist nur fucking chicken shit – nichts weiter! Schreiben sie das: Fucking Chicken Shit! Soll ich es buchstabieren?«

»Nein danke, ich schaff's auch so, denk ich ...«

»Mir ist auch egal, was Sie schreiben. Von dem, was geschrieben wird in Zeitungen und in Büchern, stimmt sowieso das Meiste nicht. Es ist 90 Prozent Lüge. Und auch Sie kennen das Ergebnis Ihres Buches schon, bevor Sie es geschrieben haben ...«

»Nein, kenne ich nicht. Es ist ergebnisoffen, und ich weiß selbst jetzt noch nicht, was hinten dabei rauskommen wird ... Wirklich, ich habe keine Ahnung ...«

»Meinen Sie? Na gut. Dann schreiben Sie in diesem Sinne!«

»Werd mich bemühen. War nett, Sie kennen gelernt zu haben, Mr. Hernandez!«

»Viel Glück – und gute Reise!«

Von dem vormals verantwortlichen Airport-Manager erhielt ich niemals Nachricht.

10. US-Abschlussbericht: War »Jane« schuld?

Licht in das ewige 9/11-Dunkel sollte die sog. unabhängige »9/11-Commission«, welche auf Druck von Angehörigen der Terror-Opfer des 11. September und einiger anderer eingesetzt worden war, werfen. Doch schon die Führung und die Mitgliederzusammensetzung dieser Runde ließen wenig Hoffnung auf eine wirklich umfassende, ergebnisoffene, unparteiische und »vor nichts zurückschreckende« Inspektion aufkommen. So war beispielsweise mit Thomas Kean ein republikanischer Parteifreund von Präsident Bush zum Chairman der Kommission erkoren worden, womit bestimmte, empfindliche Fragestellungen praktisch von vornherein ausgeklammert blieben. Ferner stellte die Besetzung der übrigen Kommissionsmitglieder ausschließlich mit Kongress-Abgeordneten ein weiteres Handicap hinsichtlich gewisser unangenehmer Fragen an *sämtliche* politische Parteien dar. Unter solchen Umständen und Voraussetzungen konnte dieses Gremium auch nicht wirklich als völlig unabhängig bezeichnet werden. Dennoch: Über einen Zeitraum von zwei Jahren hatte man nun recherchiert und zum Abschluss der Ermittlungen noch verschiedene hochrangige US-Entscheidungsträger zur Befragung geladen. Bevor wir uns jedoch den Auftritten der 9/11-Hauptdarsteller – welche vornehmlich den Absturz der dritten und vierten Maschine sowie die Vorgeschichte der Terrorwarnungen betreffen – zuwenden, sollten wir uns aus chronologischen Gründen erst noch mit den Analysen hinsichtlich der unterbliebenen Abwehr der beiden ersten (WTC-)Attacken befassen.

Das Übel fing dabei schon damit an, dass die für die Verteidigung des amerikanischen Luftraums zuständige Einrichtung NORAD in erster Linie immer noch auf die (zu diesem Zeitpunkt immerhin schon zehn Jahre lang überholte) Bedrohungslage durch die frühere Sowjetunion eingestellt war, nicht aber auf einen Angriff durch entführte Passagiermaschinen in Form von Selbstmordkommandos (Rep., S. 17). Man hatte zwar Ende der 90er-Jahre eine Bedrohung durch »*terroristische Benutzung von Flugzeugen als Waffen*« wohl durchaus registriert und sogar entsprechende Abwehrmaßnahmen getroffen (wie immer diese dann ausgesehen haben mögen), sei dabei aber in erster Linie stets davon ausgegangen, dass die Flugzeuge nur »*zur Lieferung von Massenvernichtungswaffen*« eingesetzt würden und nicht als fliegende Bomben. Außerdem seien derartige Szenarien zu keiner Zeit durch nachrichtendienstliche Informationen gestützt gewesen. Demzufolge habe NORAD zum Zeitpunkt des 11. September nur noch sieben Militär-Stützpunkte mit jeweils zwei alarmbereiten Flugzeugen in ganz USA unterhalten (!). Dass somit der führenden Weltmacht zu Beginn des 21. Jahrhunderts insgesamt lediglich 14 alarmbereite Flugzeuge zur Landesverteidigung zur Verfügung standen, bereitete verständlicherweise nicht nur Militärkommandanten seit geraumer Zeit gewisses Kopfzerbrechen. Dennoch: Die amerikanische Flugaufsichtsbehörde FAA verfügte immerhin über einen »Entführungs-Koordinator«, der im Falle einer Flugzeugentführung den im Pentagon angesiedelten National Military Command Center (NMCC) zu unterrichten und um ein militärisches Eskort-Flugzeug für die entführte Maschine zu bitten hatte (Rep., S. 18). Daraufhin musste das NMCC den Verteidigungsminister um entsprechende Bestätigung zur Bereitstellung eines Eskortflugzeugs ersuchen. Im Falle einer Bestätigung würden die entsprechenden Befehle dann die Kommandokette des NORAD hinablaufen. Da die amtlichen Entführungs-Protokolle dabei generell davon ausgingen, dass die entführte Maschine leicht zu identifizieren sei, nicht versuchen würde zu verschwinden, genug Zeit zur Weitergabe des Problems durch die Befehlsketten bestünde sowie die Entführung im herkömmlichen Sinne verlaufen würde (etwa mit anschließender Lösegelderpressung o.Ä.), seien sie – nach Urteil des 9/11-Berichts – für den Coup am 11. September 2001 in jeder Hinsicht von vornherein untauglich gewesen.

Wie aber verliefen Entdeckung und Abwehr der vier Todesmaschinen nun im Einzelnen? Um 8.14 Uhr, also eine halbe Stunde vor dem ersten Crash ins World Trade Center, wurde von Fluglotse Peter Zalewski die erste Auffälligkeit insofern bemerkt, als der American-Airlines-Flug 11 (Atta) auf eine von ihm mehrfach übermittelte Steigflug-Anweisung der Bodenkontrolle nicht reagierte (Rep., S. 19 i.V.m. Fußnote 106). Nach etwa fünfminütigem vergeblichem Bemühen des zuständigen Fluglotsen wurde von den Entführern das Transpondersignal ausgeschaltet. Der Lotse informierte daraufhin vorschriftsmäßig seinen »Supervisor«, worauf dieser – offenbar noch nicht an einen Entführungsfall denkend – ihn anwies, das »*Standardverfahren zum Umgang mit einem empfangslosen Flugzeug*« zu befolgen. Was aus heutiger Sicht vielleicht wie typischer Behördendilletantismus erscheinen mag, war aus damaliger Sicht jedoch ein durchaus nachvollziehbarer Ablauf: Es gab zum genannten Zeitpunkt keinerlei Auffälligkeiten im allgemeinen Flugverkehr, keine konkrete Terror- oder Entführungswarnung an die Controller und auch sonst keine Hinweise, dass die Non-Reaktion der AA-11-Boeing automatisch gleich ihre Entführung bedeuten musste.

Erst um 8.24 Uhr, als die AA 11 sich doch meldete (vermutlich ungewollt wie bereits weiter oben erwähnt) und zwar mit dem Satz »*Keiner bewegt sich (...) Wenn sie irgendwelche Bewegungen machen, gefährden Sie sich und das Flugzeug ...*«, ging Controller Zalewski definitiv von einer Entführung aus und alarmierte seinen Vorgesetzten (Rep., S. 19). Innerhalb der nächsten fünf Minuten etwa lief die Meldung dann die Befehlskette von der Bodenkontrollstation in Boston zur Führungsebene der FAA hinauf. Als man schließlich gegen 8.34 Uhr das Militär informieren wollte, landete man leider auf der »falschen Baustelle« – nämlich bei einer Einheit, die bereits aufgelöst worden war (Rep., S. 20) ... Wertvolle Minuten verrannen, bis man endlich um 8.37 Uhr und 52 Sekunden – also ca. acht Minuten vor dem Einschlag der AA 11 in den WTC-Nordturm – den Northeast Air Defense Sector (NEADS) über den Entführungsfall informierte, worauf das Militär zwei F-15 Kampfjets von der 153 Meilen entfernten (!) Otis Air Force Base in Massachusetts auf den Plan rief. »*Die Luftverteidigung von Amerika begann mit diesem Anruf*«, konstatiert der Report halb entsetzt, halb stolz. Warum jedoch Jets einer 200 km entfernten Militärbasis alarmiert wurden anstatt einer näheren, fragen wir uns und bitten u.a. um Vorlage der Aussage von William Scott zur Distanzproblematik (Rep., Fußnote 117). Aber auch das Interview von NEADS-Gefechtskommandant Colonel Robert Marr, der erst Generalmajor Larry Arnold anrief, um eine Start-Erlaubnis für die Kampfjets einzuholen, interessiert uns, denn immerhin wies Arnold ihn an, die Jets einfach loszuschicken. Sein anschließender Satz »*Die Genehmigungen holen wir uns hinterher ...*« (Rep., S. 20) zeigt, dass es auch im amerikanischen Militärapparat bei einem Notfall durchaus möglich war, mutig und entschlossen zu handeln, ohne sich sklavisch an hemmende und schwerfällige Befehlsketten klammern zu müssen ...

Dennoch: Neun Minuten Zeit, Kampfjets in Bereitschaft setzen, starten, 200 km nach New York City fliegen und dort evtl. Flugzeuge abschießen zu lassen, war entschieden zu wenig, um erfolgreich zu sein. Unabhängig davon wussten die Kommandanten offenbar gar nicht, wo genau sie ihre Piloten eigentlich hinschicken sollten, da man auf Grund der abgeschalteten Transponder der AA 11-Boeing erst minutenlang nach deren Primär-Radarsignal Ausschau halten musste (Rep., S.20). Das Militär konnte also auf Grund der schnellen Abläufe und der behördeninternen Verzögerungen den Einschlag der ersten Maschine gar nicht verhindern und ist damit erstmal »fein raus«, wie es scheint, denn – so der Report auf

Seite 21: »*Diese neun Minuten vor dem Einschlag waren die längste Zeit, die das Militär in jedem einzelnen der vier Entführungsfälle je erhalten sollte ...*«

Im Falle der zweiten Todesmaschine, des United Airlines Flug 175, war die Behörden und Militär zur Verfügung stehende Reaktionszeit sogar noch kürzer. Erst um 08.55 Uhr, also ganze acht Minuten vor dem Einschlag dieses Flugzeugs in den WTC-Südturm, bemerkte die FAA überhaupt (durch den wenige Minuten vorher erfolgten Wechsel des Transponder-Codes dieser Maschine sowie deren Schwenk in Richtung NY-City) die Entführung – in jedem Fall zu spät, um noch irgendwelche wirksamen Abwehrmaßnahmen militärischer Art befehlen und vor allem erfolgreich durchführen zu können ... (Rep., S. 21,22). Da kann es im Prinzip auch dahingestellt bleiben, dass der von der zuständigen Fluglotsin entsprechend alarmierte FAA-Manager der New York-Bodenkontrolle mit seiner Entführungsmeldung zunächst bei seinen Vorgesetzten abblitzte, »*(...) weil sie wegen eines (anderen) Entführungsfalls (vermutlich der ersten Todesmaschine) nicht gestört werden wollten ...*« Merkwürdig und noch ermittlungsbedürftig bleibt allerdings der Umstand, dass einem kurz nach dem Einschlag der zweiten Maschine von der Boston-Bodenkontrolle an den Herndon Command Center gerichteten Ersuchen, die lokale Cockpit-Sicherheitswarnung auch national an alle Verkehrsflugzeuge herauszugeben, aus unerklärlichen Gründen offenbar nicht nachgekommen wurde (Rep., S. 23). Alles in allem muss jedoch davon ausgegangen werden, dass zumindest für Flug Nr. 1 und 2, also die World-Trade-Center-Attacken, de facto keine reale, rechtzeitige Abwehrchance bestanden hatte.

Wie aber sieht es mit Nr. 3 (Pentagon) und 4 (Shanksville) aus? Zum Zeitpunkt der Entführungen dieser Maschinen hatte man bereits nicht nur Kenntnis von den beiden ersten (zwischenzeitlich gelungenen) Suizid-Kommandos, sondern – über einen Nachrichtenaustausch zwischen Fluglotsen – auch Kenntnis von dem aufschlussreichen Satz eines Entführers der ersten Maschine: »*We have some planes – wir haben einige Flugzeuge ...*« Es hätte also spätestens zu diesem Zeitpunkt mit weiteren Entführungen gerechnet werden müssen/können. Gleichwohl will NORAD von weiteren Entführungen nichts erfahren haben (Rep., S. 24) ...

Kurz nach 9.00 Uhr soll der für die »Nr. 3«, also die American Airlines Maschine 77, zuständige Fluglotse der Indianapolis-Kontrollstation die wenige Minuten vorher aufgetretenen Unregelmäßigkeiten dieses Flugs (unerlaubte Wendung und Transponderabschaltung) gemeldet haben. Daraufhin habe der Indianapolis-Center die Air Force um Suche und Bergung der Boeing gebeten, da man zu diesem Zeitpunkt – wegen des gleichfalls erloschenen Primärradarsignals (s. Kapitel 7) – irrtümlicherweise davon ausgegangen war, dass diese Maschine bereits abgestürzt war.

Erst um 9.32 Uhr, also knappe sechs Minuten vor ihrem eigentlichen Crash ins Pentagon, tauchte wieder ein Primärsignal auf, von dem man ausgehen konnte, dass es sich hierbei um die »verschollene« AA 77 handeln dürfte. Darauf verständigte man um 9.34 Uhr endlich das Militär – chancenlos zu spät, da selbst die vom vorhergehenden Entführungsfall schon in die Luft geschickten Kampfflieger von Langley ebenfalls noch satte 200 km entfernt waren ... (Rep., S. 27).

Und die Nr. 4? Um 9.27 Uhr, also immerhin noch eine gute halbe Stunde vor dem Absturz dieser Maschine in das Feld bei Shanksville, hörten sowohl der zuständige Fluglotse in Cleveland als auch Piloten »benachbarter« Flugzeuge über Funk seltsame, irgendwie nach Geschrei und Kampf klingende Geräusche aus dem Cockpit des United Airlines Flug 93 (Rep., S. 8). Um 9.34 Uhr wurde das FAA-Hauptquartier über die Entführung Nr. 4 informiert. Und jetzt die Überraschung: Keiner der Herren Manager sah sich offenbar genötigt, das Militär einzuschalten und ein Eskortflugzeug zu erbitten (Rep., S. 29/30) – und das, obwohl man zu diesem Zeitpunkt bereits von den beiden gelungenen WTC-Attacken sowie der Entführung einer dritten Maschine (und später ihres Crashs ins Pentagon) Kenntnis hatte! Dies kann nun nicht mehr einfach und pauschal mit Überforderung, Überraschungseffekt sowie Befehlsketten- und Bürokratiewirrwarr abgetan werden – dies ist schon ausgesprochen seltsam. Gefördert wird dieser Eindruck auch noch durch die Leugnung Monte Belgers, gegen 9.50 Uhr mit dem stellvertretenden Direktor des FAA-Hauptquartiers Peter Challan eine *»Diskussion über das Einsetzen von Kampfjets«* geführt zu haben, was aber durch Tonbandmitschnitte indirekt bestätigt werden konnte (Rep., S. 29 i.V.m. Fußnote 167). Eine etwas eindringlichere Hinterfragung und charakterliche Proflilierung der beiden offenbar doch miteinander diskutierenden, jedoch nicht handelnden FAA-Führungspersonen erscheint uns daher ebenfalls angezeigt. Auch würde uns interessieren, weshalb NORAD-Offizielle in ihrer Befragung im Jahr 2003 der Kommission immerhin drei Mal nachweislich falsche Antworten lieferten, was den Zeitpunkt der Kenntniserlangung von den entführten Maschinen sowie die militärische Reaktion hierauf anbelangt (Genaueres hierzu auf Seite 34 des Reports) ... Dennoch: Zusammenfassend und durchaus nachvollziehbar hält der 9/11-Report auf Seite 31 fest, dass das Militär bis zum Einschlag der Maschinen *»(...) neun Minuten lang Kenntnis vom ersten entführten Flugzeug, keinerlei Kenntnis vom zweiten, keinerlei Kenntnis vom dritten und keinerlei Kenntnis vom vierten Flugzeug hatte«*. Dass dies zur vollständigen Entlastung des US-Militärs ausreichen könnte, mag plausibel erscheinen. Ob die Ermittlungsergebnisse aber auch schon eine Entlastung der amerikanischen Flugaufsichtsbehörde FAA bedeuten, scheint fraglich.

Was aber spielte sich nun während des Jahrhundert-Coups auf den Ebenen der höchsten militärischen und politischen Entscheidungsträger der USA ab? Was man hier als CNN-Zuschauer an Interviews live über sich ergehen lassen musste, schwankte von nachvollziehbar über peinlich bis unvorstellbar. So zeigten sich beispielsweise US-Verteidigungsminister Donald Rumsfeld und General Myers definitiv nicht in der Lage oder willens, die Frage eines Commissioners klar und eindeutig zu beantworten, ob nun ein Befehl zum Abschuss der dritten Maschine (Pentagon) erteilt worden war oder nicht – unabhängig davon, dass der Befehl wohl ohnehin nicht mehr rechtzeitig ausgeführt werden hätte können, wie oben bereits dargestellt. Man erlebte vor laufender Kamera einen ziemlich hilflos wirkenden »Don Rummy«, der – von bohrenden Fragen eines Commissioners in die Ecke gedrängt – seinen Kompagnon Myers anstupste mit den Worten »Would you go in, Dick?« ... Nun, good old Dick ging zwar »in« und versuchte krampfhaft, seinen Chef mit allerlei altbekannten Allgemeinpositionen zu retten, doch nach seinem fast inhaltsleeren Monolog war der Zuschauer im Prinzip genauso schlau wie vorher. Als der Commissioner sich damit nicht zufrieden geben wollte, »einigten« sich Rumsfeld und Myers dann doch darauf, dass ein Abschussbefehl an die Piloten der Abfangjäger »*wohl ergangen sein müsste*«, aber, so Rumsfeld mit zugekniffenen Augen und angespannten Mundwinkeln, »*we didn't know, what they thought ...« – wir wussten nicht, was sich ›die Piloten‹ dachten ...*«. Fragt sich, wozu es dann beim Militär überhaupt so ein Ding wie Befehl und Gehorsam gibt, oder? Der Fairness halber muss ich jedoch einräumen, dass auch Ex-Terrorismus-Berater Richard Clarke in seinem Buch Ähnliches zu diesem Thema beisteuerte: »*Es war eine Sache, den Kampfpiloten die Erlaubnis zu geben, ein entführtes Flugzeug abzuschießen, das für die Menschen in den Städten eine tödliche Bedrohung war. Aber für diese Piloten brauchten wir noch genauere Anweisungen.*« Und schließlich, so Clarke selbst bei seiner eigenen Anhörung, sei für einige Zeit (wenn nicht gänzlich) ungeklärt geblieben, ob man mit »abfangen« lediglich »erode« (wörtlich »wegfressen«) oder wirklich »eliminate« (»zerstören«) meinte – eine sophistisch-semantische Spitzfindigkeit, derer sich auch schon Vize-Präsident Cheney bei ersten Befragungen nach dem 11. September bediente, um sich entweder verantwortungsmäßig aus der Affäre zu ziehen und/oder Unsicherheiten bei der Landesverteidigung zu kaschieren (»take out« oder »engage«? Rep., S. 41). Diese Aussagen passen jedoch genau ins Bild zu den weiteren Ermittlungen der Kommission in dieser Sache: Laut Report, Seite 43 hätte das Personal von NEADS in den mit der Kommission geführten Interviews einige »*Verwirrung bezüglich Art und Auswirkung dieses Abschussbefehls zum Ausdruck gebracht*«. So hätten die dortigen Militärkommandanten **den Abschussbefehl der Regierung nicht an die Piloten weitergegeben, weil »*sie sich seiner Verzweigungen nicht bewusst waren*«.** Die damals verantwortlichen Mission Commander Mr. Robert Marr (siehe oben) und Kevin Nasypany sowie der Senior Weapons Director Mr. James Fox (Rep., Fußnote 231) seien sich nämlich »*(...) unsicher gewesen, wie die Piloten mit diesem Befehl umgegangen wären bzw. umgehen hätten sollen (...). Während die Führer in Washington glaubten, dass die Jäger über ihnen angewiesen worden seien, feindliche Flugzeuge auszuschalten, war die einzige tatsächlich übermittelte Anweisung an sie lediglich, Typ und Heck zu identifizieren ...*« Warum nur das? Damit später ja die Beweise vorgelegt werden könnten, dass es sich bei den Flugkörpern auch wirklich um die entführten Maschinen handelte, oder wie? Das ist in etwa so, wie wenn zur Zeit des Kalten Krieges eine sowjetische Rakete auf New York City zugeflogen wäre, um gleich Tausende Menschenleben zu vernichten, und sich die US-Abfangjäger – ohne sie abzuschießen – nur vergewissert hätten, ob die Rakete auch wirklich CCCP-Hoheitszeichen trüge, um einen späteren Gegenschlag Richtung UdSSR zu rechtfertigen und weil ja ein Abschuss ein paar Hundert unschuldiger Menschen das Leben kosten könnte. Der etwas zynisch wirkende Vergleich sei hier erlaubt, da ja immerhin die amerikanische Regierung selbst zur Begründung ihres 9/11-Versagens ständig die »Cold War-Phase« von vorgestern bemüht. Zur Erhellung dieser Problematik und insbesondere um die Frage eines etwaigen »Unterlassungskomplotts« ernsthaft zu prüfen (– aber ohne deswegen gleich einen Verdacht aussprechen zu wollen –), wäre meines Erachtens schon noch eine etwas genauere, umfassendere und schonungslosere »Profilierung« insbesondere der Herren Marr, Nasypany und Fox vorzunehmen ...

Doch die Merkwürdigkeiten und Ungereimtheiten in der militärischen Befehlskette reichen bis zur höchsten Stelle. Es fängt mit der bis heute nahezu unerklärlichen Nicht-Reaktion des US-Präsidenten selbst an, als ihm während eines Schulbesuchs in Sarasota die Nachricht vom Einschlag der zweiten Maschine in den WTC-Südturm von Andrew Card ins Ohr geflüstert wurde mit dem geschichtsträchtigen Satz: »*America is under attack*« (Rep., S. 38). Bushs Mimik verriet weder Schock, Entsetzen, Überraschung noch irgendeinen Ansatz von Handlung (z.B. in Form des Erteilens von Befehlen zur Landesverteidigung – wie es von einem Präsidenten angesichts eines derartigen Angriffs eigentlich zu erwarten gewesen wäre). Stattdessen blieb der Mann nahezu regungslos auf seinem Stuhl sitzen und lauschte weiter den netten Vorträgen der lieben Kinder. Ist das in irgendeiner Weise nachvollziehbar? Zur Erklärung dieser peinlichen sieben Minuten präsidentalen Totalausfalls sagte Bush in einem Interview, das unter anderem in Michael Moores »Fahrenheit 9/11« ausgestrahlt wurde: *»Ich wollte die Kinder (im Klassenzimmer) nicht beunruhigen. Mein Instinkt riet mir, ruhig zu bleiben und Stärke zu zeigen, damit das Land keine aufgeregte Reaktion angesichts dieser Krise ansehen musste ...«*. Klingt ziemlich hanebüchen, wenn Sie mich fragen, und nicht von ungefähr hat sich ja auch Osama bin Laden höchstpersönlich in seiner letzten Videobotschaft vom Oktober 2004 über dieses absurde Verhalten des US-Präsidenten lustig gemacht. Denn man kann ja wohl angemessen reagieren, ohne deswegen gleich Aufregung und Panik zu verbreiten. In jedem Falle aber wäre die Veranstaltung in der Schule sofort abzubrechen gewesen – allein schon wegen der potenziellen Gefahr, in der sich der Präsident selbst dort befinden hätte können! Weiter unbekümmert Geschichten von kleinen Kindern zu lauschen, während das eigene Land mitten ins Herz getroffen wird und ein Selbstmordkommando das nächste jagt, ist auf jeden Fall die denkbar ungeeignetste und unplausibelste Reaktion eines Staatsoberhauptes, die man sich nur vorstellen kann. Da gibt es im Prinzip nur vier Fallvarianten:

1. Der Mann stand unter Schock und war innerlich ohnmächtig zu handeln.
2. Der Mann konnte die Nachricht einfach nicht glauben oder begriff geistig nicht, was geschehen war.
3. Der Mann begriff zwar, wusste aber auf Grund persönlicher Unfähigkeit nicht adäquat zu reagieren.
4. Er handelte aus anderen Motiven bewusst nicht.

Das Dumme ist nur, dass man sich bei einem Burschen wie George W. Bush wirklich sämtliche der o.g. Varianten (bis auf die Nr. 2 vielleicht) vorstellen könnte – von der totalen Unfähigkeit bis hin zum kaltblütigen Abwarten ... Was das kalte Abwarten betrifft, so könnte dem freilich im Wege stehen, dass der Schulbesuch in Sarasota ja von einer Kamera aufgenommen wurde, welche die Mimik des Präsidenten in jedem Fall genau festhalten würde. Der Präsident hätte also sicherlich das passende Gesicht geschnitten, wenn er von den Anschlägen schon vorher gewusst hätte und ... auch tatsächlich wusste, dass er gefilmt würde. Daher wäre es schon ein nicht unwesentliches Indiz zu erfahren, ob Bush wirklich wusste, dass er im Augenblick des Erhalts der Nachricht gefilmt wurde. Es ist allerdings davon auszugehen, dass er es wusste, denn angeblich habe Pressesprecher Ari Fleischer dem Präsidenten vom Ende des Klassenzimmers aus ein Schild mit dem Text »*Don't say anything yet – Sagen Sie bitte noch nichts!*« hochgehalten – aus welchen Gründen auch immer (eine ebenfalls interessante Frage im Übrigen). Und wenn der Präsident dieses Schild gesehen hat, musste er spätestens jetzt auch die ebenfalls hinten angebrachte Kamera gesehen haben. Zur genauen Klärung dieser scheinbar unwichtigen, aber dennoch irgendwie ominösen Klassenzimmer-Begebenheit sollte man den guten Mr. Fleischer vielleicht auch nochmal etwas in die Mangel nehmen. Wenn die Sache mit dem Schild aber so gewesen ist, weshalb hat der Präsident dies in seinem Interview dann nicht einfach zugegeben? Diese Variante wäre für ihn auf jeden Fall die weniger peinliche gewesen …

Doch dem nicht genug: Laut Report, S. 43 gibt es nach wie vor auch keinen Nachweis dafür, dass der Präsident, wie er selbst behauptete, persönlich einen Abschussbefehl hinsichtlich der dritten und/oder vierten Maschine erteilt hätte. In dem einzigen mit Verteidigungsminister Rumsfeld während der Anschläge geführten Telefonat des Präsidenten kurz nach 10.00 Uhr Ortszeit (wo im Übrigen drei der vier Maschinen bereits abgestürzt waren) war das *»Thema einer Abschussgenehmigung nicht erörtert worden«*. Auch im Konferenzraum des Bunkers unter dem Weißen Haus, in welchem Vizepräsident Cheney mit einigen anderen während der laufenden Attacken sicherheitshalber untergebracht worden war, konnte sich keiner der damals Anwesenden (inkl. Mrs. Cheney) an ein Telefongespräch zwischen Präsident und Vizepräsident erinnern (Rep., S. 41). Lediglich der Vizepräsident selbst habe immerhin ganze drei Mal (!) in den Abschuss der sich Washington nähernden Maschine eingewilligt (welcher aber – wie bereits dargestellt – vom Militär niemals ausgeführt worden war). In einem später um 10.39 Uhr mit Rumsfeld geführten Telefonat ging Cheney scheinbar auch immer noch irrtümlicherweise davon aus, dass sein mehrfach erteilter Abschussbefehl mittlerweile umgesetzt worden sei und bereits zwei Maschinen abgeschossen seien: *»(…) And it's my understanding they've already taken a couple of aircraft out«* (Rep., S. 43) – eine Behauptung, die Rumsfeld zu diesem Zeitpunkt zutreffenderweise nicht bestätigen konnte und die uns fragen lässt, woher und warum Cheney überhaupt diese (Falsch-)Information hatte. War es eine simple Verwechslung mit den beiden Maschinen, die bereits ins WTC gekracht waren, eine schlichte Nachrichtenpanne oder wollte etwa jemand den Vizepräsidenten absichtlich in Sicherheit wiegen, damit der Coup noch wie geplant weiterlaufen konnte? Seltsamerweise waren zudem die F-16-Kampfjets niemals informiert worden, um was es bei ihrem Einsatz überhaupt ging (Rep., S. 45)! Der führende Pilot dachte sogar, dass es sich um eine *»russische Bedrohung«* bzw. *»eine Marschflugkörper-Bedrohung von der See aus«* handelte. Die Piloten hätten zwar gewusst, dass sie Flugkörper abzulenken hatten, aber nicht, dass es sich dabei um entführte

Passagiermaschinen handelte. Und last but not least wurden die Piloten noch um 10.10 Uhr – zu diesem Zeitpunkt waren bereits alle Maschinen abgestürzt bzw. hatten ihre Ziele schon getroffen – ***»emphatisch auf negative Bereitschaft zum Abschuss« hingewiesen*** (Rep., S. 45). Erst um 10.31 Uhr, also fast eine halbe Stunde nach dem Absturz der letzten Maschine und eine gute Viertelstunde nach der Genehmigung durch Vizepräsident Cheney, wurde der Abschussbefehl dann an das Militär übermittelt. Blöd gelaufen, könnte man sagen ... oder wollte da vielleicht jemand ganz sichergehen, dass das Militär gar nicht mehr rechtzeitig eingreifen konnte?

Wie auch immer es sei, die Anweisungen zum Abschuss der Maschine waren jedenfalls entweder peinlich ungenau oder kamen viel zu spät. Überhaupt schienen in diesen schwierigsten Minuten, welche die USA seit Pearl Harbour auf eigenem Territorium jemals erlebten, die meisten Anweisungen und Entscheidungen eher improvisatorisch vom Terrorismus-Berater Richard Clarke im Weißen Haus getroffen worden zu sein als von den eigentlich zuständigen Verantwortlichen, wie z.B. Präsident Bush, Vizepräsident Cheney, Verteidigungsminister Rumsfeld, Vize-Verteidigungsminister Paul Wolfowitz oder des lange Zeit unpässlichen General Myers. Auch bleibt nach wie vor unklar, was insbesondere Rumsfeld, der ja nun wirklich die ganze Zeit über am Ort des Geschehens weilte (nämlich an seinem Amtssitz im Pentagon), eigentlich geschlagene 40 Minuten lang tat, nachdem er von den Einschlägen im World Trade Center informiert worden war ... Klar, man besprach sich in irgendwelchen Räumen über das weitere Vorgehen und errichtete Video-Live-Konferenzen zum Bunker des Weißen Hauses, wo Terrorismus-Experte Clarke und Sicherheitsberaterin Condoleeza Rice Anweisungen zum Schutz der Bevölkerung und der Regierung ausknobelten. Klar, war man auf diese neuartige Gefahrenlage nach dem Zusammenbruch der »alten Weltordnung« mit einer eintrainierten, rein nuklearen Bedrohung durch die UdSSR nicht genügend vorbereitet, geschweige denn geübt. Aber kann dies alles wirklich überzeugend erklären, dass über eine halbe Stunde nach dem zweiten WTC-Crash (wo man nun definitiv von einem Terrorangriff ausging) kein einziger Abfangjäger der Supermacht-Armee überhaupt mal in die Luft stieg, um zumindest das Regierungsviertel von Washington – angeblich der best bewachte Luftraum der Welt – obligatorisch zu sichern, zumal die nächste Airbase (Andrews) sogar nur wenige Kilometer vom Pentagon entfernt liegt? Und was hat es auf sich mit der (später jedoch wieder zurückgenommenen) Erklärung von Pressesprecher Ari Fleischer, dass am Tage der Anschläge angeblich ein Erpressungsversuch gegen die US-Regierung eingegangen sei? Weshalb war die zur Koordination und Genehmigung entsprechender Gegenmaßnahmen so wichtige telefonische Verbindung zwischen dem Verteidigungsministerium und dem Bunker unter dem Weißen Haus für lange Zeit getrennt (Rep., S. 40)? Warum waren laut Report, S. 36, auf keiner einzigen der von Rice und Clarke eingerichteten Telekonferenzen die *»richtigen Offiziellen«* der Flugaufsichtsbehörde sowie des Verteidigungsministeriums mitvertreten und warum versagten bei diesen Live-Schaltungen zwischen Weißem Haus und Pentagon sämtliche Versuche, *»eine bedeutsame Koordination von Militär und FAA hinzukriegen«*? Wie kann es sein, dass Vermittler »fieberhaft« versuchten, die FAA zu den (später laufenden) Konferenzen zwischen Präsident, Vizepräsident, Verteidigungsminister usw. hinzuzuschalten, aber auf Grund von *»Ausrüstungsproblemen«* und Schwierigkeiten, *»sichere Telefonnummern zu finden«*, scheiterten (Rep., S. 37)? Wieso hat der erst um 10.17 Uhr – also anderthalb Stunden nach dem ersten und eine Viertelstunde nach dem letzten Treffer – hinzukommende Stellvertreter der FAA *»(...) keine Ahnung oder Verantwortlichkeit für Entführungen, keinen Zugang zu Entscheidungsträgern und keinerlei, höheren FAA-Offiziellen zur Verfügung stehende Informationen«* (Rep., S. 37)? Und warum machten bis zu diesem Zeitpunkt auch NORADs Oberkommandierende offenbar keinerlei Anstalten, mit *»ihren Gegenspielern vom FAA-Hauptquartier (...) eine gemeinsame Antwort (auf die Angriffe) zu koordinieren«*, während niederrangigere Offizielle durchaus zu improvisieren versuchten? Warum ist es ein Offizier aus dem Pentagon, der um 9.39 Uhr NORAD darauf hinweisen muss, dass *»ein Luftangriff auf Nordamerika möglicherweise im Gange ist«*, wo genau diese Meldung eigentlich die ureigene Aufgabe des NORAD selbst ist? Und warum wurde die kurz nach den beiden ersten Attacken von der FAA an einen Geheimdienst-Agenten weitergegebene Information, dass da noch mehr, möglicherweise ebenfalls entführte Flugzeuge unterwegs seien, nicht an das Geheimdienst-Operations-Center weitergeleitet bzw. dort nicht entsprechend verarbeitet/verbreitet (Rep., S. 39 i.V.m. Fußnote 208)?

All diese Fragen wurden von der 9/11-Kommission nicht abschließend geklärt (und konnten es vielleicht auch nicht). Stattdessen konzentrierte man sich mehr darauf, inwieweit die US-Regierung von bevorstehenden Attentaten in Kenntnis gesetzt worden war und was die Regierung tat bzw. hätte tun können/sollen/müssen, um diese zu verhindern. Eine etwaige Nicht-Täterschaft Osama bin Ladens bzw. ein etwaiger Komplott aus eigenen oder anderen Reihen stand dabei gar nicht zur Debatte. Da verwunderte es direkt noch, dass einer der Senatoren Richard Clarke immerhin mit der heiklen Frage konfrontierte, weshalb nur wenige Stunden nach Aufhebung des allgemeinen Flugverbots ausgerechnet 142 Saudis (darunter angeblich Mitglieder der bin-Laden-Familie, wie Michael Moore in seinem Anti-Bush-Streifen »Fahrenheit 9/11« behauptet, Osamas Schwägerin Carmen aber dementiert und der Report auf Seite 329 erst gar nicht diskutiert) in einer Privatmaschine ausgeflogen werden durften. Bushs ehemaliger Terrorismus-Berater bestätigte daraufhin zwar diese schon seit langer Zeit durch viele »Verschwörungsbücher« geisternde Behauptung tatsächlich als Faktum, blieb aber die Antwort nach dem Bittsteller dieses Anliegens bemerkenswerterweise schuldig (!). »Man hat mich gefragt, ob diese Menschen ausgeflogen werden dürfen, weil sie nach dem 11. September Angst vor Racheakten hatten, auch wenn sie mit Osama und den Anschlägen nichts zu tun haben wollten«, bekannte Clarke ohne weiteres vor laufender Kamera. »Ich habe daraufhin diese Leute vom FBI überprüfen lassen, und die Jungs dort bestätigten mir, dass sie allesamt des Terrorismus unverdächtig waren. Und so habe ich die Genehmigung zum Ausfliegen dieser Personen erteilt.«

»Okay, Sir«, erwiderte Senator Roemer, »aber könnten Sie uns bitte den Namen der Person nennen, welche den Wunsch des Ausfliegens dieser Familienmitglieder an Sie herangetragen hat?«

»Sorry, Commissioner, I can't remember – ich kann mich nicht erinnern ...«, lautete die unfassbare Antwort, mit der sich Kommission, Opferangehörige und der Rest der Welt zufrieden geben müssen. Bei allem Respekt für Richard Clarke, seine öffentliche Entschuldigung für das Versagen der US-Regierung am 11. September sowie seine diesbezüglichen Enthüllungen in seinem Werk »Against all Enemies«, aber dies riecht nach Protektion wie ein Plumpsklo nach ...

Aber auch bei den auf die Vorgeschichte des 11. September, insbesondere die Informationsbeschaffung, -weitergabe und -auswertung hinsichtlich al-Quaida abzielenden Befragungen präsentierte sich die US-Regierung mitsamt ihrer diversen Nachrichtendienste ziemlich mau. »Important but not urgent« – ***»Wichtig, aber nicht dringlich«***, habe laut Clarke die Bush-Regierung die Bedrohung durch islamischen Terrorismus generell eingestuft – eine Behauptung, der Präsident Bush, Sicherheitsberaterin Condoleeza Rice, Innenminister Ashcroft und Verteidigungsminister Rumsfeld pflichtgemäß heftig widersprachen. Besonders Rumsfeld und Ashcroft ergingen sich dabei in ausweichende, fast schon »mitleidrührende«, aber dennoch holprig wirkende Entschuldigungen sowie in üblichen Allgemein-Statements über »neu entstandende Bedrohungslagen« der westlichen Welt usw. Diese Bedrohungslagen waren jedoch bereits der Vorgänger-Regierung unter Clinton reichlich bekannt und von dieser zum Amtswechsel

2000/2001 denn auch pflichtgemäß an Bush & Co. weitergereicht worden – wie die »alten Hasen« Clarke und Tenet auch unumwunden zugaben. Angeblich standen Ex-CIA-Chef George Tenet auf Grund wiederholter, die letzten Monate vor den Anschlägen »*crescendoartig*« anwachsender Informationen und Warnungen über »*einen Selbstmordanschlag*«, »*spektakuläre, zeitnahe Terroranschläge*« und einen »*ernsten Schlag*« auf US-Einrichtungen (ausführlich und detailliert wiedergegeben auf den Seiten 254 bis 277 des Reports) schon seit langem seine »*hairs on fire*«, doch seine Warnungen seien von niemandem gehört worden. Dem steht jedoch gegenüber, dass Tenet laut Report, Seite 273 + 275 sogar noch am 23. August 01, also fast drei Wochen vor den Anschlägen, ausdrücklich darüber informiert worden sei, dass der als »islamischer Extremist« bekannte al-Quaida-Mann Moussaoui mit mäßig fliegerischen Vorkenntnissen immerhin gleich auf einer Boeing 747 das Fliegen lernen wollte (als »*ego-boosting-thing*«), seine hohen Ausbildungskosten gleich bar bezahlte und es ihm interessant erschien, dass die Bordtüren während des Flugs nicht aufgingen, Tenet jedoch »*eine Verbindung zu al-Quaida zu diesem Zeitpunkt nicht offensichtlich erschien*«. Da er die Angelegenheit als »FBI-Fall« bewertete, sah er auch keine Veranlassung, »*sie mit irgendjemandem im Weißen Haus oder FBI zu diskutieren*« ... Außerdem seien die vorliegenden Infos zu vage gewesen, um Art, Zeit und Ort eines bevorstehenden Anschlags konkret benennen zu können. Und schließlich sei man eine gigantische Behörde mit verkrusteten bürokratischen Strukturen, einem veralteten Computersystem aus den 80er-Jahren und mangelhaften Vernetzungen zu den Dateien des FBI sowie anderer US-Geheimdienste. »*We simply didn't know what we knew*«, konstatierte da der Sohn griechischer Einwanderer mit reumütiger Bulldoggenmimik – **»Wir wussten einfach nicht, was wir wussten.«** Der 11. September demnach ein reiner Behörden-GAU?

Ein anderes Problem seien die rechtlichen Hürden und Schranken gewesen, die insbesondere während der Clinton-Administration FBI- und CIA-Ermittlern »*Handschellen*« angelegt hätten – eine These, die auch ganz wesentlich von Ex-CIA-Topagent und Nahost-Experten Robert Baer in seinem Buch »See no evil« (misslungener deutscher Titel: »Der Niedergang der CIA«) überzeugend vertreten wird. Der 11. September demnach ein Opfer der »political correctness«?

Comissioner Bob Kerrey fiel es sichtlich schwer zu glauben, dass trotz eines schon relativ eindringlichen und konkreten PDBs (Presidental Daily Brief = tägliche Präsidenteninfo) vom 6. August 01 bezüglich des »very, very, very, very big things« offenbar weder die FAA (die allerdings bereits im Mai über evtl. drohende »normale« Flugzeugentführungen informiert worden war gem. Rep., S. 256), NORAD noch andere Institutionen von den verschärften Terrorvorwarnungen zumindest unterrichtet wurden. »*Zwei FBI-Berichte und eine CIA-Warnung hat Bush an diesem Tag bekommen*«, sagte Bushs parteiinterner Widersacher John McCain. Doch Bush sei an diesem Tag »*wie gewohnt zu Bett gegangen, er hat weiter Urlaub gemacht, sich entspannt, hat Fernsehen geschaut und Golf gespielt ...*« Und das obwohl man laut übereinstimmender Aussagen verschiedener Verantwortlicher zu diesem Zeitpunkt bereits wusste, dass

1. al-Quaida einen sehr großen und spektakulären »homeland attack« vorbereitete,
2. dieser möglicherweise mit Flugzeugentführungen zu tun haben könnte sowie
3. al-Quaida-Leute bereits im Lande waren und Flugschulen besuchten.

Nicht die einzelnen dieser Sachverhalte hätten ausreichend Anlass zur Vorbereitung präventiver Gegenmaßnahmen gegeben, eventuell aber die Summe derselben in Gesamtbetrachtung. Denn wenn man – ohne jetzt im Nachhinein besonders »klugscheißerisch« sein zu wollen – seine kleinen grauen Zellen nur etwas angestrengt hätte, hätte man den Kreis der meistgefährdeten Objekte schon etwas eingrenzen können. So ging es laut dieser Informationen eben nicht mehr um einen Anschlag »irgendwo auf der Welt«, sondern gezielt auf amerikanischem Boden (»*bin Ladin determined to strike in US – bin Laden entschlossen, in den USA zuzuschlagen*«) und hierbei auch nicht um irgendeine Art von Anschlag, sondern um einen »sehr, sehr, sehr, sehr großen«, der sich »*qualitaitv von allem unterschied, was sie (al-Quaida) bis dahin getan hatten ...*« (Rep., S. 259). Wenn man nun noch die dritte und vierte Information (Flugzeugentführungen + fliegerisch ausgebildete al-Quaida-Leute in den USA) hinzuaddiert, so wird der Plan schon immer konkreter – zumindest so konkret, dass sämtliche Luftüberwachungs- und Sicherheitsbehörden, alle supermarkanten, symbolträchtigen und menschenreichen Gebäude sowie sämtliche Atomkraftwerke und andere hochexplosive bzw. -giftige Produktionsstätten wegen eines evtl. bevorstehenden »Luftangriffs« frühzeitig und explizit hätten gewarnt werden müssen – zumal das PDB ja bereits die »*Beobachtung öffentlicher Gebäude in New York*« ausdrücklich miterwähnt hatte. In seiner zusammen mit Dick Cheney unter Ausschluss der Öffentlichkeit durchgeführten »Privat-Befragung« durch die 9/11-Commission wies Bush aber wie gehabt jede Kritik zurück: »*Ich bin überzeugt, dass ich nie Geheimdienstberichte gesehen habe, die auf einen bevorstehenden Anschlag auf Amerika hingewiesen haben (...) Hätte ich gewusst, dass derartige Anschläge drohen, dann hätten wir gehandelt.*« Und tatsächlich habe der Präsident laut Report, Seite 260, im Frühling und Sommer 2001 bei mehreren Gelegenheiten seine Berater gefragt, ob sich die aktuellen Bedrohungen auf die Vereinigten Staaten selbst beziehen – was obiges PDB zur Folge hatte. Trotz des PDB sei es jedoch zu keiner weiteren Besprechung zwischen dem Präsidenten und seinen Top-Beratern bezüglich eines drohenden al-Quaida-Angriffs in den USA gekommen (Rep., S. 262). Denn wie bereits erwähnt waren laut Richard Clarke Terrorismus, al-Quaida, Osama bin Laden und Taliban für Bush von Anbeginn seiner Amtszeit nie ein ernsthaftes Thema gewesen. Vielmehr sei Bush unter maßgeblicher Beeinflussung von Paul Wolfowitz schon immer – auch weit vor den Anschlägen – auf das Thema Irak und Saddam Hussein fixiert gewesen. Und sogar auch nach den Anschlägen sei es Bush weniger um die tatsächlichen Täter des 11. September gegangen, sondern darum, Saddam Hussein mit dem Terroranschlag in Verbindung zu bringen. Als Senator Kerrey in der 9/11-Befragung nochmals lautstark seinem Unverständnis über das Nicht-Handeln von Behörden und Regierung Luft verschaffte und anschließend Tenet durch mehrere sekundenlanges Innehalten Gelegenheit gab, sich hierzu zu äußern, blickte dieser den Comissioner nur wie ein schuldbewusster Lausbub mit Dackelaugen an und ... schwieg. Der Mann schwieg ganz einfach (und trat zwei Monate danach zurück).

Spätestens aber am 15. August 2001, als der US-Regierung laut Senator Kean definitiv bekannt wurde, dass der unter Terrorverdacht stehende, hochgefährliche al-Quaida-Mann Moussaoui in den USA Boeing-Flugstunden nahm, hätten die Alarmsirenen hochgehen müssen. Doch wieder geschah nichts. Daraufhin erklärte Terrorismus-Berater Richard Clarke am 4. September 2001 gegenüber Condoleeza Rice definitiv seine tiefe Frustration in dieser Angelegenheit und warnte selbst nochmal in aller Deutlichkeit vor einem großen Anschlag ... Sie sei jedoch »*... nicht gebeten worden, etwas zu tun*«, entgegnete da Sicherheitsberaterin Condi Rice in ihrer eigenen Befragung. Auch hatte sie zusammen mit Kollege Hadley »*nicht das Gefühl, dass es ihre Angelegenheit gewesen sei, die Heimatagenturen zu koordinieren*« (Rep., S. 263). Unabhängig hiervon sei sie lediglich am 6. August 01 über einen bevorstehenden »very, very, very big event« ohne jedwede Nennung von Einzelheiten oder Spezifitäten unterrichtet worden. Insbesondere habe sie keinerlei Warnungen erhalten, dass Flugzeuge eventuell als »Missiles« benutzt werden sollten – eine Behauptung, der FBI-Agentin Sibel Edmonds in einer früheren Stellungnahme in der Presse bereits heftig widersprochen hatte (»*Condoleeza Rice lügt*«). In diesem Zusammenhang seien auch die Recherchen von Thierry Meissan erwähnt, wonach das Szenario eines Flugzeugabsturzes auf das Pentagon bereits im Jahr 2000, also deutlich vor den Anschlägen des 11. September 2001, im Pentagon selbst ausgiebig besprochen und sogar »geübt« worden sei. Allerdings fungierte Mrs. Rice zu diesem Zeitpunkt noch nicht als Sicherheitsberaterin des Präsidenten, und als Richard Clarke sie nach der Amtsübergabe 2000/2001 über die Bedrohungslage durch al-Quaida informierte, glaubte er, »*... an ihrem Gesichtsausdruck abzulesen, dass sie den Namen noch nie gehört hatte ...*«. Die heutige US-Außenministerin Rice überging diese Einschätzung ihres Amtskollegen und beteuerte, weder von einem »al-Quaida-Ermittlungsverbot für Polizisten« noch von »Extra-Visa für arabische Flugschüler« und anderen kursierenden Mysteriositäten gewusst zu haben. Vielmehr brachte sie das ganze Debakel um die 9/11-Vorgeschichte auf den schlichten Nenner: »*Die Anti-al-Quaida-Politik funktionierte nicht, weil die Afghanistan-Politik nicht funktionierte, weil die Pakistan-Politik nicht funktionierte ...*« Warum also komplexe Zusammenhänge bemühen, wenn man doch alles so einfach formulieren kann? Es ist schon komisch: Da verfügen die USA über ein Dutzend Nachrichtendienste, ferner ihr FBI (Federal Bureau of Investigation), CSG (Counterterrorism Security Group), CTC (Counterterrorism Center) und was weiß ich noch für Einrichtungen, die sich mit Terrorabwehr herumschlagen dürfen, und alle wollen vor dem 11. September dem kollektiven Dornröschenschlaf anheim gefallen sein und sich kein einziges Mal wirksam ausgetauscht haben? Die schwächste Leistung diesbezüglich bot da wohl Innenminister Ashcroft. Er war sich »*unsicher*«, woher er die Infos über Osama bin Laden letztlich bekommen habe (am 15. Mai 01 von der CIA lt. Rep., S. 255), »*unsicher*«, ob er jemals von Agenturen »gebrieft« wurde oder nicht (aber ja, s.o.), »*nicht erinnerlich*« jenes bedeutungsvollen PDBs vom 6. August 01 (»*... war in Chicago ...*«) und leugnete seinen von Ex-FBI-Direktor Pickard bezeugten Satz »*Don't wonna hear any more about terrorism – Ich möchte nichts mehr hören von Terrorismus!*«. Überhaupt war fast jeder Satz seines Vortrags gespickt mit »don't know«- und »can't remember«-Wendungen. Das Ergebnis seiner 9/11-Befragung war damit im Prinzip gleich null (bzw. 100 Prozent aus Sicht eines Verschwörungstheoretikers ...). FBI-Chef Mueller, der erst eine Woche vor den Anschlägen Direktor dieser Behörde geworden war, fühlte zumindest »*eine ungeheure Last an Schuld, den Job nicht besser getan zu haben ...*« Doch was geschah unter seinem Vorgänger, Direktor Thomas Pickard, in den entscheidenden Monaten? »*Das FBI hat keine Informationen, die auf eine glaubhafte Bedrohung durch einen Terroranschlag in den USA hinweisen*«, lautete noch am 2. Juli 01, gute zwei Monate vor den Anschlägen, trotz mehrfacher nachgewiesener Warnungen die trügerisch beschwichtigende Mitteilung der »Anti-Terrorismus-Division« des FBI (Rep., S. 258). Obwohl gleichzeitig aber eine mehr oder weniger abstrakte Gefährdung eingeräumt wurde, sind keine Vorschläge zu bestimmten Maßnahmen präventiver

Art unterbreitet worden. Des Weiteren wurden auf einem von der Terrorismus-Spezialabteilung CSG am 5. Juli einberufenen Informationstreffen zwischen Immigrationsamt, Flugaufsichtsbehörde, Küstenwache, Geheimdienst, Zollbehörde, Nachrichtendienst CIA, FBI und Terrorismus-Berater Richard Clarke »***sämtliche Teilnehmer angewiesen, die Information über eine Bedrohung nicht zu verbreiten …***« (Rep., S. 258). Und FBI-Direktor Pickard habe zwar nach eigener Aussage in den üblichen, regelmäßig stattfindenden Konferenztelefonaten mit all seinen Agenten am 19. Juli auf die Notwendigkeit von Spezialteams im Falle von Anschlägen hingewiesen, es jedoch unterlassen, die entsprechenden Abteilungen zu beauftragen, aktuelle (Terror-)Vorhaben in den USA auszumachen bzw. irgendetwas zu unternehmen, um solche zu verhindern (Rep., S. 259). Darüber hinaus habe er noch individuelle Telefonate mit Spezialagenten geführt, was die »Spezialagenten« gegenüber der 9/11-Commission jedoch wiederum nicht bestätigten (Rep., S. 265 i.V.m. Fußnote 50). Allerdings seien der Anti-Terror-Abteilung des FBI nach Aussage ihres Chefs Dale Watson nur ganze zwei bin-Laden-Spezialisten zur Verfügung gestanden anstatt – wie gewünscht – »*500 …*«. Dennoch: Nach Aussage von Innenminister Ashcroft habe Pickard auf seine Frage, ob es Kenntnis von bevorstehenden Angriffen auf die USA gebe, mit »nein« geantwortet.

Aber es gab auch noch andere »Blockierer«, »Unterschätzer« oder »Ungläubige«, wie z.B. den stellvertretenden Verteidigungsminister Paul Wolfowitz, der einen am 30. Juni erschienenen Bericht mit dem Titel »*Bin Laden-Bedrohungen sind real*« in Frage stellte und vermutete, dass »*bin Laden vielleicht nur mal die Reaktionen der USA studieren wollte*« (Rep., S. 259). Zu allem Überfluss gab es da aber auch noch ein generelles Zuständigkeitsproblem unter den Behörden: »*Die Anschläge vom 11. September fielen in die Lücke zwischen aus- und inländischen Bedrohungen. Die Agenturen der Auslandsnachrichtendienste beobachteten in Übersee, wachsam bezüglich ausländischer Bedrohungen von US-Interessen dort. Die inländischen Agenturen warteten auf das Erscheinen einer inländischen Bedrohung von ›Schläfer-Zellen‹ innerhalb der Vereinigten Staaten. Keiner suchte nach einer ausländischen Bedrohung für inländische Ziele. Die Bedrohung, die kam, stammte nicht von Schläferzellen. Sie war ausländisch – aber von Ausländern, die die Vereinigten Staaten* ***infiltriert*** *hatten …*« (Rep., S. 263). Außerdem seien die inländischen Dienste bei weitem nicht so gut ausgestattet gewesen wie die ausländischen, welche mit derartigen Bedrohungen naturgemäß viel häufiger konfrontiert seien und sogar ein entsprechendes »Spielbuch« zur Hand hätten (Rep., S. 264). »In der Summe wurden die inländischen Dienste niemals bezüglich der Erwiderung einer Bedrohung mobilisiert.

Sie hatten keine Richtung und keinen Plan. Die Grenzen wurden nicht härter gemacht. Beförderungssysteme wurden nicht verstärkt. Die elektronische Überwachung zielte nicht gegen eine inländische Bedrohung. Die Durchführung von staatlichen und örtlichen Gesetzen zielte nicht darauf ab, die Bemühungen des FBI zu unterstützen. Die Öffentlichkeit wurde nicht gewarnt. Die Terroristen nutzten tiefe institutionelle Missstände innerhalb unserer staatlichen Verwaltung aus.« (Rep., S. 265)

Exemplarisch für derartige Unzulänglichkeiten nennt der Report die von CIA und FBI viermalig (!) verpatzte Chance, die Suche nach zumindest zwei der Terroristen – nämlich Salem al Hazmi und Khalid al Mihdhar – wieder aufzunehmen. Dies scheiterte u.a. am mangelhaften Nachrichtenaustausch bzw. der nicht-existenten Datenvernetzung zwischen FBI und CIA: Bestimmte Informationen wurden nicht weitergegeben, Telegramme blieben unbeantwortet liegen, ausländische Quellenberichte wurden nicht übersetzt etc. Aber auch die völlig unterschiedliche Arbeitsweise und Zielorientierung der beiden Dienste mit den daraus erwachsenen »inkompatiblen« Regularien (wie z.B. in puncto Datenschutzgesetze) könnte so manch folgenschwere Behördenfehlleistung im Vorfeld der Anschläge erklären: Zum Beispiel arbeitete die CIA nicht wie das FBI »fall- bzw. mannbezogen« (»wer?«), sondern »verteidigungs- bzw. bedrohungsbezogen« (»wo?«), d.h. während ein und derselbe Kollege beim FBI die Spur einer bestimmten Person vom Beginn bis zum Abschluss der Ermittlungen komplett durchverfolgte – auch wenn keine aktuell-konkrete Gefährdung bestand –, wurde der CIA-Kollege bei »Erkalten der Spur« wieder für andere Dinge eingesetzt mit der Folge, dass der nachfolgende Bearbeiter der Angelegenheit oft nicht über das umfassende Gesamtbild verfügte und damit bestimmte Meldungen nicht so leicht in den größeren Kontext einordnen konnte ...(Rep., S. 268). Des Weiteren habe in dem konkreten Fall eine FBI-Analystin (Pseudonym: »Jane«) die Information, dass Mihdhar ein Terrorismus-Verdächtiger aus dem Mittleren Osten sei, nicht an den CIA-Kollegen weitergegeben, weil der entsprechende Bericht des NSA-Nachrichtendienstes (National Security Agency) vor einer Weitergabe der Information an »Kriminalermittler« ohne Erlaubnis des Justizministeriums ausdrücklich gewarnt habe. Allerdings habe »Jane« auch gar nicht erst versucht, eine Genehmigung des Justizministeriums einzuholen – unabhängig davon, dass bei einem diesbezüglich anberaumten Arbeitstreffen ein entsprechend ermächtigter Agent sogar zugegen war und »Jane« schon aus diesem Grunde die brisante Information über Mihdhar an diesen weitergeben hätte dürfen (Rep., S. 269 i.V.m. Fußnote 71). Aber auch ein bei dem Treffen anwesender CIA-Agent verweigerte den Ermittlern Auskunft, weil er nicht befugt sei, FBI-Fragen bezüglich

CIA-Informationen zu beantworten. So weit, so gut. Die Pannen gingen aber noch munter weiter: Eine wichtige Anfrage an einen Agenten in New York zeichnete »Jane« lediglich mit »Routine« aus, was dem Empfänger bis zu 30 Tagen Zeit für die Antwort gibt (Rep., S. 270) – warum? Als ein Agentenkollege, der mit dem Anschlag auf das US-Kriegsschiff »Cole« im Jahre 1998 befasst war (wo Terrorist Mihdhar eine Rolle spielte) mit »Jane« Kontakt aufnehmen wollte, um weitere Informationen zu bekommen, verweigerte sie wiederum die Auskunft mit der Begründung, er sei ein »Kriminal«-FBI-Agent und nicht ein »nachrichtendienstlicher« FBI-Agent. Diese Begründung beurteilt der Report ausdrücklich als falsch und geht davon aus, dass »Jane« die Bestimmungen durcheinander brachte bzw. den entsprechenden Regularienkomplex missverstanden habe (Rep. S. 271 i.V.m. Fußnote 80). Die Analystin hätte demnach die Information nicht nur weitergeben dürfen, sondern sogar sollen. Schon wieder eine Fehleinschätzung? Schon wieder ein Panne? Oder hat »Jane« hier nur eine Schwachstelle in den Behördengesetzen entlarvt? Oder ist die Beurteilung der Kommission vielleicht falsch und »Jane« hat als Einzige tatsächlich gesetzeskonform gedacht und gehandelt (wenn auch mit verheerenden Folgen in diesem Fall)? Oder will sich die Dame nur rausreden, und es steckt was ganz anderes dahinter? Jedenfalls will hier einer dem anderen den »Schwarzen Peter« zuschieben, denn »Jane« behauptete obendrein, dass die zuständige Juristin im Hause ihre diesbezügliche Rechtsauffassung in einer E-Mail-Nachfrage bestätigt habe – was diese aber wiederum leugnete (Rep., S. 271 i.V.m. Fußnote 81). Da von dem e-mail-Verkehr keine Kopien gefertigt worden sind, steht hier freilich wieder mal Aussage gegen Aussage ... Im Endeffekt jedenfalls – so konstatiert der Report – *»... waren genau die Kriminalagenten, welche das Wissen über al-Quaida hatten und erfahren waren mit kriminalistischen Untersuchungstechniken inklusive des Auffindens von Verdächtigen und möglicherweise Kriminellen, von der Suche ›nach Mihdhar‹ ausgeschlossen«*. Prophetisch und zynisch zugleich klingen da die Worte des verärgerten, weil von der Information ausgeklammerten FBI-Agenten, die der Report im Original abgedruckt hat:

»Was immer hier geschehen ist – eines Tages wird jemand sterben, und Mauer ›gemeint hier: Abschirmung vom Datenerhalt‹ oder nicht – die Öffentlichkeit wird nicht verstehen, warum wir nicht effektiver waren und jede Quelle wegwarfen, die wir bei bestimmten ›Problemen‹ hatten. Wollen wir hoffen, dass das Gremium zum Gesetz der Nationalen Sicherheit dann zu seinen Entscheidungen stehen wird – insbesondere wenn die größte Bedrohung von Osama bin Laden uns gegenüber den größten ›Schutz‹ genießt.«

Treffender kann man es nicht formulieren, wobei sich hinter dem Wort »Schutz« eine Menge verbergen könnte, wie wir schon bei den Ausführungen zu den unterbliebenen (militärischen) Abwehrmaßnahmen im Speziellen gesehen haben, aber auch was die unrühmliche Vorgeschichte des konsequenten »Nicht-Bekämpfens« von Osama bin Laden schon während der Clinton-Regierung im Allgemeinen anbelangt. In den Kapiteln 4 + 6 listet der Abschlussbericht die mehr oder weniger halbherzigen Versuche des damals amtierenden Präsidenten, seines Kabinetts, des FBI, der CIA und anderen Institutionen auf, den schon seit Mitte der 90er-Jahre als hochgefährlichen Terroristen eingestuften Saudi gefangen zu nehmen bzw. später sogar zu liquidieren. Die Kette der oftmals diskutierten, aber letztlich niemals realisierten Optionen reichte von *»schwarzen Ninjas, die sich aus einem Helikopter in die Mitte ihres ›al-Quaidas‹-Lagers abseilen«* (Rep., S. 189) über gezielte Marschflugkörper-Angriffe aus der Ferne bis hin zum Einsatz unbemannter, aber waffenbestückter »Predator«-Flugdrohnen (Rep., S. 210). Doch wurden sie allesamt immer wieder aus den unterschiedlichsten Gründen verworfen – einmal weil die Finanzierung, ein anderes Mal die Zuständigkeit unklar war (CIA- oder Militäroperation?), dann wieder, weil man – noch unter dem Eindruck der irrtümlichen Bombardierung der chinesischen Botschaft in Belgrad während des Kosovo-Kriegs – weitere publicity-trächtige »Kollateralschäden« unter Unbeteiligten unbedingt vermeiden wollte. Außerdem gab es naturgemäß stets eine erhebliche *»Verzögerungszeit zwischen Sichten ›von bin Laden‹ und Zuschlagen«* (Rep., S. 189) und last but not least auch allgemein die »Gefahr«, dass bin Laden bei dem Einsatz nicht lebend gefangen genommen, sondern vielmehr getötet werden würde. Dies wiederum hätte (zumindest damals noch) gegen die von Ex-Präsident Ronald Reagan erlassene Vorschrift Nr. 12333 – das generelle Ermordungsverbot für die CIA – verstoßen (vgl. hierzu »See no Evil«, S.25). Eine spezielle, von CIA-Leuten, dem ehemaligen Nationalen Sicherheitsberater Sandy Berger und Terrorismus-Experten Richard Clarke ausgearbeitete Operation, in der man ObL mit Hilfe von einheimischen Stammesleuten aus Afghanistan entführen wollte und die bereits mehrfach erfolgreich geprobt worden war, wurde schließlich von Ex-CIA-Chef Tenet selbst wieder gekippt – angeblich wegen zu hohem Risiko ... (Rep., S. 114). Irgendwie ist es schon komisch mit Tenet: Noch 1998 verwirft er die Ausführung eines erfolgreich geprobten Coups gegen Osama und 2001 will er pausenlos mit »hairs on fire« von Pontius bis Pilatus gelaufen sein, um Regierungsverantwortliche zu warnen (s.o). Tenets Rücktritt im Juni 2004 sollte kein Hindernis sein, ihn zu diesen Dingen nochmals etwas »härter« zu befragen ... Es sollte aber auch – um auf das vorhergehende Thema zurückzukommen – eine nochmalige Überprüfung und charakterliche Profilierung der o.g. FBI-Analystin »Jane«, der Anwältin ihrer Rechtsabteilung, ihrem »CIA-Pendant« sowie evtl. von Ex-FBI-Direktor Pickard nicht gescheut werden. Wie bedeutungsvoll die Sache mit der geblockten Informationsweitergabe bei Terrorist Khalid al Mihdhar eingeschätzt wird, erkennen wir daran, dass der Report die Meinung vieler FBI-Zeugen, wonach die Agenten selbst im Falle des Auffindens von Mihdhar *»nichts weiter hätten tun können, als ihm in das Flugzeug ›am 11. September‹ zu folgen«*, ausdrücklich nicht teilt: *»We believe this is incorrect (...)* ***Die simple Tatsache ihrer Verhaftung hätte den gesamten Plan entgleisen lassen können«*** (Rep., S. 272). Und wie kommt es, dass kein Manager im FBI-Hauptquartier das berühmte »Phoenix Memo«, in dem ein Agent angesichts der Entdeckung von al-Quaida-Flugschülern in den USA und der Vermutung eines *»koordinierten Coups von Osama bin Laden«* immerhin vier Empfehlungen zum weiteren Vorgehen abgegeben hat, vor dem 11. September jemals gesehen hat und das New Yorker Büro nicht handelte? Nicht alles jedoch blieb liegen und wurde nicht behandelt: Nach den doch alarmierenden Hinweisen auf die Umtriebe von Terrorist Zacarias Moussaoui schickte die CIA – nach diversen zeit- und nervenraubenden Zuständigkeitsrangeleien und Formalitätsdiskussionen – immerhin am 24. August 01 per Fax eine Anfrage nach London und Paris bezüglich *»... Vorgänge mit verdächtigem 747-Flugtraining ...«* und der Beschreibung Moussaouis als *»möglichen Selbstmord-Entführer ...«* (Rep., S. 274). Könnte dieses Fax der Beweis sein, dass die Behörden eins und eins etwa doch zusammenzählen konnten? Immerhin schickte man auch noch einen mit dem Fall betrauten Agenten persönlich zur FAA, um genauere Informationen über die durch Moussaoui konkreter gewordene Bedrohungslage nachzuliefern. *»Aber die FAA schien daraufhin nichts unternommen zu haben«* (Rep., S. 275). Doch dem nicht genug: In einer internen Auseinandersetzung des FBI über die Beurteilung und weitere Vorgehensweise im Fall Moussaoui rechtfertigte ein Unterweiser seine Besorgnis mit dem Satz: ***»Ich versuche einfach, jemanden davon abzuhalten, ein Flugzeug zu nehmen und damit ins World Trade Center zu krachen.«*** Darauf antwortete der Agent des Hauptquartiers, dass dies nicht geschehen würde und sie nicht mal wüssten, ob Moussaoui überhaupt ein Terrorist wäre ...

11. Auswertung eines Millionen-Puzzles

Bevor wir uns nun auf Grund unserer Beobachtungen vor Ort und unseres Literaturstudiums daheim der abschließenden Bewertung der verschiedenen, in Kapitel 1 aufgeführten Verschwörungstheorien sowie der offiziellen Version zuwenden, wollen wir erst noch mal festhalten, welches Motiv al-Quaida auf der einen bzw. die USA auf der anderen Seite gehabt haben könnten, den 9/11-Coup zu inszenieren. Die klassische Frage nach dem »Cui bono«, d.h. wem die Anschläge letztlich nützten, könnte hier Aufschluss geben, muss aber nicht. Denn eine solch gewaltige Operation wie 9/11 löst Dinge und Abläufe von einer Dimension, chaotischen Vielschichtigkeit und Eigendynamik aus, die von den Attentätern bzw. etwaigen Hintermännern nur bedingt vorhergesehen werden konnten (– ein Umstand, der für sich selbst übrigens schon als Gegenargument zu sämtlichen Theorien herangezogen werden könnte –). Dennoch wollen und müssen wir dieser Frage nachgehen, wenn wir halbwegs kriminalistisch vorgehen wollen. Was also geschah – im Negativen wie im »Positiven« – bei, nach bzw. durch die Anschläge vom 11. September? Ohne zynisch sein zu wollen und in der Hoffnung, nicht missverstanden zu werden, müssen wir hier versuchen, eine »kalte« Bilanz aufzustellen. (Da der Irak-Krieg zwar inhaltlich/sachlich mit den Attacken vom 11. September streng genommen nichts zu tun hat, aber eben doch über das aus dem 11. September abgeleitete »Präventivkriegsrecht« der USA sowie auf Basis der »unterstellten, aber letztlich doch nicht nachgewiesenen« Unterstützung Saddams durch al-Quaida überhaupt begründet und geführt werden konnte, möchte ich diesen meiner Meinung nach ersten »Präventivkrieg« der USA in die 9/11-Bilanz mit einbeziehen.) Die Bilanz könnte dabei in etwa – stark vereinfacht natürlich und ohne mich auf exakte Zahlen berufen zu können – folgendermaßen aussehen:

Minusfaktoren auf US-Seite:

1. *Personenschäden*
   ca. 3000 zivile Todesopfer durch die Anschläge selbst sowie bis dato ca. 2.000 militärische Todesopfer in Folge der anschließenden Kriege im Namen des »Antiterror-Krieges« sowie eine unklare, aber erhebliche

Zahl physisch und psychisch Traumatisierter. Schadenshöhe in Geld nicht ausdrückbar.

2. *Sachschäden*
zwei zerstörte Wolkenkratzer, ein paar zerstörte bzw. beschädigte Nebengebäude derselben, ein beschädigtes (und mittlerweile jedoch renoviertes) Ministerialgebäude sowie vier zerstörte Verkehrsflugzeuge vom Typ Boeing. Schaden schätzungsweise in Milliardenhöhe.
3. *Finanz- bzw. Wirtschaftsschäden*
Folgeschäden durch Geschäftsrückgänge, Aktienverluste, Kursrückgänge, Verlust von Arbeitsplätzen, Unternehmen, Unternehmenspartner etc. sowie – vor allem – erhebliche Material- und Personalkosten der anschließenden Kriegsmaschinerie.
Schaden in multimilliardenfacher Höhe (nach Einschätzung Osamas »500 Milliarden US-Dollar«).
4. *Politischer und geistig-moralischer Schaden*
Verlust des Großmachtstolzes, des Unverwundbarkeitsgefühls, (teilweise) der Glaubwürdigkeit als Weltführungsmacht, des persönlichen Selbstvertrauens sowie des Vertrauens in Staat, Politik und Regierung hinsichtlich ihrer Schutzfunktion gegenüber den Bürgern. Schaden in Geld nicht messbar.
5. *Juristischer Schaden*
Einschränkung der Bürgerrechte durch den »Patriot Act« (z.B. in Form von nachrichtendienstlichem Ausspionieren der Bürger, zunehmender Kameraüberwachung, erleichtertem Sozialdatenaustausch unter Behörden etc.). In Geld nicht messbar.

Plusfaktoren auf US-Seite:

1. *wirtschaftlich-finanziell*
Gewinne in multimilliardenfacher Höhe durch (evtl. »vorauswissende«) Spekulation in fallende Aktienkurse (Putoptionen) zerstörter WTC-Unternehmen (z.B. Morgan Stanley), enorme Rüstungsgeschäfte (Kriegsmaschinerie in Afghanistan und Irak), Erdgasgeschäfte (Afghanistan-Pipeline), Ölgeschäfte (Irak) sowie Neuinvestitionen in zerstörte Infrastruktur (z.B. WTC-Komplex, aber auch Wiederaufbau-Geschäfte in Afghanistan und im Irak).
2. *geopolitisch/militärisch-strategisch*
Expansion des politisch-militärischen Einflussbereiches der Weltmacht USA weit in den Mittleren Osten und nach Asien hinein zur Kontrolle der dortigen Regionen (und ihrer Resourcen) sowie Errichtung militärischer »Vorposten« gegenüber weiteren »Schurkenstaaten« (»rogues«), wie z.B. Iran und Syrien, aber auch gegenüber Russland

und China, sowie Herantastung an die (angeblich) weltweit größten Kohlenwasserstoffvorkommen im Kaspischen Raum.

3. *innenpolitisch/juristisch*
   Erweiterung der Machtbefugnisse der Regierung und speziell des Präsidenten gegenüber Repräsentantenhaus und Volk, Bündelung der Massen durch Furcht vor al-Quaida und »Ruf nach dem starken Mann«, verstärkte Überwachung und Kontrolle des Landes durch den »Patriot Act«.
4. *außenpolitisch/völkerrechtlich*
   Selbstauferlegung des »Rechts auf präventive Kriegsführung« im Falle einer Bedrohung (noch nicht Angriff!) durch ausländische Personen, Vereinigungen, Staaten oder Mächte. Mit anderen Worten: Die USA könnten rein theoretisch sofort ca. 60 Länder dieser Erde mit gleicher oder ähnlicher Begründung wie beim Irak-Krieg angreifen, ohne auf den UN-Sicherheitsrat zu hören.
5. *geistig/religiös*
   Zementierung der mental-moralischen Weltvormachtstellung der USA in ihrer Eigenschaft sowohl als vom islamischen Terror Hauptgetroffener als auch als Hauptkämpfer gegen denselben. Die USA als Speerspitze des »Kreuzzugs gegen das Böse« und ihr Präsident als oberster, von Gott gesandter Feldherr – eine nahezu unanfechtbare, absolute Position im globalen Gerangel um Macht, Geld, Werte und Anerkennung.

Plusfaktoren auf al-Quaida- bzw. arabisch-muslimischer Seite

1. *geistig-moralisch/religiös*
   schwerer, spektakulär-symbolischer Schlag gegen den »großen Satan« (USA) mit erheblicher Schadensbilanz für diesen (s.o.).
2. *innenpolitisch*
   weltweite Förderung und Rekrutierung von Anhängern, Mitkämpfern und Sympathisanten für den »Heiligen Krieg«.
3. *außenpolitisch*
   Provokation und damit (passives) Outing der westlichen Koalitionskräfte als »Kreuzfahrer« zur Herausschälung der »neuen« Feindbilder des Islam.

Minusfaktoren auf al-Quaida- bzw. arabisch-muslimischer Seite

1. *Personenschäden*
   zig-Tausende zivile und militärische Todesopfer durch die Anschläge selbst (islamistische Attentäter selbst, über 100 muslimische Besucher des WTC) sowie vor allem durch die anschließenden Bombardierungen von afghanischen und irakischen Zielen (Talibanverbände, irakische Armee, zivile »Kollateralschäden«). In Geld nicht messbar.

2. *Sachschäden*
   Zerstörung großer Teile afghanischer und irakischer Infrastruktur (zivil und militärisch) mit erheblichem wirtschaftlichen, sozialen und organisatorischen Niedergang. Multimilliardenschwere Schadenshöhe.
3. *symbolisch/geistig-kulturelle Schäden*
   Zerstörung vieler Kunst- und Kulturschätze speziell im irakischen Zweistromland (»Wiege der Menschheit«), vor allem aber weitere, noch größere Demütigung durch den »Großen Satan« im Zuge von Angriff und Besetzung zwei weiterer islamischer Staaten, aber auch Spaltung der arabisch-muslimischen Welt in gemäßigte und extremistische Kräfte, enorme, weltweite Misstrauensbildung gegenüber Arabern, Muslimen und schließlich dem Islam und seinem »Heiligen Buch« Koran ganz allgemein.

Wie wir schon aus der Vielzahl und Komplexität, aber auch Art, Umfang und Wertigkeit der einzelnen Positionen erkennen können, ist hier eine vergleichende Betrachtung und gar abschließende Bewertung, wer von beiden Seiten nun die größten Nach- bzw. Vorteile aus dem 9/11-Coup »zugeschanzt« bekam, nur schwer bis kaum möglich. Denn letztendlich stehen sich teilweise unvergleichbare Dinge gegenüber. Wie will man z.B. beurteilen, ob und inwieweit die Aufwertung des »muslimischen Selbstvertrauens« durch den erfolgreichen Schlag gegen den »Erzfeind« schwerer wiegt als der materielle und auch wiederum psychologische Schaden, der durch die beiden, in islamische Länder hineingetragenen Kriege (zumindest zunächst) entstanden ist? Welche Zeitachse bezüglich der Auswirkungen setzt man dabei an? Eine politisch-kurzfristige oder eine historisch-epochale? Wie will man den Sach- und Personenschaden, den die USA bis dato erlitten haben, gegenrechnen zu ihren ökonomischen, innerpolitischen sowie geostrategischen Gewinnen und Erfolgen auf lange Sicht? Es scheint nicht möglich, eine klare Plus-Minus-Bilanz zu ziehen, vor allem wenn man noch die beiden völlig unterschiedlichen Mentalitäten und Denkweisen zwischen der amerikanisch-christlichen und der arabisch-muslimischen Welt mit einbeziehen will. Mit unseren Augen betrachtet könnten zwar die nachfolgenden »Erträge der USA« ihre 9/11-Schäden langfristig weit überragen, während die »Erträge« der islamisch-arabischen Seite hinter ihren erlittenen (und wohl noch zu erleidenden) Folgeschäden deutlich »hinterherhinken«. Aus Sicht der islamischen Terroristen wiederum könnte sich jedoch eine ganz andere Rechnung ergeben. Denn glaubt man den Aussagen von ObL in seiner Videobotschaft vom 29. Oktober 2004 hätten sich die Anschläge vom 11. September für al-Quaida mehr als »gerechnet«. So sei es neben dem direkten wirtschaftlichen Schaden, den die Zerstörung des WTC beispielsweise bewirkt habe, genau die Taktik von al-Quaida gewesen, die Amerikaner durch die 9/11-Provokation in die muslimischen Länder zu locken, um sie dort anschließend militärisch zu überfordern und personell wie materiell *»bis zum Punkt des Bankrotts ausbluten«* zu lassen (ähnlich der Sowjet-Union im Afghanistan-Krieg der 80er-Jahre). So konstatiert der Saudi, dass al-Quaida die Vorbereitung und Durchführung der Anschläge etwa 500 000 Dollar gekostet hätte, während die (Kriegs-)Folgen danach den USA etwa 500 Milliarden Dollar oder sogar »eine Trillion Dollar« abverlangt hätten. Darüber hinaus ist sowohl den Recherchen des arabischen al-Jazeera-Jornalisten Yosri Fouda als auch den FBI- und CIA-Verhören zu entnehmen, dass zumindest bei Khalid Sheikh Mohammed doch auch eine nicht zu unterschätzende Portion »kindlicher Naivität« und narzisstischer Geltungsdrang als tiefenpsychologische Triebfedern für den kinoverdächtigen Coup am 11. September mitspielten und vielleicht weniger religiöse Überzeugung. So ist es beispielsweise bei Foudas Begegnung mit KSM in Karachi im Jahre 2002 für Letzteren offenbar kein großes Problem, das für gläubige Muslime normalerweise pflichtmäßig vorgeschriebene Freitagsgebet einfach (grundlos) nicht wahrzunehmen. Und bei den späteren Verhören beschreibt der 9/11-Chefplaner derart ausgiebig (fast schon angeberisch) seine ursprünglichen Terrorpläne, dass der Abschlussbericht – meines Erachtens nach zutreffend – zu dem Schluss kommt: ***»Dies ist Theater, ein Spektakel der Zerstörung mit Khalid Sheikh Mohammed als Selbstdarsteller – der Superterrorist« (Rep., S. 154).***

Dennoch kommen wir bei der Suche nach einem Motiv nicht um die amerikanischen »Erträge« herum und müssen daher in diesem Punkt etwas nachhaken. Wenn wir uns dabei vor allem die militärisch-geopolitische Reaktion der USA auf die Anschläge, nämlich den 2001/2002 geführten Afghanistan- und den 2003 geführten Irak-Krieg sowie die Empfehlungen, welche der 9/11-Report in seinen Kapiteln 11-13 für das weitere Vorgehen beim »Anti-Terror-Kampf« haarklein erteilt (»Global Strategy«), anschauen, so müssen wir schon zugeben, dass sehr vieles davon bereits im Jahre 1997/98 – also Jahre vor den 9/11-Anschlägen –, von der amerikanischen PNAC-Kommission vom Grundsatz her vorweggenommen bzw. gefordert worden war. Das »**P**roject for the **N**ew **A**merican **C**entury« (Projekt für das Neue Amerikanische Jahrhundert), welches im Übrigen im Internet nachzulesen ist, wurde von rechtskonservativen Zirkeln, u.a. Personen, die der heutigen Bush-Regierung angehören (wie z.B. Vize-Präsident Dick Cheney, Verteidigungsminister Donald Rumsfeld und sein Vize Paul Wolfowitz) ins Leben gerufen und postuliert nach dem Ende des Kalten Krieges (mit drohender Gefahrachsenverschiebung sowie gleichzeitig erschlaffender Nachrüstung und Abnahme des militärischen Engagements der USA in den Clinton-Jahren) eine neue Aufrüstung der USA zur weltweiten Wahrnehmung ihrer sicherheits-, macht- und wirtschaftspolitischen Interessen. Einige der dort aufgestellten Grundforderungen klingen, als ob sie wortwörtlich in die letzte Amtseinführungsrede von Bush übernommen worden seien:

- *»Wir müssen unseren Verteidigungshaushalt deutlich erhöhen, wenn wir heute unsere globalen Verantwortlichkeiten wahrnehmen und unsere Streitkräfte für die Zukunft modernisieren wollen;*
- *wir müssen unsere Bande zu demokratischen Verbündeten stärken und* ***Regime herausfordern, die unseren Interessen und Werten feindlich gegenüberstehen;***
- *wir müssen die Verantwortung für Amerikas einzigartige Rolle beim Erhalt und beim Ausweiten einer internationalen Ordnung, die freundlich zu unserer Sicherheit, unserem Wohlstand und zu unseren Prinzipien ist, auf uns nehmen.«*

Die nachfolgenden, detaillierten Ausführungen, wie dies alles im 21. Jahrhundert konkret umzusetzen sei, konzentrieren sich dabei ganz wesentlich auf die Hoch- und Neuausrüstung des Militärs und entbehren nicht einer gewissen martialischen Schärfe, besonders was die altbekannten »Schurkenstaaten« des Nahen und Mittleren Ostens anbelangt. Die von Bröckers angeblich wörtlich zitierte Stelle, wonach die von der PNAC-Kommission so benannte (militärische) ***»Transformation«*** laut Wolfowitz *»voraussichtlich von längerer Dauer sein werde, außer im Fall eines katastrophalen und beschleunigenden Ereignisses – wie etwa einem neuen Pearl Harbor«*, habe ich dabei allerdings nicht gefunden. Vielleicht habe ich sie aber in der Vielzahl der dortigen Texte ganz einfach übersehen, oder sie wurde nachträglich entfernt ... Man kann also nach alledem schon konstatieren, dass nicht nur al-Quaida und die »Islamisten« dieser Welt, sondern auch die USA selbst – oder zumindest bestimmte Kreise in den USA – durchaus ein Motiv gehabt haben könnten, den 11. September zu inszenieren und im Anschluss daran all das durchzubringen, wovon viele Hardliner schon immer geträumt hatten: Die endgültige Weltkontrolle durch Amerika. Dass Präsident George W. Bush nachgewiesenerwie zugegebenermaßen dem Geheimbund »Skulls and Bones« angehört, also der amerikanischen Ausgabe der deutschen »Illuminaten« (welche angeblich den Teufel nach wie vor als »leuchtendes Vorbild« verehren und Weltherrschaft anstreben sollen) und zudem in seinem ländlichen Wohnsitz in Crawford auch tatsächlich eine Freimaurerloge (angeblich die Vorläuferorganisation der Illuminaten) ihren Sitz hat, fördert diesen

Eindruck natürlich ebenso wie sein gegenüber der 9/11-Kommission geäußerter Satz: »**Das Problem wäre gewesen, wie es zu machen sein würde ›bin Laden vor dem 11. September auszuschalten und in Afghanistan einzumarschieren‹, wenn es vorher nicht einen weiteren Anschlag auf Amerika gegeben hätte ...**« (Rep., S. 209).

Zur Klarstellung sei aber nochmals darauf hingewiesen, dass die bisherigen Ausführungen nicht der (Vor-)Verurteilung, sondern lediglich der Aufzeigung etwaiger Motivlagen dienen sollen. Wenn wir jetzt im Zuge der Überprüfung unserer Verschwörungstheorien jedoch einmal annehmen, »die USA« seien »es« wirklich selbst gewesen, so müssen wir vor allem immer noch plausibel erklären: Wie haben sie es gemacht? Um diese entscheidende Frage halbwegs beantworten zu können, kommen wir nochmal auf unser zweites Kapitel zurück und führen die verschiedenen dort genannten »Plots« anhand unseres gesammelten Materials einer Schlussbewertung zu, bei der wir zum Ersten einschätzen, ob die Theorie in der Praxis überhaupt (technisch/logistisch/organisatorisch) möglich war und – falls ja – inwieweit sie bei realistischer Lebensbetrachtung auch als wahrscheinlich bezeichnet werden könnte:

1. »US-Solo-Aktiv«

1.1. Wisnewskis Drohnenversion:

Wie wir aus unseren Recherchen vor Ort und anhand von Sekundärmaterial gesehen haben, lassen sich Boeing-taugliche Start- und Landebahnen – welche Voraussetzung für einen erfolgreichen Austausch der echten mit den unechten Maschinen wären – in angemessenem Umkreis zu den Umkehrpunkten der Flugzeuge nicht finden. Die Alternative hierzu – ein Abschuss der echten Maschinen über Land (aber auch über See) – scheidet – wie bereits ausführlich erläutert – meiner Meinung nach aus. Auch gibt es per se keinen schlagkräftigen Beweis dafür, dass nicht die echten Maschinen, sondern »Kopien« die Ziele getroffen hätten bzw. abgestürzt seien. Freilich ist und bleibt die sog. Anomalie am Rumpf der zweiten WTC-Maschine ein seltsamer und bis auf weiteres unerklärlicher Umstand, sie kann jedoch für sich allein auf keinen Fall als Nachweis einer Boeing-Drohne gewertet werden. Dies gilt ebenso für das von Wisnewski und Meissan präsentierte Bildmaterial von den Wrackteilen im/am Pentagon, wo Ähnlichkeiten mit der Bauweise einer »Global-Hawk-Drohne« festgestellt worden seien. Die Aufnahmen sind durchaus eindrucksvoll und stimmen nachdenklich – sie beweisen aber nichts. Auch die Zeugenaussagen hinsichtlich der Pentagon-Maschine sind verschiedenartig, teilweise (gegeneinander, aber auch in sich selbst) widersprüchlich und stützen dabei weder eine Verschwörungstheorie noch die offizielle Version entscheidend. Die These einer Sprengung des World Trade Centers »von innen heraus« hält einer wissenschaftlichen Analyse nicht stand bzw. kann in der Fachwelt bestenfalls als umstritten angesehen werden (s. WDR-Sendung). Wisnewskis »Bomben« könnten dabei durchaus von einer falschen akustischen Zuordnung durch die Feuerwehrleute herrühren (s. Kapitel 4). Die Seltsamkeiten bei der Flugroute – inklusive das Aus- bzw. Umschalten von Transpondersignalen sowie die achtminütige Unterbrechung des primären Radarsignals im Falle der dritten Maschine – bleiben teilweise mysteriös bzw. nicht ganz nachvollziehbar, können aber nicht per se als Argumente für einen Flugzeugaustausch verwendet werden, da es hierfür auch andere – ebenfalls mehr oder weniger plausible – Erklärungen geben kann, wie wir dem Report entnommen haben (s. z.B. »tertiärer/quartiärer Radar«). Auch was Wisnewskis »fiktive« und angeblich widersprüchliche Passagiertelefonate angeht, sind eklatante Ungereimtheiten nicht feststellbar. Im Nachhinein mag uns freilich die ein oder andere Äußerung am Telefon durchaus ungewöhnlich oder unlogisch erscheinen, doch wer kann schon in Gänze den tatsächlichen Ablauf der Entführungen wiedergeben, wenn offenkundig nicht einmal die 9/11-Kommission – trotz Auswertung sämtlicher Telefonate, Voice Recorder, Funkverkehraufzeichnungen usw. – dies geschafft hat? Wer mag sich schon komplett in die Gefühlslage der Passagiere hineinversetzen und alles nachempfinden und verstehen können, was sie angesichts dieser lebensbedrohlichen Minuten gedacht und als wichtig und richtig erachtet haben? Vieles von dem, was an Bord der Flugzeuge tatsächlich geschah, wissen wir nicht und werden wir vermutlich auch nie wissen, sodass einiges von dem was wir wissen, unverständlich scheint, weil wir nicht den gesamten Kontext kennen, aus dem heraus eine Äußerung oder Handlung erfolgte. Ein am 31. Oktober 2004 bei VOX ausgestrahltes Doku-Drama über die Vorgänge in der Atta-Maschine gab streckenweise die Originalaufnahmen der Stewardessen-Telefonate wider, und sie klangen allesamt recht glaubhaft. Die Stimmen waren dabei eben nicht von künstlicher Aufregung oder dramatischer Überhöhung gekennzeichnet – wie Verschwörungstheoretiker vielleicht erwartet hätten –, sondern eher von jener gewissen Ruhe und gedanklichen Konzentration, die Menschen gerade in schwierigen und außergewöhnlichen Situationen unerwarteterweise »befällt« und Ausfluss des Überlebensinstinktes sind – nicht ohne der gewissen seelischen Untergrundspannung selbstverständlich. Gespräche (bzw. Monologe) dieser Art insbesondere in der vorliegenden Anzahl durchgängig glaubhaft von »Komparsen« inszenieren zu lassen, würde schon eine schauspielerische

Fähigkeit/Regie von Oskar-verdächtigem Ausmaß voraussetzen – ungeachtet der unüberschaubaren Mitwisserproblematik, die ein solch hochchoreographiertes Vorhaben naturgemäß mit sich bringen würde ... Auch gibt es keine überzeugenden Hinweise dafür, dass Besatzungsmitglieder und Passagiere der entführten Flugzeuge etwa gar »Agenten« gewesen seien, die man nach dem Austausch der Maschinen mit neuen Identitäten ausgestattet habe. Wie wir bei den Opferangehörigen in Shanksville erlebt haben und darüber hinaus zahlreichen Berichterstattungen aus den Medien entnehmen können, kann davon ausgegangen werden, dass die Opfer in den Maschinen »real« waren und nicht noch lebendig (aber kosmetisch »umgestaltet«) in der Gegend herumlaufen. Auch gibt es keine ernst zu nehmenden (positiven) Hinweise dafür, dass diese Menschen – im anderen Falle von Wisnewskis Konstruktion – auf geheimen Militärbasen »liquidiert« und ihre sterblichen Überreste – trotz zugegebenermaßen fragwürdiger Obduktionsergebnisse – anschließend an den Unfallstellen (insbesondere Shanksville) verstreut worden seien. Auch die Beschaffenheit der Unfallstellen selbst – so ungewöhnlich uns manches davon auch erscheinen möge – liefert keinen Beweis dafür, dass an Stelle der echten Boeings Drohnen, Raketen oder Marschflugkörper eingeschlagen wären. Vielmehr entpuppte sich Wisnewskis »Kronzeuge« Ernie Stull (»kein Flugzeug!«) als nur bedingt glaubwürdig, der Feuerwehrmann Rick King (»auch größere Teile gefunden«, »keine Chance der Manipulation«) und Friseurin Paula Pluta (»große Maschine, viele Fenster ...«) dafür umso glaubwürdiger. Angebliche Sichtungen von unbemannten Flugkörpern (Story Mc Elwain) könnten auch auf ein damals herumkurvendes, privates Leichtflugzeug zurückgeführt werden, wie wir gehört haben (Story Ogline). Auffällig und störend bleiben zwar die hochkomplizierte Flugakrobatik, die insbesondere der nur mäßig ausgebildete Hani Hanjour bei dem Pentagon-Treffer offenbar hingelegt hatte, das äußerst inadäquate Schadensbild und -ausmaß der Pentagon-Unfallstelle sowie eine etwaige »falsche« Explosionsart (Deflagration statt Detonation), jedoch können diese Umstände (noch) nicht als Beleg für die Wisnewski-Theorie (Drohne) oder auch Meissan-Theorie (Rakete) gewertet werden. Besondere Zufälle und außergewöhnliche, situationsbedingte Höchstleistungen von Menschen gab und gibt es immer wieder im Leben und in der Geschichte (siehe z.B. auch »Kreml-Flieger« Matthias Rust), und wer weiß, zu was wir alle fähig sind/wären, wenn wir unter Extrembedingungen »höhere Mächte« anriefen und das »Paradies« unmittelbar vor Augen sähen. Und last but not least wiegt das von Osama bin Laden in seiner letzten Videobotschaft vom Oktober 2004 (indirekt) abgegebene Geständnis über die Planung und Durchführung der Anschläge ebenfalls schwer (gegen diese Version).

Fazit:
Nach objektiver Betrachtung ist die Drohnentheorie – wenngleich einige Umstände mit ihr gut erklärt werden könnten – nicht möglich, da sie an den Realitäten vor Ort schlicht scheitert (in erster Linie weil auf dem in Frage kommenden Gelände keine geeigneten und geheimen Start- und Landebahnen für Verkehrsflugzeuge vom Typ Boeing vorhanden bzw. vorstellbar sind). Die Prüfung weiterer Contrapunkte sowie die Beurteilung der Wahrscheinlichkeit dieser Version können daher entfallen.

1.2. Die zweite Alternative eines US-Solo-Komplotts besteht in der von außen durchgeführten Fernsteuerung der (echten) Maschinen (Bröckers/Hauß).

Wie wir den Aussagen eines amerikanischen Fluglotsen, eines deutschen Luft- und Raumfahrttechnikers sowie Sekundärliteratur entnehmen können, ist eine Übernahme der Steuerung einer Boeing von außen zwar grundsätzlich technisch möglich, jedoch nur unter bestimmten Bedingungen, deren Vorhandensein im vorliegenden Fall doch zumindest bezweifelt werden müssen:

Es gibt keinen Nachweis über einen passenden, vom Zielobjekt ausgesandten Leitstrahl, auf dem die Flugzeuge in die Gebäude gelenkt werden hätten können. Die vom WTC ausgehenden Funkbaken stammten wohl aus der internen Radiostation des Gebäudes, wie wir dem 9/11-Report entnehmen können, und stellen somit per se kein Verdachtsmoment dar. Die bei sämtlichen Unfallstellen auftauchenden C130-Transporter dürften trotz »gepulster Mikrowellentechnologie« kaum in der Lage gewesen sein, die Flugzeuge in ein Drittobjekt (an Stelle in sich selbst!) zu leiten. Ferner ist eine absolute Fremdsteuerung von außen grundsätzlich nicht ohne weiteres möglich, da den Piloten an Bord (aus nachvollziehbaren Gründen) bestimmte (teilweise geheim gehaltene) Instrumentarien zur Verfügung stehen, um eine unbefugte Übernahme im Ernstfall wieder außer Kraft setzen zu können. Unabhängig davon kann eine Fernsteuerung nur wirksam werden, wenn ein entsprechendes Pendant fest in die Bordelektronik bzw. die Cockpit-Armaturen des fernzusteuernden Flugzeugs integriert ist. Da dieses Teil – wie ich mir bestätigen habe lassen – ein »größerer Kasten« sei, müsste auf jeden Fall der Flugkapitän, der Bordingenieur, der Wartungsingenieur und vor allem natürlich auch die Fluggesellschaft selbst davon gewusst haben. Ob dies (bei immerhin vier Maschinen zugleich!) wahrscheinlich ist, lassen wir mal dahingestellt ... Nach Auskunft einer Ex-Stewardess, die jahrelang für American Airlines geflogen war, befindet sich zwar unter dem Cockpit durchaus ein Hohlraum, zu dem praktisch niemand Zugang habe und der einen »Fernsteuerungsapparat« der Größe nach auf jeden Fall aufnehmen könnte, jedoch könne auch hier nichts untergebracht werden, ohne dass Flugkapitän, Flugzeugtechniker oder »ramp agents« hiervon Notiz bekommen würden – ganz abgesehen davon, dass der Apparat dann noch lange nicht festeingebauter Bestandteil der Cockpit-Armaturen wäre. Außerdem würde – zusätzlich zu dem auch dieser Version entgegenstehendem de-facto-Geständnis von ObL – auch diese Theorie wieder ähnliches Theaterspiel und fingierte Storys zumindest von Seiten der »Entführer« erfordern, was aus o.g. Gründen nur schwer durchhaltbar scheint. Also: Fernsteuerung klingt gut, aber sobald man ins Detail geht, wird's schon haarig ...

Fazit:

Eine Fernsteuerung der Flugzeuge von außen wäre rein technisch unter bestimmten Bedingungen möglich. Da diese Bedingungen jedoch nicht vorzuliegen scheinen bzw. keine »harten Tatsachen« für ihr Vorliegen sprechen, ist diese Theorie – nicht nur zuletzt wegen ihres relativ hohen Versagensrisikos angesichts von immerhin vier gleichzeitig zu manipulierenden Verkehrsflugzeugen – im Endeffekt als nicht wahrscheinlich zu bewerten.

2. »US-Aktiv-Komplott«

bedeutet praktisch nichts anderes als oben genannte Version(en) lediglich mit der Einschränkung, dass al-Quaida, ObL, KSM sowie Atta & Co die Anschläge zunächst tatsächlich selbst planten, vorbereiteten und auch zu ihrer Ausführung ansetzten, sie aber ohne die aktive (jedoch verborgene) »Unterstützung« von US-Kreisen gar nicht bewerkstelligen hätten können. Hiernach seien ObL und seine Mannschaft in dem festen Glauben gewesen, den Anschlag allein und ohne Kenntnis der USA durchzuführen, tatsächlich jedoch hätten bestimmte Leute in den USA von al-Quaidas Plänen erfahren und ohne Wissen von al-Quaida an den entscheidenden Hebeln so mitgewirkt (etwa mit Hilfe oben beschriebener Fernsteuerung), dass das Ganze technisch überhaupt gelingen konnte. Der hauptsächliche Unterschied (und Vorteil) zu obiger Version besteht praktischerseits darin, dass die Abläufe an Bord nicht über fingierte Handytelefonate oder anderweitige »Schauspieleinlagen« künstlich hergestellt hätten werden müssen, sondern durchaus auf natürlichem Wege so ablaufen konnten, wie sie später auch veröffentlicht wurden – allerdings mit dem großen Strippenzieher im Hintergrund ...

Fazit:

Da die technische Ausführung dieser Version in Gänze auf die beiden ersten Versionen – hier jedoch vor allem die Fernsteuerungstheo-

rie – zurückgreift, gelten die dort getroffenen Bewertungen in vollem Umfang auch für diese Version, d.h. sie ist wegen mangelnder Wahrscheinlichkeit letztlich auch abzulehnen.

3. »US-al-Quaida-Komplott«

Bestimmte Verfechter der ersten Version bezweifeln gelegentlich, dass Atta & Co. überhaupt an Bord der Maschinen waren. Anlass hierzu geben verschiedene Umstände, wie z.B. dass Atta und Omari erst über einen Zubringerflug aus Portland in Boston eintrafen, wo – schon eine Stunde nach ihrer Ankunft – posthum »ihre« Todesmaschine startete. Weshalb so knappes, das Gelingen des gesamten Unternehmens nicht unerheblich riskierendes Timing gerade in einem Land, in dem Flugverspätungen von mindestens einer halben Stunde an der Tagesordnung sind? Weshalb erscheinen die Attentäter teilweise gar nicht auf den Passagierlisten der Fluggesellschaften, sondern lediglich auf den Listen von FBI und CIA? Wie konnte Mohammed Attas »Identifikationsdokument«, nämlich sein Pass, die WTC-Katastrophe nahezu unversehrt überstehen, während ein Großteil der Menschen dort schlicht pulverisiert worden war? Wie erklärt sich, dass einige der »Entführer« sich nach dem 11. September »lebend« gemeldet hatten? Wieso ließ Mohammed Atta seine Tasche am Flughafen zurück, u.a. bepackt mit Koranversen, die nach Einschätzung von Islam-Experten ohnehin jedem muslimischen Kind schon aus dem Schulunterricht geläufig sind geschweige denn einem ausgewachsenen religiösen Fanatiker? Wieso haben die Teppichmesser, die die Entführer bei sich trugen, am Check-in keinen Alarm ausgelöst? Weshalb Passagieren Handytelefonate erlauben, welche die Flugsicherheit gefährden und den Gegner aufmerksam machen könnten? Wie hat das Kommando es geschafft, die verschlossenen Cockpit-Türen zu öffnen? Und weshalb beinhaltet Osama bin Ladens offizieller FBI-Steckbrief immer noch kein Wort zum angeblichen Hauptanklagepunkt, der Anstiftung zum mehrtausendfachen Massenmord am 11. September? Einige dieser Fragen lassen sich relativ plausibel erklären, andere wiederum nicht so ganz (zumindest nicht abschließend), doch dürfen wir wiederum allein aus letzterem Umstand heraus noch nicht den (falschen) Schluss eines positiven Beweises für eine Verschwörung ziehen. Der Sache mit den »Doppelgängern« bzw. »Lebendmeldungen« wurde zwischenzeitlich nachgegangen und man habe herausgefunden, dass es sich schlicht um Namensverwechslungen gehandelt habe, da Menschen arabischer Nationalitäten relativ oft gleiche Vor- und Nachnamen aufwiesen. Für die fragwürdigen Vorgänge unmittelbar vor und während der Todesflüge bot mir o.g. Stewardess – ohne auf diese Fragestellungen vorbereitet gewesen zu sein – ganz spontan zwar einfache, aber doch gar nicht so unplausibel klingende Erklärungen:

- Die Entführer haben möglicherweise deswegen diese umständlichen Zubringerflüge gewählt, um FBI und CIA im Vorfeld keine Verdachtsmomente zu liefern (durch wochenlanges Vorausbuchen ein und derselben Todesmaschine). Dies erkläre auch, dass die Attentäter nicht auf den offiziellen Passagierlisten aufgeführt waren. Denn als Umsteiger hätten sie in Folge oberflächlicher Prüfung (durch Zeitdruck am Check-in) von den Listen nicht mehr erfasst werden können. Damit hätten die Behörden praktisch keine Chance mehr gehabt, das Ganze noch rechtzeitig zu durchschauen geschweige denn entsprechend zu reagieren. Grundsätzlich erschienen ohnehin Namen von Fluggästen, welche erst innerhalb von 24 Stunden vor Abflug ihren Flug buchten, nicht mehr auf den Passagierlisten. Unabhängig davon habe es bis zum 11. September 01 für die Profiler an den Terminals keinerlei Zugang zu Polizei-, FBI- oder Geheimdienstdateien über gesuchte bzw. gefährliche Individuen gegeben. Anzumerken ist außerdem noch, dass natürlich auch der Anschlussflug mit gleicher Wahrscheinlichkeit Verspätung haben könnte bzw. bisweilen sogar solange wartet, bis die Fluggäste des (verspäteten) Zubringerflugs umgestiegen sind ...
- Die Kontrolle von Fluggästen habe sich bis zum 11. September 01 lediglich auf deren Gepäck bezogen (über »CAPPS«), weswegen die angeblich in den Schuhen versteckten Teppichmesser nicht entdeckt worden seien. (Entsprechende »Probeflüge« seien lt. 9/11-Report von den Terroristen vorab absolviert worden.)
- Das Öffnen der Cockpit-Türen (deren Verschluss von innen tatsächlich Airline-Vorschrift sei) könne z.B. durch einen Anruf im Cockpit (etwa mit der Drohung, Personal oder Passagiere umzubringen) erreicht werden. Einen Tür-Code gebe es jedenfalls nicht, und die Tür gewaltsam zu öffnen, sei sehr schwierig (und im Übrigen – gemäß der Ermittlungen der 9/11-Kommission – auch ohne jeden Beleg).
- Die Aufforderung zum Telefonieren stammte möglicherweise nur von den »Kämpfern« im Passagierdeck (und nicht den Piloten), welche nicht über den geistigen Horizont eines Mohammed Atta verfügten und sich nicht ganz im Klaren waren über ihr unbedachtes Tun.
- einen konkreten »Handlungsplan« für das Flugpersonal im Falle einer Entführung habe es nie (zumindest nicht bis zum 11. September) gegeben, lediglich allgemeine Verhaltensregeln. Als Erstes würde wohl versucht werden, Tower und/oder Airline zu verständigen.

Was die »Elefantenspuren« angeht, welche die Terroristen – insbesondere Mohammed Atta – am Flughafen zurückgelassen hatten, könnten sie ja auch gerade absichtlich von ihnen selbst hinterlegt worden sein, um der Welt im Nachhinein keinen Zweifel zu lassen, wer und aus welchen Motiven »es« wirklich getan hat. Und vielleicht ist in Osamas Steckbrief der 11. September nur deswegen nicht erwähnt, weil Osama die Anschläge ja weder selbst ausgeführt noch (konkret) geplant und vorbereitet hat (Hauptdrahtzieher: Khalid Sheikh Mohammed!) oder natürlich weil ihm das FBI seine Anstiftung zum Massenmord tatsächlich (bis dato) nicht gerichtsfähig nachweisen konnte ...

Worauf aber will diese Version überhaupt hinaus? Nun, sie geht davon aus, dass Atta & Co. – wie im Übrigen auch ObL selbst – in Wirklichkeit für die CIA arbeiteten und in deren Auftrag die ganze Vorgeschichte mit den Flugausbildungen lediglich inszenierten, um den Verdacht auf »die islamistischen Terroristen« und alle (Länder, Organisationen und Mächte), die sie beherbergen oder sonst wie unterstützen, zu lenken und damit automatisch einen Großteil der muslimisch-arabischen Staaten zur permanenten Zielscheibe zu machen. Rein technisch sei der 9/11-Coup dabei entweder wirklich gemäß der »offiziellen Version« oder aber nach obiger Version 1 (Drohne bzw. Fernsteuerung) abgelaufen. In ersterem Falle hätte nur ObL von dem wirklichen Hintergrund gewusst und Atta und seine Mannschaft lediglich als treudoofe Marionetten benutzt, im zweiten Fall seien Atta & Co. entweder gar nicht an Bord der Maschinen gewesen (Fernsteuerung) oder aber später unbehelligt aus ihnen ausgestiegen (Drohne). Zur Begründung der »unstimmigen Terroristenfiguren« wird u.a. angeführt, dass sich die Attentäter während ihres USA-Aufenthalts teilweise sehr widersprüchlich verhalten hätten – einmal doktrinär, strenggläubig, schweigsam, arrogant – dann wieder cool, lässig, freundlich und offen, was möglicherweise auf »schauspielende US-(oder Mossad-)Agenten« schließen ließe. Diese Beobachtungen können aber auch einen anderen Hintergrund haben. Erstens verhalten sich Menschen nicht immer und nicht in allen Lebenslagen in gleicher Weise (auch bei strengster Disziplin und Professionalität kann man nach einigen Wochen oder Monaten schon mal aus der Rolle fallen), zweitens ist die Wahrnehmung der Beobachtenden bisweilen sehr unterschiedlich und natürlich auch von subjektiver Auffassung geprägt/verzerrt und drittens versuchten die Attentäter vielleicht gelegentlich, gerade durch lässiges Auftreten »amerikanisch adaptiert« zu wirken, um nicht (so schnell) als mohammedanische Fanatiker aufzufallen. Was ObL betrifft, bleibt allerdings einiges mysteriös – wie z.B. dass angeblich ein CIA-Offizier Osama noch im Juli 2001 in einem amerikanischen Hospital besucht haben soll, dass Osama seltsamerweise ungeschoren aus Tora-Bora entkommen konnte und – laut Aussage von Geheimdiensten bzw. mehrerer Zeugen – schon mehrfach von den Amerikanern festgenommen hätte werden können. Allerdings sind diese Berichte (oder Behauptungen) nicht zur vollen Überzeugung verifizierbar und genügen selbstverständlich nicht, obige These wirklich zu beweisen. Und wenn man im Report all die seitenlangen Details der jahrelangen Vorbereitungen zum 9/11-Coup durchackert, scheint es doch zweifelhaft, dass dies alles von US- (oder auch anderen) Kreisen eingefädelt und gesteuert sein soll. Zu guter Letzt spricht auch der Text des letzten Osama-Videos vom Oktober 2004 deutlich gegen eine solche Annahme, da Bush hierin doch ziemlich verhöhnt wird und die Argumentation Osamas – in einigen Punkten zumindest – doch als differenziert, geistreich, »plausibel« und damit gefährlich für die Bush-Administration bezeichnet werden kann.

Fazit:

Ein Komplott zwischen US-Kreisen und al-Quaida/ObL ist (zumindest »partiell«) zwar grundsätzlich nicht unmöglich, angesichts der extremen Mitwisserproblematik, des relativ hohen Enttarnungs-Risikos sowie der jüngsten Äußerungen Osamas jedoch wenig wahrscheinlich.

4. »US-Passiv-Komplott« (= Unterlassungskomplott)

Diese Verschwörungstheorie zweifelt bezüglich Urheberschaft und technischem Ablauf der Ereignisse prinzipiell nicht an der offiziellen Version, geht jedoch davon aus, dass bestimmte hochrangige US-Verantwortliche von der bevorstehenden 9/11-Attacke informiert waren und absichtlich nichts dagegen unternommen haben bzw. Behörden- und Militärreaktionen entsprechend verschleppt haben, um die Katastrophe geschehen zu lassen und hinterher die Politik machen zu können, die sie schon seit langem vorhatten, aber aus juristischen und psychologischen Gründen nie durchsetzen konnten/hätten können. Wie wir insbesondere der Auswertung des 9/11-Reports und speziell den Interviews von Verantwortlichen der US-Flugaufsichtsbehörde FAA, des US-Militärs, der CIA, des FBI und auch der US-Regierung selbst im vorangegangenen Kapitel entnehmen können, gibt es durchaus eine nicht unerhebliche Zahl von Indizien, die für eine solche Theorie sprechen:

1. Die Bekämpfung von ObL und al-Quaida wurde im Vorfeld des 11. September (schon von der Regierung Clinton in den 90er-Jahren) entweder gar nicht oder nur halbherzig betrieben, unter Bush angeblich (laut Zeugenaussagen) sogar gestoppt. Selbst Ex-Terrorismus-Berater Richard

Clarke konnte damals schon nicht verstehen, »*weshalb wir weiterhin die Existenz von groß angelegten al-Quaida-Basen zulassen, wo – wie wir wissen – Leute dazu trainiert werden, Amerikaner zu töten*« (Rep., S. 213) …

2. Sowohl die CIA als auch (teilweise) das FBI hatten in den Wochen und Monaten vor dem Coup bereits zahlreiche, mehr oder weniger konkrete Warnungen erhalten, denen jedoch – aus teilweise nachvollziehbaren, teilweise aber auch nicht nachvollziehbaren Gründen – nicht mit der erforderlichen (und erwartbaren) Aktivität und Zielstrebigkeit nachgegangen wurde (Tenet, Pickard). Auch schien man nicht willens, die bereits vorliegenden Informationen zu einem Gesamt-Puzzle (das so kompliziert nun auch wieder nicht war) zusammensetzen zu wollen. Vor allem aber die Häufigkeit und teilweise schon Absurdität, mit der unter den Diensten die Weitergabe manch wichtiger Informationen regelrecht geblockt/vereitelt wurde, sprengt bei allem Verständnis für Bürokratie-Dschungel, Paragraphenhörigkeit und Hierarchiewahn doch das erträgliche (und evtl. glaubhafte) Maß (»Jane«, »Phoenix-Memo« etc.).
3. Auch die amtierende US-Regierung unter George W. Bush unternahm trotz relativ eindringlicher, halbwegs konkreter und sich crescendoartig häufender Warnungen in den letzten Wochen vor dem 11. September so gut wie nichts in punkto präventiver Maßnahmen (Ashcroft, Rice, Wolfowitz). Selbst wenn diese Maßnahmen den Anschlag vielleicht trotzdem nicht mehr verhindern hätten können, so hätte man dies aber zumindest überzeugend versucht …
4. Die etwas verzögerte (pysikalisch-visuelle) Wahrnehmung der Flugzeugentführungen durch die Fluglotsen der FAA ist wohl zunächst nicht unbedingt auffällig zu nennen, wohl aber die verzögerte interne (Manager) wie externe (Militär, NORAD) Informationsweitergabe diesbezüglich (was aber auch »natürliche« Erklärungen haben kann). Besonders der Umstand, dass die Meldungen über die Entführungen das Militär (NMCC) allesamt so spät erreichten, dass dieses überhaupt nicht mehr erfolgreich einschreiten konnte und damit quasi von vornherein exculpiert scheint, fällt schon ins Auge (kann aber selbstverständlich auch Zufall sein).
5. Die deutlich verzögerte bzw. sogar gänzlich unterbliebene Reaktion des Militärs nach Erhalt der Meldungen von den entführten Maschinen ist ebenfalls auffällig. So wurden die Abfangjäger erst ziemlich spät und von einer relativ weit vom Plot entfernten Militärbasis aus in die Luft (und zunächst sogar auch noch in die falsche Richtung) geschickt, zudem mit ungenügenden Informationen über den Sachverhalt und unklaren Handlungsanweisungen ausgestattet (Myers) und Cheneys Abschussbe-

fehl schließlich vollkommen ignoriert (Marr, Nasypany, Fox). Erstaunlich bleibt im Übrigen, dass scheinbar bis dato kein Verfahren oder militärdisziplinarische Maßnahme gegen diese (inhaltlich/situativ vielleicht sogar statthafte) Befehlsverweigerung angestrengt worden ist.

6. Die verzögerte bzw. teilweise sogar ebenfalls gänzlich ausgefallene Reaktion der politisch Verantwortlichen (Rumsfeld, Wolfowitz, Bush) nach Erhalt der Information über den *zweiten* (WTC-)Treffer ist bis dato ebenfalls nicht überzeugend begründet und nur bedingt glaubhaft. Das konsequente Nicht-Handeln beinahe sämtlicher hochrangiger US-Regierungsmitglieder am Tage des 11. September, allen voran des Präsidenten selbst (Klassenzimmer), ist und bleibt ein beständiger Wackelkontakt im Gerüst der offiziellen Version.

Fazit:

Ein Unterlassungskomplott aus US-Kreisen muss wohl angesichts einer doch nicht von der Hand zu weisenden Anzahl gewisser Indizien als zumindest technisch/organisatorisch machbar und letztendlich auch als möglich und denkbar angesehen werden. Ob diese Version in Anbetracht der damit verbundenen Mitwisserproblematik bzw. des nicht unerheblichen Aufdeckungs- sowie Erpressbarkeitsrisikos aller Beteiligten als wahrscheinlich bezeichnet werden kann, möchte ich dem Leser überlassen.

Bleibt es damit nun doch bei der offiziellen Version? Ja und nein, könnte die Antwort hierauf lauten. Ja deshalb, weil keine der wesentlichen, in Frage kommenden Verschwörungstheorien vollkommen überzeugt und »passt«, wie wir oben festgestellt haben, und weil zumindest einige Unklarheiten doch beseitigt bzw. halbwegs plausibel begründet werden konnten (wie etwa das Thema der »umständlichen« Zubringerflüge, das Nichterscheinen der Terroristen-Namen auf den offiziellen Fluglisten, die Nichtentdeckung der Teppichmesser beim Einchecken, die späte Entdeckung der Entführungen durch die FAA und die späte Reaktion des US-Militärs, das Erscheinen von C130-Transportern an den Unfallstellen, die »Bomben-Explosionen« im WTC, das Auftauchen unbekannter Flugobjekte bei Shanksville etc. etc.). Außerdem überzeugen so manche verwaltungsbürokratische, juristische, technische, menschliche und politische Fehlleistungen Verantwortlicher durchaus – vor allem, wenn wir bedenken, um welch gigantisches, hochkomplexes, vielschichtiges, zergliedertes, offenes, aber auch verkrustetes und anfälliges Demokratie-, Rechts-, Verwaltungs- und Politsystem es sich bei den 240 Millionen Einwohner und 50 Bundesstaaten zählenden, sich über mehrere Zeit- und Klimazonen erstreckenden USA handelt! Mit europäischen, insbesondere auch deutschen Verhältnissen, ist dieses gewaltige und in vielen Punkten »andersgestrickte« Land nicht oder nur bedingt zu vergleichen. Unsere gewohnten Denkschablonen (auch und gerade was Mentalitätsfragen anbelangt) sind hier – ähnlich der unterschiedlichen Stromspannung – nicht »1:1 kompatibel«. Dies sollten wir bei aller berechtigten Kritik und Skepsis stets im Hinterkopf behalten ...

Nein jedoch deshalb, weil auch die offizielle Version nicht vollkommen überzeugt und »passt«, wie sich ebenfalls schon herauskristallisiert hat. So ist beispielsweise trotz des umfassenden 9/11-Reports nach wie vor nicht überzeugend geklärt,

- welche konkreten Verbindungen die Bush-Familie (und andere US-Verantwortliche) zu den Saudis im Allgemeinen und der bin-Laden-Familie im Besonderen pfleg(t)en,
- welche konkreten Kontakte die US-Geheimdienste während des Afghanistan-Krieges in den 80er-Jahren zu Osama bin Laden und seiner al-Quaida-Organisation pflegten (der lapidare Satz »Aber bin Laden und seine Kameraden hatten ihre eigenen Quellen an Unterstützung und Training, sie erhielten wenig oder keine Hilfe von den Vereinigten Staaten« ›Rep., S. 56 i.V.m. Fußnote 23‹ dürfte den Erwartungen an einen immerhin 567 Seiten starken Aufklärungsbericht kaum genügen ...),
- weshalb die USA das Angebot Sudans im Jahre 1996, Osama bin Laden auszuliefern, nicht annahmen,
- ob ObL tatsächlich noch im Juli 2001 von einem US-Agenten in einem Krankenhaus besucht worden ist und ggfs. weshalb genau,
- weshalb in die USA eingereiste (den Behörden teilweise als solchen bekannte) al-Quaida-Leute von den Geheimdiensten offensichtlich nicht beobachtet worden sind,
- wie Mohammed Atta & Co. als Piloten einmotoriger Propellermaschinen das haargenaue Steuern von vielfach größeren, schwereren und schnelleren Düsenmaschinen überhaupt möglich war,
- was es mit der Anomalie am Rumpf der zweiten WTC-Boeing auf sich hatte,
- wie ein 100 Tonnen schweres, 38 Meter Spannweite messendes, 13 Meter hohes und mit ca. 600 km/h schräg auf eine Hauswand auftreffendes Passagierflugzeug lediglich ein ca. sechs Meter breites und drei Meter hohes Eintrittsloch ohne jede (sichtbaren) Wrack- oder Leichenteile, andererseits aber ein sechs Wände durchbohrendes, ca. drei Meter breites Austrittsloch hinterlassen kann,
- weshalb der amtlich festgestellte Zeitpunkt des Aufschlags der vierten Maschine über eine Minute von der seismographischen Aufzeichnung abweicht,

- weshalb NORAD-Offizielle den Zeitpunkt der Kenntnis von den entführten Flugzeugen gegenüber der 9/11-Kommission drei Mal falsch nannten,
- weshalb die Weitergabe bestimmter, wesentlicher Informationen zwischen FBI und CIA (»Jane«) aber auch innerhalb der FAA und zwischen FAA und Militär auf teilweise eklatante Weise versiebt bzw. vereitelt wurde,
- weshalb FAA-Manager das Militär nicht um Eskortjäger ersucht haben,
- weshalb Abfangjäger von einer 200 km entfernten (und nicht näheren) Militärbasis losgeschickt wurden (und zunächst auch noch in die falsche Richtung) und weshalb sie keine eindeutigen Befehle erhielten,
- ob Präsident Bush im Klassenzimmer von Sarasota wusste, dass er gefilmt wurde, während er die Nachricht vom »Angriff auf Amerika« erhielt,
- weshalb nur anderthalb Jahre nach dem 11. September eine Million Tonnen Beweismaterial (WTC-Schutt) nach China verschifft worden sein soll,
- weshalb Jahre nach dem Absturz der UA 93 immer noch »92 Prozent der Körper« im Krater stecken sollen und noch nicht geborgen bzw. identifiziert sind,
- wie es möglich ist, dass die Verweigerung der Ausführung eines militärischen Befehls des US-Vizepräsidenten offenbar ohne jede disziplinarische Konsequenz für die betroffenen Offiziere bleibt bzw. ein entsprechendes Verfahren erst gar nicht eröffnet wird,
- weshalb **»die Spur des Geldes«** (millionenfache Gewinne durch extrem erhöhte Putoptionen in die fallenden Aktienkurse bestimmter WTC-Unternehmen kurz vor ihrer Eliminierung am 11. September) offenbar nicht bis zum Ende zurückverfolgt wurde bzw. weshalb die diesbezüglichen Ermittlungen ausgerechnet einem Bush-Vertrauten, der früher ebenfalls Geschäfte mit der bin-Laden-Familie betrieben haben soll, übertragen wurden, und weshalb der 9/11-Report hierüber kein einziges Wort verliert,
- weshalb Richard Clarke der Öffentlichkeit partout nicht den Namen der Person nennen will/kann, welche ihn kurz nach den Anschlägen um das Ausfliegen von 142 Saudis gebeten hat,
- weshalb General Tommy Franks im Afghanistan-Krieg ausgerechnet den falschen von zwei in Frage kommenden Pässen bombardieren ließ und ObL somit entkommen konnte,
- weshalb ObL in seinem FBI-Steckbrief nach wie vor nicht wegen des 11. September gesucht wird,

- weshalb Khalid Sheikh Mohammed und Ramzi Binalshibh bis zum heutigen Tage nicht optisch gezeigt werden und weshalb noch nicht einmal ein Prozess gegen sie eröffnet ist,
- weshalb die USA keine Zeugen und keine Dokumente für die Hamburger Terrorprozesse zur Verfügung stellten bis auf ein einziges, welches prompt den Freispruch Mzoudis bewirkte (was die USA anschließend wiederum beklagten),

und, und, und ... Doch egal, wie man es dreht und wendet: Es wird weder so noch so ein richtiger Schuh daraus, könnte man meinen. Da fragt man sich: Gibt's da nicht noch irgendeine andere denkbare und vielleicht noch nicht angesprochene Variante? Nun, es steht und fällt im Prinzip doch alles mit der (bis dato noch nicht überzeugend erklärten) Kunst, diese vier (bzw. drei) Verkehrsflugzeuge haargenau in ihre Ziele zu lenken, sowie mit der Frage, wer dies fertig gebracht hat unter Aufopferung seiner selbst. Denn wenn die Maschinen – wovon man jetzt wohl doch ausgehen kann – keine Drohnen waren und auch nicht ferngesteuert wurden, haben doch definitiv eine Hand voll Menschen diese Flugzeuge bewusst in ihre Ziele gelenkt und kaltblütig-ergeben keinen Augenblick gezögert, sich selbst (und Tausende anderer) umzubringen. Wenn Atta & Co. diese Hand voll nicht gewesen sein sollten, wer dann? Wer sonst würde eine derart außergewöhnliche Motivation, Selbsthingabe, Berechnung, Willensstärke und fliegerisches Können aufbringen bzw. in sich vereinen? Dafür gibt es außer den bereits angesprochenen Versionen alternativ im Prinzip etwa drei Möglichkeiten:

1. »Pilotenmodell«

Es waren eben doch die Piloten selbst, weil sie – mit den Teppichmessern am Hals – gar keine andere Wahl hatten bzw. durch ihr Handeln evtl. sogar noch größeren Schaden abwenden konnten. So glaubt z.B. auch Mrs. Ogonowski, die Witwe des Flugkapitäns der ersten Maschine, dass die Piloten selbst noch relativ nah an die Gebäude herangeflogen sind und die Terroristen erst »auf den letzten Metern« bzw. »den letzten Sekunden« das Steuer übernommen hätten. Ehrlich gesagt war das auch gefühlsmäßig meine sofortige persönliche Einschätzung gewesen, als ich die »Stunts« damals das erste Mal am Fernseher verfolgt habe. Diese Variante würde zudem auch zumindest die flugakrobatischen Leistungen bis kurz vor den Crashs (rapide Sinkflüge, Schleifen, Landeanflug) plausibel erklären. Ich halte es sogar für nicht ganz ausgeschlossen, dass die Piloten gänzlich selbst in die Ziele geflogen sind, um noch Schlimmeres zu verhüten. Zwar wurde diese Variante in einer TV-Sondersendung prompt von einem Pressesprecher einer Pilotenvereinigung zurückgewiesen mit der Begründung, »der Ehrenkodex eines Berufspiloten einer großen Zivilverkehrsmaschine verbiete es diesem, selbst angesichts seiner drohenden Ermordung Hunderte oder Tausende von Menschenleben durch sein Handeln zu zerstören bzw. zu gefährden«. Doch genau daran haben die Piloten sich vielleicht gehalten, indem sie eben bewusst in diese Gebäude geflogen sind. Denn welche Wahl hatten sie schon? Spätestens dem Kapitän der zweiten Boeing musste auf Grund des gut sichtbaren, qualmenden WTC-Nordturms bewusst sein, dass es sich auch bei der Entführung seiner eigenen Maschine um ein Selbstmordkommando ohne jeglichen Ausweg handeln dürfte. Es konnte also spätestens hier maximal nur noch um Schadensbegrenzung gehen, nicht mehr um grundsätzliche Vermeidung. Denn was wäre realistischerweise passiert, wenn die Piloten die Weisungen der Entführer nicht befolgt und nicht auf diese Gebäude zugeflogen wären? Mit an Sicherheit grenzender Wahrscheinlichkeit hätten die Entführer die Flugzeuge dann eben irgendwo über der Stadt *unkontrolliert* abstürzen lassen (vgl. hierzu Rep., S.244) – was die Opferzahlen unter Umständen sogar noch deutlich erhöht hätte! Denn mit dem Treffen der beiden relativ schmalen WTC-Türme hoch über der Stadt wurde – so schrecklich es klingen mag – das Desaster eines wüsten Flugzeugabsturzes im Innercitybereich praktisch allein auf diese beiden Punkte gebannt, ja fast sogar »abgefangen«. Und dadurch, dass auch die Türme selbst wiederum sehr weit oben getroffen wurden, war die Anzahl der sofort bzw. auf jeden Fall Getöteten »nur« auf die oberen Stockwerke »begrenzt«, während die große Masse der in den Gebäuden darunter Befindlichen noch rechtzeitig (vor dem Einsturz) evakuiert werden konnten (was die Opferzahlen von knapp 3000 gemessen am personellen Fassungsvermögen des WTC von insgesamt 50 000 noch vergleichsweise »günstig« erscheinen lassen). Ich behaupte keineswegs, dass es so gewesen ist, aber diese Variante könnte zumindest das immer noch ungelöste Problem der hochwertigen fliegerischen Leistungen auf realistisch-pragmatische Weise erklären ...

2. »Rechtsextremistenmodell«

Die zweite Variante ist wohl etwas abenteuerlich, aber auch nicht unmöglich. Es könnte beispielsweise sein, dass die Selbstmordpiloten nicht islamisch, sondern »rechtsextrem« motiviert waren – will heißen: nicht fanatische Araber, welche dem Islam, sondern fanatische Amerikaner, welche der USA zur Weltherrschaft verhelfen wollten, haben den Coup gelandet. Dafür könnten nicht nur sprechen die weltpolitischen Konsequenzen bzw. der schon oben beschriebene Nutzen, welche die USA aus den Anschlägen zogen und immer noch ziehen, sondern auch der

Umstand, dass sich an Bord fast aller Maschinen entsprechend fliegerisch ausgebildete Personen unter den Passagieren befanden (teilweise angeblich sogar Testpiloten der Navy), wie Bröckers und Wisnewski nachgewiesen haben wollen. Und dass es in den USA extrem rechte, teils nationalistisch, teils religiös motivierte Gruppierungen gibt, die vor nichts zurückschrecken, ist spätestens seit dem verheerenden Anschlag von Timothy McVeigh in Oklahoma-City im Jahre 1995 bekannt. Die Wahrscheinlichkeit, unter Tausenden derart extremer Persönlichkeiten zumindest eine Hand voll Spezialisten zu finden, die sich – vernarrt in amerikanische Armageddon-Fantasie – opfern und drei Flugzeuge in Gebäude fliegen, um dadurch den (wegen militärischer Überlegenheit für die USA am Ende siegreichen) Dritten Weltkrieg mit den arabischen Staaten und anderen zu forcieren, wäre im Prinzip nicht viel geringer einzuordnen als die Wahrscheinlichkeit, dass Atta & Co. es getan haben. Nicht ganz von der Hand zu weisen sind da die Ausführungen von Wisnewski, der in den schon seit einigen Jahren extrem zunehmenden Endzeit- und Endkampf-Monumentalepen der US-Filmindustrie (z.B. »Pearl Harbor«, »End of Days« etc.) eine propagandistisch-psychologische Vorbereitung bzw. Einstimmung der Massen für den schon seit langem geplanten »Millenniums-Coup« erspäht haben will. Tatsächlich scheint die US-Öffentlichkeit auf Krieg und Action extrem »abzufahren« und auch der Überzeugung zu sein, dass es irgendwann zum großen »Showdown« kommen muss, in dem Amerika die Welt endgültig von allem Bösen befreien wird. Und wer weiß, was für mächtige, einflussreiche Gruppen hinter derartigen »Überzeugungstätern« stehen könnten und ob diese vielleicht nicht schon längst im Weißen Haus sitzen. Die nicht nur auf US-Kinoleinwänden, sondern gerade auch von Methodistenanhänger Bush höchstpersönlich fast stereotyp zelebrierten Vokabularien wie »Weltkrieg«, »globaler Kampf gegen das Böse«, »weltweiter Krieg gegen den Terror«, »Entfesselung des amerikanischen Militärs«, »Achse des Bösen«, »monumentaler Kampf zwischen Gut und Böse« scheinen eine solche Version jedenfalls nicht gänzlich auszuschließen …

3. »Jokermodell«

Diese Version verneint alle übrigen und geht davon aus, dass jemand ganz anderer (weder Atta noch Amerikaner) die Flugzeuge in die Gebäude gesteuert hat, um eben einen großen, gegenseitig zermürbenden weltpolitischen Konflikt zwischen der amerikanisch-christlich-jüdischen und der arabisch-muslimischen Welt heraufzubeschwören. Die Vermutungen, wer an einem solchen Szenario Interesse gehabt haben könnte, sind müßig und würden auf Grund der diversen und unüberschaubaren Motivlagen zahlreicher Mächte, Länder, Organisationen und Gruppierungen den Rahmen dieses Buchs sprengen. Die logistische und handwerkliche Fähigkeit zu diesen Anschlägen war von einigen beispielsweise dem iranischen (s. Kapitel 3), dem saudi-arabischen (evtl. in Zusammenarbeit mit der CIA), aber auch (bzw. vor allem) dem israelischen Geheimdienst (Mossad) zugetraut worden. Letztere Spekulation wurde zum einen von dem Gerücht genährt, dass sich zum Zeitpunkt der Anschläge »keinerlei Juden« im WTC aufgehalten hätten, und zum anderen von der Tatsache, dass einer der Terroristen an Bord einer entführten Maschine ausgerechnet einen (zufällig?) mitreisenden israelischen Militärangehörigen erstochen habe. Abgesehen davon, dass letztere Argumentation weder Beweis noch Indiz für irgendetwas ist, kann und muss auch erstere verworfen werden, da bereits nachgewiesen sei, dass sehr wohl jüdische Mitbürger im WTC umgekommen seien (– unabhängig davon andererseits, dass ein Geheimdienstmanöver dieser Größenordnung wohl eher keine Rücksicht auf ein paar »eigene Leute« nehmen würde, um eben nicht den Verdacht prompt auf sich selbst zu lenken und abermals eine ebenso unnötige wie unkalkulierbare Mitwisserproblematik zu erzeugen). Im Übrigen bleibt auch hier ohne jegliche Beweise alles nur Spekulation – was auch für die Annahme gänzlich anderer Täterschaften gelten muss. Denn nur weil Schauspieler und Düsenpilot John Travolta eine eigene Boeing direkt vor der Haustür stehen hat und gleichzeitig in den höchsten Etagen der Scientology-Sekte rangiert, heißt dies noch lange nicht, dass Ron Hubbards Dianetik-Tomaten den 11. September auf dem Gewissen haben (wobei Scientology in der Tat eine weitere, überprüfenswerte 9/11-Variante sein könnte ...).

Wir sehen also, es müsste noch einiges ermittelt und geklärt werden sowie insbesondere die im letzten Kapitel vorgeschlagenen Zusatz-Interviews (z.B. mit Tenet, Pickard, Wolfowitz, Rumsfeld, Fleischer, Card, Sliney, »Jane«, Marr, Fox, Nasypany etc.) noch geführt werden, bevor wir eine »abschließende« Entscheidung wagen könnten. Bei aller gebotenen Genauigkeit und Penetranz dürfen wir jedoch auch nicht päpstlicher als der Papst urteilen und zudem nicht übersehen, dass **einige der sog. Gegenargumente zur offiziellen Version sich nicht selten auch in »Pros« verwandeln lassen**, wie wir oben schon beim Thema der angeblichen »Judenwarnung« entdeckt haben. So könnten z.B. – wie bereits erwähnt – die »Elefantenspuren« der Entführer auch mit Absicht von diesen selbst so gelegt worden sein, um auf diese Weise der Öffentlichkeit Urheberschaft und Grund der Anschläge (mohammedanische Ideologie) mitzuteilen – unabhängig davon, dass »echte« Verschwörer diese Spuren vielleicht eben gerade nicht so (überdeutlich) legen würden bzw. gelegt hätten, weil ja genau dies den Verdacht auf eine Verschwörung lenken könnte bzw. auch tatsächlich gelenkt hat. Auch würden US-Konspiratoren die Selbstmord-Crew gerade nicht hauptsächlich mit Vertretern desjenigen Landes besetzen, das die US-Regierung – trotz tatsächlicher Brutstätte des gewaltbereiten »Islamismus« – bis zum heutigen Tage in ihren Schutz genommen und vom »Krieg gegen den Terror« erstaunlicherweise vollkommen ausgeklammert haben, nämlich von Saudi-Arabien. **Denn eigentlich hätte der Hauptverdacht nach dem 11. September ja gleich auf das Haus Saud fallen müssen, nachdem die überwiegende Zahl der Attentäter eben aus diesem Lande stammte.** Entgegen bestimmter Aussagen und Meinungen inhaftierter Taliban- bzw. al-Quaida-Kämpfer seien laut Khalid Sheikh Mohammed aber nicht deswegen überwiegend Araber für den »Job« ausgesucht worden, um einen Keil zwischen USA und Saudi-Arabien zu treiben, sondern weil die islamischen Terror-Camps nun mal überwiegend von Saudis aufgesucht würden und es für diese auch leichter war als für andere, sowohl nach und von Afghanistan ein- oder auszureisen (nämlich via Iran mittels dort ungestempelter Pässe) als auch in die USA zu reisen (Rep., S. 232). Unabhängig davon hätten (US-)Verschwörer doch sicher darauf geachtet, zumindest den ein oder anderen Iraker aus Alibigründen »mit an Bord« zu haben, um eben damit den späteren Angriff auf den Irak (noch besser bzw. überhaupt) rechtfertigen zu können. Auch machten im Falle einer Verschwörung all die jahrelangen Inhaftierungen von mutmaßlichen Taliban- bzw. al-Quaida-Kämpfern auf Guantanamo mitsamt ihren unpopulären und imageschädigenden Medienberichten darüber letztlich überhaupt keinen Sinn.

Zudem wäre es von Verschwörern ziemlich töricht, eine Drohne oder ferngesteuerte Boeing mit einer derart sichtbaren (und technisch sicher auch vermeidbaren) »Anomalie« am Rumpf auszustatten, damit sie auch ja von Millionen Fernsehzuschauern prompt wahrgenommen wird, Hani Hanjour und andere kläglich ihre Pilotenausbildung vermasseln zu lassen, um dadurch später enorme Zweifel an ihrem fliegerischen Können hervorzurufen, Atta & Co. bewusst ein Jahr lang teilweise ziemlich auffällig in den USA herumturnen zu lassen, um dann hinterher die Einwanderungsbehörden zu blamieren, die maßgeblichen US-Verantwortlichen am Tag des 11. September bewusst nichts unternehmen und insbesondere Präsident Bush besonders dumm aussehen zu lassen, um genau dadurch dem amerikanischen Volk die Unfähigkeit seiner Regierung vorzuführen, den Krater von Shanksville absichtlich mit auffällig wenigen Wrack- und Leichenteilen zu versehen, um damit sämtlichen Skeptikern unbedingt Vorschub zu leisten etc. etc. Was ich damit ausdrücken möchte, ist ganz einfach, dass Verschwörer vom Kaliber eines 9/11-Coups bestimmte Dinge vermutlich (noch) viel passender und unauffälliger arrangiert/inszeniert/platziert hätten als dies offenkundig bisweilen der Fall war.

Dennoch kann natürlich bei einer solch gewaltigen und komplexen Operation wie der des 11. September auch eine Menge schief gehen und viel Unvorhersehbares dazwischenkommen – was jedoch für beide Alternativen gleichermaßen gilt ...

Summa summarum würde ich persönlich – nach Abwägen sämtlicher Für und Wider – zu dem nüchternen Schluss kommen, dass die Sache immer noch nicht genügend aufgeklärt ist. Bis zur vollständigen Klärung der oben gestellten Fragen würde ich jedoch – nicht zuletzt wegen des in der Videobotschaft vom 29. Oktober 04 von Osama bin Laden (indirekt) vorgebrachten »Bekenntnisses« zu den Anschlägen – die Wahrscheinlichkeit der offiziellen Version (»Osama-solo-aktiv«) gegenüber einer Verschwörungsversion (hier: Unterlassungskomplott aus US-Kreisen) einstweilen mit etwa **2 : 1** bewerten. Es scheint also, als sollten wir uns doch nochmal verstärkt dem islamischen Terror allgemein und Osama bin Laden/al-Quaida im Besonderen zuwenden zu müssen ...

12. Dämonen des Islam

»Der 11. September 2001 hat illusionslos klar gemacht, von welcher Weltreligion aktuell die größte Gefahr für die Sicherheit der USA, Europas und des gesamten Westens ausgeht.« Nein, lieber Leser, liebe Leserin, dieses Zitat ist weder einer Ansprache von US-Präsident Bush oder seiner Außenministerin Condoleeza Rice noch der Präambel einer militanten Christen-Sekte oder obskuren Rechts-Partei entnommen, sondern – man höre und staune – Joschka Fischers Feder in seinem 2005 erschienenen Buch »Die Rückkehr der Geschichte«, Seite 208. Ohne auf dieses Statement hier näher eingehen zu wollen, aber um die seit einigen Jahren weltweit grassierenden Auswüchse im Namen des Islam vom Grunde her zu begreifen und den durch ObL vertretenen Terrorismus entsprechend einordnen zu können, kommen wir nicht umhin, einen schnellen Exkurs in diese Materie zu unternehmen.

Der Islam wird neben Juden- und Christentum als die dritte große, eingottgläubige Weltreligion abrahamitischen Ursprungs klassifiziert. Das Wort »Islam« selbst bedeutet dabei zunächst nichts weiter als »Ergebung, Unterwerfung« (und nicht »Frieden«, wie fälschlicherweise bisweilen behauptet wird) und »Muslim/Moslem« entsprechend »(Gott)Ergebener«. Nach Meinung einiger Islamwissenschaftler, Orientalisten und Theologen verstehe man daher streng genommen – auch gestützt auf den Koran – unter dem Begriff Moslem jeden Gläubigen, bei dem es (im Gegensatz zu Juden und Christen) nicht zum Bruch mit Gott kam, unabhängig jedes Zeitfaktors. Nach dieser Definition gab es daher den Islam und Muslime schon vor dem Erscheinen des »Propheten Mohammed« im 7. Jahrhundert nach Christi Geburt. Durch Mohammed und seine angeblich im Schlaf vom »Erzengel Gabriel« (böse Zungen behaupten mitunter jedoch von einem Dämon) eingegebenen und später als »Quran« (Koran) niedergeschriebenen »Offenbarungen Allahs« sind die Glaubensvorstellungen und -forderungen dieser »Gottheit« im Prinzip lediglich konkretisiert, manifestiert und verbindlich gemacht worden. Doch schon hier – beim Empfang der »göttlichen Botschaft« – stellen sich nicht nur nach christlichem Verständnis erste Zweifel am Geschehen ein. Zum Beispiel entspricht die Art und Weise der körperlichen Reaktion Mohammeds auf die übersinnliche Erscheinung (Zucken und Gliederverrenkung während des Schlafs etc.) nicht dem üblichen (und mehrfach nachgewiesenen) Verhalten von Menschen gegenüber göttlichen Offenbarungen und Eingebungen, welches sich generell in ehrfürchtigem, aber hellwachem Erstarren und Niederknien äußert. Neben der These der (evtl. psychotisch bedingten) »Empfängerstörung« bestehen jedoch auch erhebliche Zweifel am göttlichen Ursprung des Textes selbst, da große Teile desselben zu dem im Evangelium vermittelten Wort Gottes in eklatantem Widerspruch stehen (z.B. was die zahlreichen Gewaltaufrufe im Koran anbelangt, denen Mohammed in seinem späteren, äußerst bewegten Leben dann ja auch in zahlreichen Schlachten ausgiebig nachgegangen ist). Unabhängig hiervon ist nach herrschender theologischer Meinung die Zeit der Propheten mit dem Erscheinen des Messias in Form von Jesus von Nazareth definitiv abgelaufen. Sinn und Ziel der alttestamentarischen Prophetie war ja im Prinzip nichts anderes, als gerade auf das Kommen des Gottessohns hinzuweisen. Nachdem diese Prophezeiungen durch Geburt, Leben, Wirken und Sterben Jesu vor 2000 Jahren erfüllt wurden, erübrigte sich jedes weitere Prophetentum. Zwar soll es darüber hinaus bis zum heutigen Tage gewisse Prophezeiungen bezüglich einzelner Lebensschicksale (sog. »Privatoffenbarungen«) geben, mit den großen, menschheitsgeschichtlich-biblischen und allgemein gültigen Weisagungen haben diese jedoch nichts zu tun.

Doch zurück zu Mohammed: Was historisch als gesichert gilt, ist, dass er (wenn schon nicht der Begründer des Islam so doch) der Begründer der »Umma«, der Gemeinschaft der gläubigen Moslems, war und mit Frauen und Feinden nicht gerade zimperlichen Umgang pflegte (worauf ich aus einer gewissen religiösen Rücksichtnahme und aus Platzgründen nicht näher eingehen möchte). Kurze Zeit nach dem Tode Mohammeds spalteten sich die Muslime in die beiden großen, bis heute noch rivalisierenden Richtungen der Sunniten (gemäß der über die Taten und Worte Mohammeds berichtenden Sunna-Schrift) und Schiiten auf, wobei es unter diesen beiden noch diverse Untergruppierungen gibt. Eine extreme, sektenartige Unterart der Sunniten ist beispielsweise der saudi-arabische Wahabismus, dem u.a. Osama bin Laden angehört und der von seiner Schwägerin Carmen bin Laden als »*Luxusausgabe der Taliban*« bezeichnet wird. Die wesentlichen Glaubenssätze des Islam sind angeblich in den sog. »fünf Pfeilern« festgelegt:

1. Bekenntnis: Es gibt keinen Gott außer Allah, und Mohammed ist sein Prophet.
2. Gebet: die Sunniten fünf Mal, die Schiiten drei Mal am Tag.

3. Das Geben von Almosen für die Armen.
4. Fasten im Ramadan-Monat (von Sonnenaufgang bis Sonnenuntergang).
5. Wallfahrt nach Mekka mind. einmal im Leben, um ein »Hadschi« zu werden.

Zu den übrigen Inhalten des Korans ist zu sagen, dass es sich um eine Art »Sammelsurium« religiöser Regeln, Forderungen und Weisheiten handelt, die teilweise jüdischem und christlichem Gedankengut entnommen und mit Mohammeds »Eingebungen« zu einer Art Gesamtwerk verknüpft worden sind. Das generelle Problem mit dem Koran (und wohl auch der Grund, weshalb es weltweit mit dem Islam immer wieder zu aggressiven Zusammenstößen kommt) ist u.a. darin zu finden, dass ein großer Teil seiner Suren bzw. Verse – insbesondere des »Medina«-Abschnitts – sehr kämpferisch formuliert sind (so wie ja auch Mohammed selbst mehr Krieger denn Religionsführer war) und **mit vielen rechtsstaatlichen und demokratischen Prinzipien und Überzeugungen der westlichen Welt (aber nicht nur dieser) zwangsläufig kollidieren.** Zum Beispiel beinhaltet der Koran zahlreiche, konkrete Tötungsaufrufe gegenüber »Ungläubigen« (z.B. Sure 9, Vers 5: »... tötet die Götzendiener, wo immer ihr sie findet ...« = Verletzung von Artikel 2, Absatz 2 des Deutschen Grundgesetzes: »Recht auf Leben und körperliche Unversehrtheit«) sowie die Minderbehandlung der Frau (z.B. in Sure 4, Vers 34: »... meidet sie in den Schlafgemächern und schlagt sie. Und wenn sie euch gehorchen, unternehmt nichts weiter gegen sie ...« = Verletzung von Artikel 3, Absatz 2 GG: »Männer und Frauen sind gleichberechtigt«). Da es sich bei diesen Forderungen nicht um »interpretationsbedürftige Gleichnisse«, wie sie z.B. in der Bibel vorkommen, handelt, sondern um konkrete Anweisungen, gilt es umso mehr zu beachten, dass beispielsweise die im Deutschen Grundgesetz garantierte »freie Religionsausübung« (Art. 4 GG) nur insoweit gewährleistet ist, soweit andere Grundrechte des GG hierdurch nicht verletzt werden. (Bezeichnenderweise wurde im Übrigen vor einigen Jahren angeblich eine Klage auf Verbot des Korans wegen Verbreitung verfassungsfeindlicher Aufrufe vom Bundesverfassungsgericht lediglich mit der Begründung abgewiesen, dass die Gewaltaufrufe Mohammeds inzwischen »verjährt« seien ...). Ohnehin stellt sich die akademisch-rechtsphilosophische Frage, ob und inwieweit der Islam auf Grund seiner einzigartigen Verschmelzung von spirituellen und politisch-materiellen Bestrebungen (Ziel: Weltherrschaft!) überhaupt als »Religion« im Sinne unserer abendländisch-humanistischen Definition gelten kann oder ob es sich hier dem Wesen nach nicht um eine Figur »sui generis« (eigener Art) handelt, für die es passende Sonderregelungen bedürfte (z.B. wird die Scientology-Sekte, die sich ja selbst auch als »Kirche« bezeichnet, in Deutschland eben nicht als Religion anerkannt, weil sie sich weniger spirituell, sondern vielmehr irdisch-materialistisch orientiert und darüber hinaus durch ihr Streben nach einem totalitären Herrschafts- und Kontrollsystem gegen das Deutsche Grundgesetz verstößt. Und nicht von ungefähr wurde und wird unter Juristen auch immer wieder diskutiert, ob das islamische Kopftuch nun als religiöses oder politisches Symbol zu werten sei ...).

Aber auch in rein religiös-ethischer Hinsicht ist festzustellen, dass zahlreiche Glaubensaussagen und -forderungen des Korans teilweise diametral zu christlich-abendländischen Werten stehen, welche ja immerhin die Wurzel und der Grundstock vieler, insbesondere aber der westlichen Kulturen darstellen (was heutzutage nur von vielen Menschen nicht mehr bewusst wahrgenommen wird). Mohammedanische Verse wie »Sie kämpfen auf Allahs Weg, töten und werden getötet.« (Sure 9, Vers 111) sind mit christlichen Botschaften wie »Liebet eure Feinde und betet für die, die euch verfolgen!« unvereinbar. In diesem Zusammenhang müssen wir auch ehrlich und nüchtern konstatieren, dass Terrorpilot Atta, als er in das World Trade Center flog und die zuvor als »Ungläubige« definierten Amerikaner tötete, im Grunde von »seiner« heiligen Schrift gedeckt ist (was beispielsweise umgekehrt bei Ausschreitungen der viel zitierten, mittelalterlichen Kreuzzüge nicht der Fall war, da entsprechende »Handlungsanweisungen« Jesu Christi definitiv nicht existieren und somit eine Rechtfertigung dort verübter Untaten anhand der Bibel nicht möglich ist – unabhängig davon, dass die anfängliche Motivation des Kreuzrittertums nicht in einem Angriffskrieg gegen Muslime, sondern vielmehr in Schutz und Verteidigung christlicher Pilger vor Überfällen im Heiligen Land bestand ...). Atta outete sich also mit seiner Tat nach koranischem Gedankengut eben nicht als Verbrecher, sondern als Gläubiger, der einfach nur konsequent und wortgetreu den Willen Allahs (oder besser: Mohammeds) befolgte. Auffallend und bezeichnend für den Islam ist in diesem Zusammenhang auch generell die Definition des Bösen und der Umgang mit demselben. Während nach christlichem Verständnis »das Böse« praktisch in uns allen wohnt und ständig lauert, d.h. wirklich jeder Mensch erlösungsbedürftiger Sünder ist, sucht der Islam das Böse mehr in der Außenwelt, im anderen, im »Ungläubigen«, bei den »Übertretern« etc. Gut – und deshalb grundsätzlich im Recht – ist stets der Gläubige allein auf Grund der Tatsache seines Gläubigseins (und nicht unbedingt infolge konkreten, guten Tuns), und schlecht – und deshalb im Unrecht – ist stets der Ungläubige allein auf Grund der Tatsache seines Ungläubigseins (und nicht unbedingt infolge konkreten, schlechten Tuns). Um weltweiten Frieden herzustellen, sei damit folgerichtig Letzterer entweder zu bekehren oder zu bekriegen …

Aber auch bezüglich der göttlichen Verheißung ist zwischen Christentum und Islam ein eklatanter Unterschied festzustellen. Während Jesu Reich »nicht von dieser Welt« ist und die Größe und Schönheit des ewigen Lebens bei Gott in Worte erst gar nicht fassbar zu machen sind, verspricht »Allah« ein reichlich irdisches Dasein – von »Gärten, durcheilt von Bächen« bis hin zu jeder Menge »Jungfrauen« … Doch spätestens bei Sure 2, Vers 276 zeigt sich, dass der Gott des Korans – oder besser Mohammeds – offensichtlich ein anderer ist als der der Bibel: »**Und Allah liebt keinen Ungläubigen und Sünder.**« **Jesus tat und tut dies aber**. Wenngleich er Unglauben und Sünde um ihrer selbst willen hasst, hasst er aber nicht den, der diesen Verführungen auf Grund seiner Schwachheit anheim gefallen ist. Im Gegenteil: Um gerade den Sünder zu retten, hat Jesus sein eigenes Leben hingegeben – die maximale Form von Liebe. Jesus verzeiht, speist

Schiitisches Mausoleum bei Teheran

Im Inneren einer Moschee in Pakistan

und heilt – Mohammed dagegen bekriegt, tötet und erobert ... Wenn die katholische Kirche und insbesondere der Papst scheinbar dennoch der Überzeugung sind, Muslime und Christen beten den gleichen Gott an, allein deshalb, weil sie allesamt dem Schoße Abrahams entsprungen sind, so mag das für die Herzen Vieler durchaus gelten, aber für die konkreten Inhalte der überlieferten Schriften offenkundig nicht ...

Da zudem im geistigen Bereich – durch »Schließen des Tores der Erkenntnis (Ijtihad)« zumindest der sunnitische Islam aus sich heraus an einer aufklärerischen Selbstreflektion, Entdämonisierung des Irdischen und damit (positiven) Hinwendung zur Welt (wie es beispielsweise das Christentum durchlebt hat) gehindert war/ist, blieb/bleibt die arabisch-muslimische Welt auch in vielen (insbesondere technologischen) Errungenschaften der Moderne zurück und in archaischen Lebens- und Denkformen stecken, was in einer zunehmend globalisierten und vernetzten Welt früher oder später zum absoluten GAU führen muss. Im Wesentlichen kann man

– unabhängig von der o.g. entstehungsgeschichtlichen Differenzierung – vier Arten des heutzutage »real existierenden« Islam unterscheiden:

1. den säkularen (zum Teil auch alevitischen) »Laien-Islam«
2. den aufgeklärten und geistigen Islam
3. den politisch-»infiltristischen« Islam
4. den islamischen Terrorismus

zu 1.:
Dieser in gewisser Weise »säkularisierte (d.h. verweltlichte) Islam« wird von einem Großteil der Muslime – zumindest in den nichtmuslimischen Ländern – tatsächlich gelebt. Diese Menschen, welche nach kirchlicher Terminologie wohl am ehesten als religiöse »Laien« eingeordnet werden könnten, glauben zwar abstrakt an einen Gott (hier:«Allah«) und leugnen auch nicht den »Propheten« Mohammed, besuchen jedoch keine Moscheen (teilweise nicht mal Gebetsräume) und leben auch weitgehend nicht nach den Vorschriften des Korans (weil sie diese zum Teil auch gar nicht kennen bzw. niemals gelesen haben), sondern folgen ihrem Herzen und ihrer eigenen religiösen Inspiration. Da sie im Allgemeinen gegenüber anderen Religionen tolerant sind und keine Eroberungs- oder Missionierungswünsche hegen, sind sie im Ausland weitgehend integriert und lösen generell auch keine kulturell-religiösen Konflikte aus. Sie sind die Gruppe, die Politik und Gesellschaft als »die große Masse der guten Muslime« bezeichnet.

zu 2.:
So genannte reformorientierte, intellektuelle Muslime streben scheinbar eine Säkularisierung an, indem sie die Quellen »historisierend« interpretieren. Da dies zu (wohl auch inhaltlichen) Veränderungen des koranischen Wortlauts führt, halten sich die Vertreter dieser Richtung vorwiegend in westlichen Ländern auf, da eine Manipulation von »Allahs« Worten in muslimischen Staaten generell ein Todesurteil oder zumindest scharfe Sanktionen auslöst (nach herrschender Meinung ist der Inhalt des Koran weder veränderbar noch interpretationsfähig!). Wichtigste Grundsätze auch hier: Gott und nicht das Individuum ist der höchste Wert, die Bindung an die Gruppe/Familie/Sprache ist wichtiger als individuelle Freiheit, die Existenz und die moralischen Werte können nur transzendental begründet werden (was im Allgemeinen auf die meisten Religionen zutrifft). Dennoch ist Wachsamkeit geboten: Bisweilen steckt hinter diesen harmlos, vernünftig und progressiv klingenden Ansätzen auch der Versuch, islamische Denkweisen und Regeln quasi »durch die Hintertür einzuschleusen« und auf diese Weise im Westen »salonfähig« zu machen …

zu 3.:
Der »fundamentalistische«, politisch-infiltristische Islam hält die im Koran und in der Sunna festgelegten religiösen Aussagen, Regeln und Glaubensforderungen weder für reformierbar (s.o.) noch vereinbar mit den Grundsätzen und der Lebensausrichtung der westlichen Demokratien (was wohl auch den Tatsachen entspricht, wie die soziokulturellen Konflikte in der Realität zeigen) und befürwortet ein unveränderbares, totalitäres System nach folgenden Grundsätzen:

Gott ist der Gesetzgeber. Es gibt keine Gewaltenteilung. Politik und Religion bilden eine Einheit. Diesseits und Jenseits sind aufeinander bezogen. Es gibt keine Trennung von Natur und Geist. Die Einheit der Gemeinde kann nur durch Religion hergestellt werden. Die Einheit der Menschheit ist vorgegeben. Als Muster für eine allgemeine Weltordnung soll dabei die Frühzeit des Islam gelten (salafiya). Geduldet wird nur eine Theologie und zwar die des im Mittelalter lebenden Koranexperten Ibn Taymiya, der als »fundamentalistischer« Vordenker u.a. die Einheit von Religion und Politik betonte sowie religiöse Minderheiten nicht duldete. Dieser islamische Schriftgelehrte wird im Übrigen auch oft von Osama bin Laden im Zusammenhang mit der Preisung des mohammedanischen »Märtyrertods« erwähnt.

Ziele:
- Errichtung des Kalifatstaats (vgl. Metin Kaplan, »Kalif von Köln«).
- Anwendung der mohammedanischen Rechtsordnung »Scharia« (Strafen: z.B. Handabhacken bei Diebstahl, Steinigung von Frauen bei Ehebruch etc.) – auf Zivilrechtsebene bereits in Kanada eingeführt.
- Errichtung einer islamischen Wirtschaftsordnung.
- Militante Abwehr »westlicher« (d.h. säkularer, aber auch jüdisch-christlicher) Einflüsse.
- Minderstellung der Frau (Kopftuchpflicht, Hausarbeit, teilweise Berufsverbot).

Vorläufige Ziele in der Diaspora (also z.B. in Deutschland):
- Islamischer Religionsunterricht (in Deutschland bereits Alltag).
- Ausbildung islamischer Religionslehrer (allein in Bayern mehrere 100 Personen).
- Bau innerstädtischer Moscheen (vgl. geplantes Islam-Zentrum im Herzen Münchens).
- Lautsprecherverstärkter Gebetsruf (vgl. Minarettdiskussion).
- Muslimische »Frauenbadetage« (mit Einlassverbot für Männer ab sieben Jahre in öffentlichen Schwimmbädern).
- Respektierung islamischer Kleiderordnung.
- Abschottung von Frauen in den häuslichen Bereich bzw. Schaffung

entsprechender »Sonderbereiche« im gesellschaftlichen Leben (z.B. getrennter Sport- und Biologieunterricht für Mädchen, getrennte Gebetsräume etc.).

- Schutz der islamischen Feiertage.
- Einrichtung islamischer Friedhöfe.
- Systematische Unterwanderung (und nach Erreichen der Populationsmehrheit »Umstülpung«) westlich-demokratischer Rechtsordnungen.

Methoden zur Durchsetzung dieser Ziele/Ansprüche:

- Gezielte Beeinflussung der Gläubigen durch Predigten in Moscheen.
- »Aufklärungsveranstaltungen über den Islam« bei jeder sich bietenden Gelegenheit.
- Verbreitung mohammedanischer Lehren über die Massenmedien (Fernsehen, Internet etc.).
- Verbergen der wahren Absichten durch Lügen und Täuschen (Tagiya).
- Gründung verschiedener Organisationen mit »westlichem«, pseudointegrativem Anstrich (z.B. islamische Kulturvereine, Zentren, Verbände etc.).
- Gründung eigener Parteien.

Ein Ausdruck, der das Tun und die Absichten dieser »Hardliner-Muslime« (= Mohammedaner) meiner Meinung nach am besten umschreibt, ist schlicht »**Infiltration**« – ein Vorgang, der derzeit in den westlichen Staaten extrem forciert und vorangetrieben wird und meines Erachtens auf lange Sicht für Recht, Gesetz, Kultur, Geist, Moral, Denken, Wirtschaft, Sozialsystem und politische Perspektiven der westlich-abendländischen Welt das **viel größere und gefährlichere Problem sein wird als der islamische Terrorismus** ...

zu 4.:

der islamische Terrorismus hat als ideologische Grundlage im Prinzip das unter Punkt drei genannte Islamverständnis inne, er unterscheidet sich von Letzterem nur in der Wahl der Mittel. Er ist also per se keine eigene Unterart des Islam, sondern lediglich ein Instrument (der mohammedanischen Fanatiker) zum Vorgehen im »Haus des Krieges«, zu dem beispielsweise Israel und die USA, mittlerweile aber auch Staaten der Europäischen Union gerechnet werden. Man setzt hier nicht mehr auf Infiltration, sondern auf die tatsächliche physische Vernichtung der »Feinde Allahs«. Als religiöse Rechtfertigung derartiger Gewaltanwendung wird der »kleine Dschihad« – also der sog. heilige Krieg gegen einen äußeren Feind – bemüht (während der »große Dschihad« den Kampf gegen sich selbst und seine eigenen Schwächen meint). Das Ziel dieses Krieges, insbesondere der »Märtyreranschläge« a là 9/11, Madrid, London oder

Ägypten, ist dabei in erster Linie Provokation und Verunsicherung, aber auch tatsächliche physische Vernichtung des »gottlosen«, dekadenten Gegners. Rein tiefenpsychologisch betrachtet dürften dabei jedoch narzisstische Selbstdarstellungstriebe und krankhafte Aufmerksamkeitserregung ebenfalls eine große Rolle spielen (s. Kapitel 11 – Khalid Sheikh Mohammed, der »Superterrorist«). Vielleicht könnte es sich aber auch um eine bloße Ohnmachtsreaktion gegenüber einem übermächtigen Feind (nämlich dem weltpolitisch, ökonomisch, militärisch und technologisch überlegenen Westen) handeln, der sich in einer gigantomanischen (Pseudo-)Machtausübung in Form der Inszenierung »gottgewollter«, apokalyptischer Desaster äußert, letztlich aber doch nur ein verzweifelter Schrei einer von der Moderne überholten, muslimisch-archaischen Welt vor ihrem endgültigen Abgleiten in Armut, Chaos und geschichtliche Bedeutungslosigkeit ist. Gerne wird der »heilige Krieg« dabei auch als erlaubter »Verteidigungskrieg« moralisch/ethisch/religiös gerechtfertigt, was stets ein probates Mittel ist, da ein »Erstschlag der Gegenseite« ja immer irgendwie konstruiert werden kann – und sei es nur in der (vermeintlich) räuberischen Ausbeutung heimischer Erdölreserven oder durch die Verbreitung einer »verkommenen, gottlosen Gesellschaft«. So argumentierte u.a. auch Osama bin Laden in einer Stellungnahme aus dem Jahr 2002, in der er die 9/11-Attacke – nach seinen Worten »der größte Dschihad in der Geschichte des Islam« – mit der Koransure 22, Vers 39 rechtfertigte:

»Erlaubnis (sich zu verteidigen) ist denen gegeben, die bekämpft werden, weil ihnen Unrecht geschah – und Allah hat fürwahr die Macht, ihnen zu helfen.«

Wie aber kann diese »Bekämpfung« durch den Feind definiert sein? Nach dem al-Quaida-Papier werden u.a. die Gründung des Staates Israel und seine Unterstützung durch die USA, die Besetzung palästinensischer und libanesischer Gebiete durch Israel, der Somalia-Einsatz der US-Armee im Jahre 1992/93, die »Unterstützung« Russlands in Tschetschenien, die Unterstützung Indiens im Kashmir, die »Wegnahme unserer Reichtümer und unseres Öls zu einem Spottpreis« und das Betreten des Tempelbergs durch Ariel Sharon als kriegerische Akte gewertet. Dass sich die Verteidigung vor denselben dabei in erster Linie gegen Zivilisten wendet (s. World Trade Center), wird damit gerechtfertigt, dass die betroffenen Bürger ja »ihre verbrecherischen Regierungen stützen, indem sie sie an die Macht wählen und über ihre Steuergelder finanzieren«. Außerdem seien die USA und ihre Verbündeten Gesellschaften, »die Ehebruch, Homosexualität, Alkohol, Glücksspiele, Prostitution, Korruption, Umweltzerstörung und jüdischen Zinswucher« betrieben bzw. tolerierten, weswegen es für sie es nur eine Rettung gäbe: den Übertritt zum Islam. So begründet die einzelnen Argumente für sich allein betrachtet dabei teilweise klingen mögen, so eindimensional, simplifizierend und realitätsverzerrend sind sie andererseits. Dass der Westen beispielsweise auch selbst viele gläubige Menschen hat (und nicht nur »Ungläubige«), ebenfalls Verbote und Gebote kennt, nicht alles toleriert im Namen der Freiheit, nicht nur materialistisch orientiert ist, anderen Religionen – insbesondere dem Islam selbst – erstaunlich viel Raum gewährt (trotz islamisch motivierter Terroranschläge), sich in der Dritten Welt (auch in muslimischen Ländern) mit Milliardenbeträgen entwicklungshelferisch engagiert und zu guter Letzt sogar zum Schutze und auf der Seite von Muslimen Krieg geführt hat (Kosovo-Konflikt 1999), wird völlig ausgeblendet bzw. geleugnet nach dem Motto: Was nicht ins Weltbild passt, gibt es nicht ...

Bei o.g. Katalogisierung ist natürlich zu beachten, dass die Übergänge von einer »Stufe« zur anderen fließend und die Unterschiede in der Realität nicht immer gleich greifbar sind. Oft arbeiten leider auch gerade solche Klassifizierungen den falschen Leuten in die Hände, da sie sich mit ihrer Hilfe ja beispielsweise von Gewalttätern »eindeutig abgrenzen« können. Solch ein Schwur ist schnell zur Lippe, aber er sagt noch nichts darüber aus, ob und inwieweit terroristische Gewalttaten insgeheim nicht doch gutgeheißen oder sogar (z.B. finanziell) unterstützt werden. Auch drängen sich angesichts der vorzüglich koordinierten Terroranschläge einerseits und der nahezu zeitgleich stattfindenden, ebenfalls perfekt organisierten, »friedlichen« Infiltrationswellen andererseits gewisse Zweifel auf, ob die islamische Welt untereinander tatsächlich so uneins und »führungslos« ist wie allgemein behauptet bzw. angenommen wird. Bisweilen könnte man bei näherer Betrachtung der Vorgänge gar den Verdacht einer doch irgendwie gearteten »zentralen Steuerung« sowie einer gewissen »Aufgabenteilung« auf verschiedenen Ebenen hegen nach dem Motto: Märtyrer kämpfen, Verbände infiltrieren, Intellektuelle beschwichtigen und das Fußvolk läuft stumm hinterher ... Dass der **11. September nur »*Teil eines größeren Plans*«** war/ist, hat wiederum Bundesaußenminister Joschka Fischer kurze Zeit nach den Anschlägen im Jahr 2001 selbst öffentlich verkündet. Die Erläuterung, was genau sich hinter diesem Plan verbergen soll, ist der Herr uns jedoch bis zum heutigen Tage schuldig geblieben ...

Dass selbstverständlich nicht alle Muslime so denken wie Osama bin Laden oder andere »Radikale«, mag eine Tatsache sein. Und dass die Ursachen für islamischen »Fundamentalismus« und Terrorismus multikausal sind und auch viel mit den wirtschaftlichen und sozialen Verhältnissen der Herkunftsländer zu tun haben, mag ebenfalls eine Tatsache sein. Doch lässt sich insbesondere von Letzterer nicht automatisch ein direkter Zusammenhang z.B. zwischen Armut und religiöser Fanatisierung herstellen, denn, wie wir wissen, stammten viele der muslimischen Attentäter – insbesondere das Kommando vom 11. September – aus gutem Hause und hatten keinen Grund, sich vom Westen benachteiligt zu fühlen. Ähnliches gilt für die Attentäter von London im Sommer 2005 – die erste Generation, die bereits in einem westlichen Land aufgewachsen war und Frieden, Freiheit und Wohlstand durchaus selbst gekostet hatte ...

Unabhängig davon gibt es ja auch wiederum Gründe, weshalb die Lage in den muslimischen Herkunftsländern vieler Attentäter nun mal so ist, wie sie ist. Und nicht immer ist der Westen schuld daran. In erster Linie ist noch jedes Land für sich und sein Schicksal selbst verantwortlich. Und da fällt schon auf, dass es in fast allen muslimischen Ländern der Welt ähnliche Probleme und desolate Zustände gibt – fast egal, wer gerade an der Macht ist und welche Politik betrieben wird. Was also haben all diese Länder – schiitisch oder sunnitisch, säkulare Regierung oder religiöse Regierung, Erdöl oder nicht Erdöl, westfreundlich oder westfeindlich – gemeinsam? Den Islam, richtig. In ihm selbst bzw. dem Koran liegt zu einem erheblichen Teil das Problem. Der (mohammedanische) Islam ist somit nicht, wie von westlichen Medien um eines scheinbaren Friedens mit der islamischen Welt willen ständig propagiert wird, (nur) das Symptom der Krankheit, nein – er ist gleichzeitig ihre eigene Ursache, so schrecklich es klingen mag. Und wenn der alles gesellschaftliche, private, politische, wirtschaftliche, soziale und kulturelle Leben beherrschende Islam in diesen Ländern bleibt bzw. nicht reformiert wird, wird eine wirtschaftliche und soziale Entwicklung wie in westlichen Demokratien dort niemals stattfinden und werden die Probleme intern wie extern weiter verschärft werden. Denn es nützt nichts, gebetsmühlenartig zu beschwören, dass der »eigentliche, wahre« Islam ja »ganz anders« sei, wenn der **real existierende Islam** nun mal so ist, wie er ist ...

Und da ist es leider ebenfalls eine (traurige) Tatsache, dass viele Muslime Osama bin Ladens Ansichten – bewusst oder unbewusst, offen oder hinter vorgehaltener Hand – im Grundsatz eben doch teilen, wie man Berichten entnehmen kann und ich auch auf meiner Pakistan-Reise – aber nicht nur dort – feststellen konnte. Das vermutlich einzige Glück des Abendlands besteht bisher in der Fügung, dass ein Großteil der im Westen lebenden Muslime »schlechte Muslime« im Sinne Mohammeds sind, weil sie seinen Aufforderungen nicht, kaum oder zumindest nicht in Gänze folgen, sondern sich in erster Linie an den positiven und gutartigen Weisungen und Anschauungen – welche der Koran ja auch enthält (z.B. im »Mekka«-Abschnitt) – orientieren. Solange wir nicht begreifen, dass nicht »der Moslem« als Mensch, sondern Mohammed als »Prophet« unser Problem ist, haben wir nichts vom Thema Islam verstanden.

13. »Usama bin Ladin – Muslimabagh!«

Osama bin Laden in seiner Videobotschaft vom 29. Oktober 2004

Wo aber steckt er denn nun, der oberste Feldherr des »heiligen Krieges gegen Juden und Kreuzfahrer«? »*Im März 2002 (…) flüchteten fast alle al-Quaida-Verbände in die gleichermaßen ›wie Afghanistan‹ gebirgigen und kaum regierten Grenzprovinzen. Mit Stand von Juli 2004 wird vermutet, dass bin Laden und Zawahiri immer noch auf freiem Fuß sind.*« Mit diesem lapidaren Satz beendet der 9/11-Report in Kapitel 10, Seite 338, die Berichterstattung über den amerikanischen Feldzug in Afghanistan und die Suche nach dem islamischen Terrorfürsten. Seltsam, reichlich verwirrend und nahezu mysteriös wirkten die seither mit gewisser Regelmäßigkeit ebenso kurzzeitig aufflackernden wie unmittelbar später wieder dementierten Nachrichten über diverse Frühjahrsoffensiven amerikanischer und pakistanischer Verbände gegen Taliban- und al-Quaida-Formierungen im pakistanisch-afghanischen Grenzgebiet, insbesondere was die angebliche »*Umzingelung*«, »*Satelliten-Beobachtung*« und sogar »*unmittelbar bevorstehende Verhaftung*« Osama bin Ladens in der Toba-Kakar-Region von Belutschistan anbelangte. Im Februar/März herrscht in dieser Region noch tiefster Winter mit Minus-Temperaturen von bis zu 20, 30 Grad. Straßen, Pisten und Pfade versinken dort noch in metertiefem Schnee, zu Beginn des Frühlings dann in Schlamm- und Geröllllawinen. Und da hauste der 50-jährige, angeblich lungen- und nierenkranke Osama bin Laden mit seinem Trupp engster Hard-Core-Fans sowie Dialyse-Apparat »*in Zelten, Höhlen und Hütten*«, wie Medien berichteten. Merkwürdig in diesem Zusammenhang auch die Beobachtungen des französisch-algerischen Dokumentar-Filmers Mohammed Sifaoui, der sich im Sommer 2003 gezielt auf Osamas Spuren ab seiner Flucht aus der afghanischen Felsenburg Tora-Bora machte und hierüber in der WDR-Sendung »Bin Laden auf den Fersen« berichtete. Zum Beispiel entdeckte das (als »Islamisten« getarnte und außerordentlich konsequent und mutig recherchierende) Filmteam, dass die im Gegensatz zu Berichten der US-Regierung angeblich von einem ausgeklügelten Hightech-Bunker-System durchzogene Felsenfestung lediglich mit ein paar primitiven Höhlen ausgestattet war, welche zudem die amerikanischen Bombardements erstaunlich heil überstanden hätten. Des Weiteren sei Osama bei seiner Flucht mit dem Geländewagen durch die unwegsame Bergregion an einer Wegegabelung mit einem kleinen Kreis engster Vertrauter nach rechts abgebogen, um den schwierigeren Weg zu nehmen, während der große Teil der Gefolgschaft die linke und gleichzeitig leichtere Abzweigung genommen hätte. Und ausgerechnet diesen Pass, also den falschen, hätte der Oberkommandierende der US-Armee, General Tommy Franks, irrtümlicherweise bombardieren lassen, während der »Osama-Pass« unbehelligt blieb. Fragt sich, weshalb eine Armee, deren Jahres-Etat mit zwischenzeitlich rund 400 Milliarden Euro die Summe aller Militär-Etats der übrigen Welt beträgt, bei der Verfolgung des »Staatsfeinds Nr. 1« plötzlich so leichtsinnig oder sparsam geworden sein soll, dass sie nicht einfach auf bloßen Verdacht beide in Frage kommenden Pässe unter Beschuss nimmt – einfach um kein Risiko einzugehen ... Bezüglich der 9/11-Verschwörungstheorien geht aus der Berichterstattung Sifaouis andererseits ziemlich plausibel hervor, dass ein Großteil der mutmaßlichen Attentäter des 11. September wohl tatsächlich in einem Osama-Camp nahe Jalalabad ausgebildet worden waren (was von einigen »Verschwörungstheoretikern« ja bisweilen bezweifelt wird/wurde). Dies würde auch mit den Recherchen von Yosri Fouda, dem Al-Jazeera-Journalisten, korrelieren, der sich kurze Zeit vor den Verhaftungen von Khalid Sheikh Mohammed und Ramzi Binalshibh mit den beiden in Karachi getroffen und von ihnen schon vorab ein Geständnis bezüglich der 9/11-Anschläge erhalten haben will. Fouda erscheint insoweit glaubwürdig, als er in seinem Buch »Masterminds of Terror« umfangreiche eigene Recherchen präsentieren kann, die sich in vielen Punkten mit amtlich bestätigten Erkenntnissen und anderen Berichten/Beobachtungen decken. Zum anderen ist er – nach eigener Darstellung – selbst gläubiger Moslem und damit grundsätzlich des Verdachts erhaben, »für die Amerikaner zu arbeiten«. Die Kritik und Skepsis des »Verschwörungstheoretikers« Wisnewski an der Glaubwürdigkeit und Echtheit von Foudas Berichten und Informationen erscheint – ohne jetzt weiter inhaltlich darauf eingehen zu wollen – etwas kleinkariert und wenig überzeugend …

Doch zurück zu Sifaoui und Osama: In Parachinar, dem nächstgrößeren Dorf nach Tora-Bora unmittelbar jenseits der Grenze zu Pakistan, hätten sich bin Laden und seine Gefolgsleute untereinander getrennt, um sich in verschiedenen Gebieten Pakistans vor den Amerikanern zu verstecken. Hier sei es auch gewesen, wo die US-Armee Osama im Januar 2002 offiziell aus den Augen verloren habe. Gemäß diverser Zeugenaussagen sei Osama anschließend u.a. in den pakistanischen Städten Peshawar, Dera Ismail Khan und Quetta gesichtet worden. Auffällig und mehr oder weniger erstaunlich war dabei auch die Bewegungsfreiheit und Sorglosigkeit, die al-Quaida-Mitglieder und Taliban in Pakistan offenkundig genossen. Kein Militär und keine Polizei interessierte sich für sie, wenn sie durch die Straßen zogen und auf Marktplätzen und teilweise sogar direkt neben Moscheen unverhohlen für den Dschihad warben. Mehr noch, die Recherchen des Franko-Algeriers bestätigten die ohnehin schon längst offen ausgesprochene Vermutung, dass der pakistanische Geheimdienst ISI mit »Islamisten und Fundamentalisten« eng kooperiere bzw. diese sogar unterstütze. So gilt es z.B. auch als relativ sicher, dass KSM vor seiner Verhaftung in der pakistanischen Hauptstadt Islamabad Unterschlupf bei einem hochrangigen Agenten des ISI gefunden habe. Ferner gab der pakistanische Ex-Geheimdienst-Chef Hamid Gul vor laufender Kamera zu, dass es sehr wohl einen Unterschied zwischen Terrorismus und dem »heiligen Krieg« gebe, denn Letzterer sei im Gegensatz zu Ersterem »eine sehr noble Sache« … Was will man auch anderes erwarten, wenn angeblich schon Pakistans Präsident Musharraf einst seine eigene Tochter Osama bin Laden versprochen haben soll? Und nicht wenige (Journalisten) gibt es, die der Überzeugung sind, dass ihr Kollege Daniel Pearl im Frühjahr 2002 deswegen sein Leben lassen musste, weil er darüber hinaus sogar finstere Zusammenhänge zwischen Osama, ISI und CIA nicht nur herausgefunden habe, sondern auch beweisen hätte können ...

Ex-Al-Jazeera-Journalist Ismail, welcher Ende 2001 ein glaubwürdiges Video-Interview mit Osama geführt hatte, hält es für »*gut möglich, dass bin Laden irgendwo in den Fata, den heiligen Stammesgebieten im nördlichen Pakistan, Unterschlupf gefunden habe*«. Diese sieben autonomen, der pakistanischen Regierungsgewalt weitgehend entzogenen Provinzen zwischen dem nördlichen Grenzübergang bei Peshawar und dem südlichen bei Quetta sind bekannt für ihren islamischen Fundamentalismus und ihre hohe Loyalität gegenüber den religösen Führern. Ein Betreten dieser Gebiete ist nur möglich mit Erlaubnis sowohl der pakistanischen Regierung als auch der ansässigen Clan-Fürsten. Bei der (versuchten) Durchquerung dieser Provinzen von Nord nach Süd erfuhr das Filmteam um Sifaoui, dass seit einiger Zeit offensichtlich keine Passierscheine mehr für die Provinz Waziristan ausgestellt werden. Zufall? Jedenfalls wird Osama bin Laden genau hier vermutet – wofür nicht nur diverse Augenzeugenberichte sprechen, sondern auch die seit Sommer 2003 in dieser Region auffällig verstärkte Präsenz von pakistanischen (und angeblich auch amerikanischen) Soldaten. Das Prinzip von Osamas Flucht scheint brillant simpel: Er zieht in unregelmäßiger und vor allem unvorhersehbarer Weise von Provinz zu Provinz, und die, in der er sich gerade aufhält, wird ganz einfach komplett abgeriegelt. Sifaouis mutige und abenteuerliche Reise endete demnach aufschlussreich an den Grenzposten zu Nordwaziristan. Ob diese Reise zwei Jahre später dort fortgesetzt werden könnte, nachdem Pakistans Präsident Musharaf im März 2005 verkündete, »jede Spur bin Ladens verloren« zu haben, wollte ich zum Abschluss meiner 9/11-Recherchen herausfinden und begab mich zu diesem Zweck im Frühling 2005 selbst nach Pakistan ...

Jetzt war definitiv Schluss mit lustig. Die Spreu hatte sich vom Weizen getrennt. In meinem Anschlussflug von Doha (Hauptstadt des Wüstenstaats Katar, welcher den USA als militärische Kommandostation für den Irak-Krieg diente) ins pakistanische Peshawar war ich nunmehr der einzige westliche bzw. nicht-muslimische Fluggast an Bord. Um mich herum nur noch weiße Turbane, schlapprige Kaftans, rauschende Prophetenbärte, verzierte Imam-Mützchen, braune, pockennarbige Männergesichter, weibliche Gestalten in schwarzen Ganzkörperschleiern und jede Menge voluminöses »Handgepäck«. Ein Flugzeug auf dem Weg von einem Basar zum Nächsten oder aber vom 21. Jahrhundert in die Zeit Mohammeds, so schien es. Man konnte sich vorstellen, welches Individuum an Bord sämtliche Blicke und neugierige Fragen unablässig auf sich zog. Erste konkrete Zweifel bezüglich meiner Sicherheit und der Sinnhaftigkeit meiner Reise in die islamische Atommacht Pakistan meldeten sich. Doch es war zu spät. Die Maschine hatte abgehoben und nahm Kurs auf jene Stadt, in der Osama bin Laden seine Organisation al-Quaida einst gegründet hatte …

Der Flughafen von Peshawar, der Hauptstadt der »radikal-islamischen« Nordwestprovinzen Pakistans, sah von innen aus wie eine Bahnhofshalle einer verschlafenen deutschen Kleinstadt in den 50er-Jahren. Die Einreiseprozedur dauerte ewig, und es schien nicht möglich, irgendein System hinter der umständlichen Passkontrolle auszumachen. Doch die Menschen waren freundlich und entschuldigten sich teilweise bei ihrem deutschen Gast für das Chaos. Ein Pakistani (oder Afghane), der offenbar ebenfalls aus Deutschland angereist war, brüllte sogar ein »Scheiße« in Richtung der Zollbeamten, um sich wenig später gar mit einer ausgeliehenen Krücke als »Invalide« unter dem Gelächter der Umstehenden nach ganz vorne zu mogeln. Der insbesondere in muslimischen Ländern übliche (und von mir verhasste) Überfall von Taxifahrern nach Durchschreiten der Ausgangstür schien auch hier ein unvermeidliches Ritual, und so ergab ich mich (wider besseres Wissen und Erfahrung) gleich dem penetrantesten (und natürlich auch teuerstem) Chauffeur hin, da ich hundemüde war und keinerlei Nerv mehr für irgendwelche Fahrpreisdiskussionen hatte. Der Kulturschock auf den Straßen Peshawars war enorm. Knatternde Auto-Rikschas, klapprige PKWs, dröhnende LKWs und uralte, kunterbunt verzierte Stadtbusse lieferten sich unter wirrem Gehupe direkt neben orientalischen Händlern und Geschäften gnadenlose Gefechte, und alles versank in blauem, jegliche Atemluft raubendem Dieseldunst. Gottlob hatte ich eine erste Anlaufstelle, nämlich Verwandte eines afghanischen Bekannten aus Deutschland, die mich auch sehr herzlich empfingen und nach Fleischbällchen, Reis und Spinatgemüse erstmal in Ruhe akklimatisieren ließen …

Am zweiten Tag wagte ich mich dann zusammen mit dem pakistanischen Nachbarsjungen meiner Gastgeber in die Altstadt, mitten in die Basare um Chowk Yadgar herum. Es war ein Eintauchen in eine völlig andere Welt, eine Welt, die stehen geblieben und vom Westen lediglich ein paar technische Artikel übernommen zu haben schien. Eine Welt, in der der Prophet immer noch über allem schwebte wie die regelmäßigen, gehirnwäscheähnlichen Imam-Gebete aus den blechernen Lautsprechern der Moscheen. Über den kleinen Läden in den schmalen Gassen, in denen langbärtige Männer mit Afghanenhut, Muslimhäubchen oder Turban ihren Milchtee süffelten und zerlumpte Kinder im Schmutz spielten, verfaulte die Gebäudesubstanz und bogen sich die Balken aus den schiefen Mauern. Von überall her drangen trotz des unbeschreiblichen Abgasqualms der durcheinander wieselnden Rikschas verschiedene Düfte von Gewürzen, Gegrilltem, Gekochtem und Gegerbtem in die Nase. Die zeitgleichen Eindrücke überschlugen sich (für einen Europäer) förmlich. Es war nun absolut kein Ausländer mehr zu sehen. Die Angst-Propaganda der Westmedien hatte hier ihre volle Wirkung entfaltet. Zwar wurde ich tatsächlich von jedermann angegafft wie das achte Weltwunder, doch schon ein minimales Lächeln oder freundliches Kopfnicken konnte meistens auch dem finsterst dreinschauenden »Islamisten« eine anerkennende Geste entlocken und das Eis brechen. Mein pakistanischer Führer lotste mich sicher und zügig durch die interessantesten Viertel, und schließlich rumpelten wir auch noch per Rikscha um das Ganze herum. Man konnte sich beim Betrachten dieses tief orientalischen Straßenbildes lebhaft vorstellen, welche Anhängerschaft ein Osama bin Laden hier genoss, als al-Quaida in den 80er-Jahren von hier aus gegen

Peshawar, Pakistan: Gründungsort von al-Quaida

die Sowjets zu operieren begann. Und dann der Kick: Gerade als wir um eine Ecke gebogen waren, kam uns ein anderes Rikscha entgegen, dessen Fahrgast ObL in der Tat (zumindest von der Seite) sehr ähnlich sah! Ich fuhr sogleich herum und blickte dem Rikscha hinterher, bis es im Getümmel verschwand. Leider hatte ich die Augen des Fahrgasts nicht (von vorne) gesehen, sodass eine wirkliche Identifizierung natürlich nicht möglich war. Doch war die äußerliche Ähnlichkeit zu ObL (dessen Züge und Physiognomie ich über Jahre studiert hatte) schon frappierend gewesen. Vielleicht hatte es ja auch seine Bewandtnis, wenn US-Terrorismus-Analyst M. J. Gohel in einem Fernseh-Interview sagte, dass al-Quaida-Mitglieder in Pakistan weniger in den ländlichen Stammesgebieten, als vielmehr in größeren Städten gesichtet worden seien. Und vielleicht war es ja auch kein Zufall, dass etwa eine Woche später Abu Faraj al-Libbi, immerhin angeblich die Nummer 3 der al-Quaida-Führungsebene, im nur 50 km von Peshawar entfernten Mardan festgenommen wurde …

Karakorum-Gebirge: Erste Annäherungen

Mein nächstes Vorhaben war die Besichtigung des berühmt-berüchtigten Khyber-Passes, jener geographischen Stelle, die Zentralasien vom indisch-pakistanischen Subkontinent trennt, schon seit Jahrhunderten immer wieder als Schauplatz weltgeschichtlicher Eroberungsversuche verschiedenster Großarmeen herhalten musste und zu guter Letzt nach dem Afghanistan-Feldzug der USA im Jahre 2001/2002 auch noch al-Quaida- und Taliban-Vertretern sowie anständigen afghanischen Bürgern als Fluchtweg diente. Da der Weg zur pakistanisch-afghanischen Grenze durch die weitgehend autonome Stammesprovinz Khyber führte, musste ich vorab eine behördliche Genehmigung beantragen und einen bewaffneten Soldaten als Begleitschutz akzeptieren. Ich tat mich mit zwei jungen US-Amerikanern zusammen, um die Kosten für all dies und das Taxi entsprechend teilen zu können, und innerhalb eines Vormittags hatten wir die Ämter-Tour durch. Die nachmittägliche Fahrt mit meinem »Lieblingschauffeur« Abdul führte uns an den Grenzposten der »Khyber-Agency«, dem sehenswerten »Khyber-Tor«, verschiedenen Gebäuderelikten aus längst vergangenen Kriegszeiten vorbei sowie durch quirlige, verarmte Ortschaften und wild zerklüftete Bergtäler hindurch. Je weiter wir kamen, desto klarer wurde mir beim Betrachten des Geländes und des Treibens um uns herum, wie leicht ein Osama bin Laden es schon hier eigentlich hat(te), unbemerkt von einem Ort zum anderen zu ziehen. Es herrschte reger Autoverkehr, vor allem kaum einsehbare, alte Lastwagen, zahlreiche voll bepackte Ford Transits und mit Vorhängen »verhüllte« Busse schlängelten sich die Passstraße hinauf, die hin und wieder am Straßenrand postierten Polizei-, Armee- und Grenzschutzkräfte kontrollierten die Durchreisenden entweder gar nicht oder nur sehr oberflächlich, und ihren Gesichtern war zudem nicht gerade große Vertrauenswürdigkeit oder eifriges Pflichtbewusstsein zu entnehmen. Die Leute hier waren arm, abgeschieden vom Rest der Welt, tief in ihre islamischen Lebensabläufe eingegraben, und man konnte sich beim besten Willen nicht vorstellen, dass hier auch nur eine einzige Person Osama bin Laden verraten oder gar verhaften würde, wenn er denn überhaupt dort von irgendjemandem hinter all den dreckigen Scheiben, zugezogenen Vorhängen, wulstigen Turbanen und wallenden Schleiern erkannt werden würde. Im Gegenteil: Die größte Gefahr für den Mann bestünde dann wahrscheinlich in der sich prompt formierenden, frenetisch jubelnden Menschenmenge, die wiederum US-Satelliten auf den Plan rufen könnte. Doch wenn ihn das Auge aus dem All einmal verloren hatte und er sich unter eines der zahlreichen satellitenundurchdringbaren Auto- oder Rikschadächern verkrochen hatte, war es sicherlich äußerst schwierig, wenn nicht gar unmöglich, seine Spur wieder aufzunehmen. Und wenn Osama

Nordwest-Territorien von Pakistan: Tor zur Stammesprovinz Khyber

sich dann auch noch eine Burka, den traditionellen weiblichen Ganzkörperschleier, überstreifte und sich damit gemäß der strengen islamischen Sitten und Regeln selbst für Staatskräfte praktisch unantastbar machte, war es schon möglich, sogar unmittelbar vor den Augen amerikanischer Soldaten zu entwischen – wie angeblich schon berichtet worden sei. In der Theorie mag der Lobgesang auf das Hightech-Equipment der US-Armee durchaus überzeugend klingen, in der Praxis zentralasiatischer Islamrepubliken jedoch ein wenig aus dem Takt kommen, könnte ich mir vorstellen …

Michni Checkpoint, die letzte für Besucher ohne Afghanistan-Visum zugängliche Station vor der Grenze, bot wenig Interessantes außer einen freien, weiten Blick tief in afghanisches Gelände jenseits des Passes hinein. Gut 200 km seien es von hier bis zur afghanischen Hauptstadt Kabul und nur ca. 90 km nach Jalalabad, klärte mich ein pakistanischer Junge auf, der mit ein paar wertlosen irakischen (aber immerhin das Konterfei von Saddam Hussein abbildenden) Banknoten Geschäftchen machen

Grenze zu Afghanistan: bin Ladens Fluchtweg?

wollte. Von Jalalabad war es auch nicht mehr weit bis zur bereits erwähnten Felsenfestung Tora-Bora. Je genauer ich mir das Ganze hier ansah, desto mehr fragte ich mich allerdings, ob es für Osama nicht leichter und unauffälliger gewesen wäre, gerade den üblichen, dicht befahrenen und »von oben« auf jeden Fall schwerer überwachbaren Weg über den Khyberpass zu nehmen anstatt einen Pfad zu beschreiten, auf dem jedes einzelne Fahrzeug per Satellit eigentlich sofort erfasst hätte werden müssen ... Nun – wie dem auch sei – der Mann ist jedenfalls entkommen, und wie es aussieht, irgendwo in den North-West-Territorys von Pakistan gestrandet ...

Die Dame im PTDC-Büro, dem Pakistan Tourism Development Corporation Office, beantwortete mein Anliegen auf eine Durchreisegenehmigung der Stammesgebiete zwar zunächst abschlägig, kritzelte mir dann aber doch – nach hartnäckigem Insistieren meinerseits – die hierzu notwendigen Behördengänge auf ein Stück Papier. Als Erstes bräuchte ich demanch eine Genehmigung des Home Secretary Departments, dann des Militärs bzw. der Polizei (inkl. Geheimdienste) und zuletzt der Pressestelle. Der treue Abdul lotste mich also ein weiteres Mal quer durch den Verkehrskollaps von Peshawar, um mit mir zusammen (und wie immer unaufgefordert übrigens) das Amt aufzusuchen. Manchmal wurde ich das Gefühl nicht los, dass Abdul selbst vielleicht für den pakistanischen Geheimdienst ISI arbeiten könnte, so sehr wie er mir niemals von der Pelle wich und immer alles haarklein wissen wollte. Doch was soll's? Bisher hatte mir der bärtige Familienvater mit den zwei Frauen gute Dienste geleistet und rein menschlich gesehen hatte ich mich immer auf ihn verlassen können, was in diesen Breiten oder auch anderswo nicht unbedingt eine Selbstverständlichkeit ist. Vor Betreten des »Home Secretary Departments« unweit des eindrucksvollen Bala Hisar Forts musste ich meine kleine, am Gürtel hängende Digicam abgeben und in einer hölzernen Schatulle einem kaftanbekleideten Pförtner anvertrauen. Ob ich die umgerechnet 300 Euro jemals wieder sehen würde?

Das »Amt« selbst erinnerte mich an jenes Asterix- und Obelix-Abenteuer, in dem die zwei Helden im Rahmen einer »Mutprobe« durch ein labyrinthähnliches, alt-römisches Amtsgebäude von Pontius bis Pilatus geschickt wurden. Wie in besagtem Comic jagten Abdul und ich auch hier von einem Stock in den Nächsten und von einem Büro in das andere, nur um dann wieder umkehren und das Ganze von vorn beginnen zu müssen. Auch die handbemalenen, windigen Aushängeschilder über den Türen ließen eher an antike Schrifttafeln als an das Inventar eines Verwaltungs- oder Regierungsgebäudes im 21. Jahrhundert denken. Computer war hier noch ein Fremdwort, und in den schuhschrankähnlichen Regalen türmten sich vergilbte Papierhaufen, die gelegentlich mit einer Schnur zu einer »Akte« verbunden waren. Die Beamten lümmelten erhaben und gleichgültig hinter ihren Schreibtischen und harrten der Dinge, die da kommen sollten – haargenau so, wie in Deutschland das Klischee vom »Amtsschimmel« immer gerne verbreitet wird … Der Ton der Amtsgewaltigen entsprach hier ebenfalls sämtlichen landläufigen Vorurteilen, und als wir schließlich im richtigen »Ressort« gelandet waren, gaben mir drei streng und misstrauisch dreinschauende Herren unmissverständlich zum Ausdruck, dass ich mir mein Waziristan-Vorhaben definitiv abschminken konnte.

»Es gibt keine Genehmigung, nach Waziristan zu reisen!«

»Vielleicht nur nach Nordwaziristan?«

»Weder Nord- noch Südwaziristan!«

»Hm, vielleicht nur eine Durchreise ohne anzuhalten?«

»Auch nicht! Was wollen Sie überhaupt dort?«

»Nun, ich bin ein Buchschreiber und möchte –«

»Ah – ein Buchschreiber, soso … macht aber keinen Unterschied!«, entgegnete man barsch.

»Äh, warum ist es eigentlich verboten, da durchzufahren?«, stellte ich mich blöd.

»Ganz einfach, weil es zu gefährlich ist. Es ist verboten und damit fertig! Und ich würde Ihnen nicht raten, dort hinzureisen ohne Erlaubnis …«

»Alles klar – mach ich schon nicht! Danke schön für die Auskunft …«

Muffiges Grummeln war die Abschiedsfloskel. Wenigstens aber erhielt ich meine Kamera vom Pförtner wieder unversehrt zurück …

Nachdem der Waziristan-Coup somit vom Tisch war – was jedoch die Einschätzung Mohammed Sifaouis, nach der in dieser Provinz möglicherweise »irgendetwas oder irgendjemand« geschützt würde, bestätigen könnte – brach ich meinen Peshawar-Aufenthalt ab, um mich zum anderen Ende des »heißen Gebietes«, nämlich zur belutschistanischen Hauptstadt Quetta im Südwesten des Landes, zu begeben. Trotz rührender Wucherangebote meines Schlitzohrs Abdul entschied ich mich, die 35-Stunden-Fahrt dorthin nicht mit seinem Taxi, sondern einem öffentlichen Bus zurückzulegen. Dies stellte weder ein Misstrauensvotum ihm gegenüber noch eine geldbeutelschonende Maßnahme meinerseits dar, sondern war lediglich Ausfluss der Recherchen, die den Kontakt zu möglichst vielen Einheimischen notwendig machten (unabhängig davon, dass der Bus auch noch Bannu und Dera Ismail Khan durchfuhr – Orte, in denen ObL angeblich ebenfalls gesichtet worden sei …). Da kam mir der »VIP-Platz«, der mir großzügigerweise von der Busgesellschaft zugewiesen wurde, gar nicht mal so recht, denn er befand sich gleich ganz vorne isoliert auf der linken Seite des Busses, ohne einen Sitznachbarn vorne oder rechts zu bieten, sodass auch hier eine Kontaktaufnahme bzw. eingehendere, vertrauensvolle Gespräche mit dem ein oder anderen Mitreisenden schon im Vorfeld etwas erschwert waren. Dennoch konnte ich während des anderthalbtägigen Gewalttrips über bucklige und staubige Schotterpisten, überschwemmtes Indus-Flachland und durch die zerklüfteten Flusstäler des Bolan-Passes so manch interessante Konversation mit unterschiedlichsten Menschen führen. Bezüglich Osama bin Laden und des 11. Septembers schienen die Meinungen – wie ich bereits in Peshawar und im Karakorum/Hindukusch feststellen konnte – insofern auseinander zu gehen, als eine Gruppe glaubt, dass er »es« tatsächlich getan hat und deswegen kein wahrer Muslim sei (»weil Muslime so etwas nicht tun«), die zweite Gruppe glaubt, dass er es getan habe und es auch gut sei, weil die USA schließlich »der große Satan« seien, die dritte Gruppe glaubt, dass er ein »nice guy« und gar kein Terrorist sei, es also nicht wirklich getan habe, sondern die USA (um die muslimischen Länder dann angreifen zu können) und die vierte Gruppe glaubt, dass er nach wie vor ein Agent der USA sei und mit dieser beim 9/11-Coup zusammengearbeitet habe – wenn Sie so wollen, ein fast ähnliches Meinungsbild wie hier zu Lande mit dem einzigen Unterschied freilich, dass die große Mehrheit der pakistanischen Muslime Osama bin Laden »als Freiheitskämpfer« ansieht und wie ein Heiligtum betrachtet. Dennoch: Auch hier kursierten wie gesagt die wildesten Verschwörungstheorien zum 11. September, und insbesondere die »Remote-Control«-Version (Fernsteuerungsvariante) erfreute sich bei den pakistanischen Muslimen – vermutlich wegen ihrer vermeintlichen Offenkundigkeit und Einfachheit – großer Beliebtheit. Dass jedoch eine punktgenaue Fernsteuerung mehrerer Verkehrsflugzeuge aus den weiter oben genannten Gründen nicht so ohne weiteres machbar war, interessierte hier kaum jemanden. Überhaupt setzte man sich nicht so gern mit unliebsamen Details und Argumenten auseinander – man hatte einfach seine Meinung und basta. Während der Busfahrt schepperten neben orientalischem Singsang-Gedudel denn auch bisweilen scharf klingende Imampredigten durch die Lautsprecher, und einmal drückte mir ein offenbar ziemlich überzeugter Mohammedaner ein kampffarben-grünweißes, auf englisch und arabisch verfasstes »Islamheftchen« mit martialischen Aufrufen in die Hand. Erst als ich kopfnickend meine »Begeisterung« hierüber signalisierte, strahlte er mich großherzig an und zog sich zufrieden wieder zu seinesgleichen zurück. Ein schräg hinter mir sitzender Afghane, der ein paar Jahre in Deutschland gearbeitet hatte, erzählte mir, wie er sich einst übergeben musste, nachdem er auf die Einladung eines Kollegen in Düsseldorf zum ersten Mal Schweinefleisch gegessen hatte. Ein direkt hinter mir sitzender Offizier der pakistanischen Armee berichtete von den Strapazen, die seine Einheit während einer Übung bei 45 Grad minus in den Bergen des Karakorum zu erleiden hatte und nannte mir unweigerlich die (jedoch nicht im Karakorum gelegene) Stelle, wo Pakistans Regierung ihre Atombombentests durchgeführt habe (»weil die ja sowieso jeder kennt …«). Ein anderer wiederum wollte mich gleich zu sich nach Hause in sein Dorf einladen (wahrscheinlich, um letztlich wieder mal ein Visa für Deutschland zu ergattern – ein häufig zu beobachtender Versuch), und nur mit Haken und Ösen konnte ich dem Angebot ausweichen, ohne seine Ehre dabei zu verletzen. »Im Ausgleich hierzu« musste ich mich dann aber bei der nächsten Raststelle mit ihm zusammen in einer höhlenartigen Lehmbehausung auf staubigem Boden niederlassen und von einem weißhaarigen Greis per Hand abgerissene Rindfleischteile und Reis zuteilen lassen. Immerhin aber war mein Gastgeber der einzige Muslim, der mich im Gespräch jemals wirklich überraschte: Als er mich fragte, was ich denn von den Menschen in Pakistan hielte, und ich ihm antwortete, dass ich sie nett und hilfsbereit erlebt hätte (was auch der Wahrheit entsprach), schenkte er mir nur ein kurzes, hoffnungsloses Lächeln und sagte: »Nein, nein – das ist nicht ehrlich! Sie sind nicht ehrlich, glaub mir. Die Briten zum Beispiel sind ehrliche Leute, aber nicht die Pakistani ...«

Quetta war quälend, weil qualmend. Die gleiche leibhaftig gewordene Abgaskatastrophe wie Peshawar. Nur bekam man wegen der höheren Lage am Rande des Toba-Kakar-Gebirges etwas mehr Sauerstoff ab als im 800 km nordöstlich entfernten »Pendant« – was aber das allgemeine Wohlbefinden nicht entscheidend verbessern konnte. Allerdings empfand ich das Straßenbild der Hauptstadt Belutschistans alles in allem etwas »europäischer«. So verfügte Quetta neben seinen quirligen orientalischen Basaren und Gassen durchaus über manche Ecke und manchen Straßenzug, der nach Art und Atmosphäre vielleicht sogar in Italien oder Griechenland situiert sein hätte können. Nach langem Hin und Her bei der Unterkunftssuche – einigen Hotelrezeptionisten war deutlich anzumerken, dass sich ihr »Full House« wohl in erster Linie auf westliche Besucher bezog – fand ich schließlich meine Bleibe in einem passablen Mittelklassehotel am Rande eines Basars. Etwa zwei Tage standen mir noch zur Suche nach Osama bin Laden zur Verfügung, bevor ich meine Weiterreise nach Iran (s. 3. Kapitel) anzutreten hatte. Doch wie vorgehen? Wo ansetzen? Was tun? Von einem weiteren Besuch der pakistanisch-afghanischen Grenze bei Chaman (wo immerhin vor zwei Jahren der engste Vertraute des flüchtigen Taliban-Chefs Mullah Omar festgenommen worden sei) sah ich ab, da ich mir bezüglich ObL hiervon kaum etwas versprach. Kontakte mit diversen »Islamisten« in der Stadt knüpfen, wie es der Franko-Algerier Sifaoui damals in seiner TV-Reportage getan bzw. versucht hat? Zu knapp meine Zeit, zu wenig meine Kenntnis der hiesigen Sprache (nämlich null), zu spärlich mein Wissen über diese Leute (ebenfalls null) und zu schlecht meine Tarnung als unverkennbarer »Westler« (trotz Bart). Es gab hier also nur die Chance per »Zufallsgenerator«. Ich musste einfach versuchen, das Gebiet von ObLs mutmaßlichem (oder zumindest gut möglichem) Aufenthaltsort zu durchstreifen, solange und soweit es nicht in ein pures Himmelfahrtskommando ausartete. In meinem Hotelzimmer stöberte ich also auf der Landkarte das Toba-Kakar-Massiv – jene Gegend, in der Experten Osama zum Zeitpunkt seines Videos im Jahre 2003 vermuteten – nach möglichen Zufluchtsorten bzw. günstigen Verstecken durch. Allzu viel Straßen oder Pisten führten ohnehin nicht in diese unwegsame, nur von wenigen Dörfern besiedelte Region – was die Suche andererseits wieder etwas »erleichtern« würde. Dennoch: Da hineinzufahren, konnte akut lebensgefährlich sein – unabhängig davon, dass ich erst jemanden auftreiben musste, der mich überhaupt dorthin bringen würde, denn mit Leihautos wie in unseren Breiten (ohne Chauffeur) lief hier schlicht gar nichts ...

Dummer- (oder letztendlich vielleicht glücklicher-)weise fragte ich am nächsten Morgen meinen halbwegs vertrauenswürdig aussehenden Hotelchef nach einem guten Taxifahrer, worauf er natürlich prompt wissen wollte, wohin ich denn fahren mochte.

»Nun, bisschen in die Toba-Kakar-Region hinein, weil ich Gebirgslandschaften liebe«, antwortete ich ihm.

»Hm – warum ausgerechnet dahin? Es gibt eine viel schönere Gebirgslandschaft hier in der Gegend – nämlich bei Zargun in den Bergen ...«

»Ich weiß – hab's in meinem Reiseführer gelesen. Aber ich mag nicht so diese typischen Touristsehenswürdigkeiten, wissen Sie ... Ich möchte lieber Land und Leute kennen lernen, wie sie wirklich sind ...«

»Ah ja, verstehe ... nun ... und wo wollen Sie da genau hin?«

Diese Frage hatte ich befürchtet, doch war es jetzt nicht mehr möglich, mich da noch herauszumanövrieren. Ich faltete also die Landkarte auf dem Rezeptionstisch aus und fuhr mit dem Finger einen kleinen »Rundkurs« durch das Gebirge. Der Mann verzog ein wenig das Gesicht, schüttelte dann den Kopf und sagte:

»Das würde ich Ihnen aber nicht empfehlen ...«

»Warum?«

»Zu gefährlich für Sie ...«

»Hm ... okay, verstehe ... dann vielleicht ...« Ich schaute mir das Gelände auf der Karte nochmals an und folgte dem »Highway 50«, der Quetta mit Zhob und Peshawar verband und parallel zur pakistanisch-afghanischen Grenze entlanglief, bis ich auf einen etwas größeren Ort traf, der am Fuße des Toba-Kakar-Gebirges angesiedelt war und den klingenden Namen »Muslimabagh« trug.

»Muslimabagh? Wieso ausgerechnet dorthin?«, fragte der Hotelier erneut.

»Weil es so schön in der Mitte liegt ...«, erwiderte ich. Dass Muslimabagh darüber hinaus in der direkten Verlängerung des Ortes Khanozoi lag, wo pakistanische Streitkräfte laut Medienberichten im Frühjahr 2004 eine Offensive gegen al-Quaida-Einheiten durchführten, musste dem Mann natürlich nicht eigens unter die Nase gerieben werden ...

»Na gut. Warten Sie, ich hol Ihnen einen Taxifahrer ...«

Während ich also meine sieben Sachen zusammenpackte – von Fernglas und Digicam bis Erdnüsse und Wasserflasche – verschwand der Manager in den Straßen des Basars, um mir einen geeigneten Fahrer zu organisieren. Nach etwa 20 Minuten klingelte mein Zimmertelefon, und der Rezeptionist meldete die Ankunft des Fahrers. Rein äußerlich betrachtet schien der Mann zunächst nicht gerade vertrauenserweckend, so wie er dastand in seinen etwas lumpigen Schmuddel-Klamotten, seinen ausgelatschten Schlapp-Pantoffeln, mit Stachelbart, faltiger, dunkelbraun gegerbter Gesichtshaut, ungepflegten Fingernägeln – aber einem bunt glitzernden Muslimhäubchen auf dem Kopf ... Mit der Dolmetscherhilfe meines Hotelmanagers – denn der Mann konnte so gut wie kein Englisch – nannten wir ihm mein »Ausflugsziel« und handelten den Preis aus. Daraufhin schüttelte er mir lächelnd die Hand, führte mich zu einem klapprigen Toyota, und los ging der Spaß.

Bis Muslimabagh waren es ca. 120 km, und die veranschlagte Fahrzeit lag etwa bei zweieinhalb Stunden. Die erste halbe Stunde passierten wir die wenig sehenswerten Vororte von Quetta, und erst ab Bostan wurde es mit dem Beginn der Toba-Kakar-Gebirgszüge und den zahlreichen Moscheen am Straßenrand sowohl landschaftlich als auch kulturell interessanter. Irgendwann hielt mein Fahrer plötzlich neben einer lehmfarbenen Grundstücksmauer auf der rechten Straßenseite an und bedeutete mir, mit ihm auszusteigen. Ich tat dergleichen und folgte ihm neugierig, aber nicht ohne Unbehagen in das Grundstücksgelände. Doch anstatt heimtückischer Wegelagerer oder bettelnder Straßenjungen empfing mich dort etwas ganz anderes: Ein hellgraues Gebilde, das – wenn es nicht auf fester Erde gestanden, sondern von Wasser umspült gewesen wäre, man durchaus für Kapitän Nemos Nautilus halten hätte können – eine Moschee ganz eigener, exzentrischer Bauart war. Die Kuppel glich einer Auster ähnlich wie das berühmte, auf zahlreichen Postkarten abgebildete Opernhaus von Sydney, und die hellblauen, vordachtragenden Säulen waren auf bizarre, aber nicht unoriginelle Weise abgeknickt, was dem ganzen Bauwerk eine gewisse »lauernde Duckstellung« oder auch die Form einer »auftauchenden Atlantis« verlieh. Mein Fahrer führte mich nun die weißen Marmortreppen der Moschee hinauf und begrüßte zwei vor dem Eingang am Boden sitzende Männer – einen älteren mit Bart und Häubchen, und einen jüngeren ohne Bart und Kopfbedeckung. Sie boten uns Platz und luden uns zum Tee ein. Dabei wurde mir erklärt, dass die eigenwillige Form der Kuppel ein (aufgeschlagenes?) Ei darstellen solle und das Ganze immer noch – seit 1985 – im Bau sei. Danach zeigten sie mir das Innere der Moschee, das nicht weniger beeindruckend war:

Feinste Mosaikreihen umgarnten mehrschichtig die Deckenwölbung und entführten den staunenden Besucher mit farbenfrohem Geglitzer in ein Reich von Tausenundeinernacht. Kein Zweifel: Hier stand die modernste und luxuriöseste Moschee, die ich in Pakistan bisher gesehen hatte, und sie stand nicht in Peshawar, Islamabad, Quetta oder einer sonstigen Großstadt, sondern mitten im staubigen Herzen Belutschistans, einer entlegenen Ecke zwischen verarmten Dörfern und halb vertrockneten Feldern. Wie kam das? Wer war(en) ihre Gönner? Darüber verrieten mir der Imam und der andere natürlich nichts. Stattdessen enttarnte sich Letzterer bei einem Spaziergang durch die angrenzenden Plantagen als »Policeofficer«, der gerne Adressen mit mir tauschen wollte. Dass ich ihm hierbei aus Sicherheitsgründen nur Phantomangaben lieferte, möge Allah mir verzeihen …

Toba-Kakar-Gebirge in Belutschistan: Drehort von Osamas 2003-Video?

Luxus-Moschee nahe Quetta: Wer ist ihr Gönner?

»Sie leben in Hütten, Zelten, Höhlen«

Die Fahrt ging weiter. Nach einiger Zeit erhob sich zur Linken wie ein sich langsam aufrichtender Walrücken das Toba-Kakar-Massiv. Seinem geomorphologischen Relief, der Bodenbeschaffenheit, Gesteinsfärbung und spärlichen Vegetation nach konnte es sich tatsächlich um jene Region handeln, in der ObL auf dem mysteriösen 2003-Video wandernd mit seinem Stellvertreter Aiman al Zawahiri zu sehen war. Nur selten bogen Straßen oder besser Pisten von unserem »Highway« ab, um zu den einzelnen Dörfern zu führen, die am Rande dieses kargen, unwirtlichen Gebirges oder irgendwo weit abgeschnitten darin lagen. Soweit mein Fernglas reichte, schien dieses Gebiet zum größten Teil praktisch unbewohnt, und es war kaum vorstellbar, dass ein Osama bin Laden mit seinem steten Konvoi von mindestens drei oder vier Kleinbussen und/oder -lastern diese Region ewig lang durchstreifen konnte, ohne entweder depressiv oder von US-Satelliten erfasst zu werden. Doch apropos Konvoi: Wie schon auf der Fahrt zum Khyber- und durch den Bolanpass kam uns hin und

Khanozai: Hier sollen im Frühjahr 2004 noch Kämpfe mit al-Quaida stattgefunden haben

wieder ein solcher entgegen, und es waren nicht gerade immer Vertrauen erweckende Gestalten, die da die Fahrzeuge füllten. Gut möglich, dass hier der ein oder andere Taliban- oder auch al-Quaida-Verband gerade mal zwei Meter von uns entfernt vorbeibretterte, ohne dass ich es merkte. Was ich aber merkte, war, dass wir irgendwann tatsächlich Khanozai durchquerten – jene Ortschaft oder besser Ansammlung halbausgestorbener Lehmbauten, die im Rahmen der oben erwähnten al-Quaida-Offensive »bekannt« geworden und dessen Name mit großen, weißen Steinen auf einem Hügel für jedermann sichtbar hinterlegt war. Da das Dorf darüber hinaus nicht gerade einen einladenden Eindruck machte, entschied ich mich, hier nicht anzuhalten und auszusteigen – was meinem Chauffeur ohnehin weder sprachlich noch inhaltlich zu vermitteln gewesen wäre ...

Der Highway war mittlerweile zu einer unbefestigten Piste verkommen, und einmal hatten wir sogar Mühe, einen übergetretenen Bach zu durchqueren, der fast bis zum Auspuff unter unserem Chassis hindurchrauschte. Die Gegend wurde nun immer öder und einsamer, die Behausungen der Menschen immer primitiver. Oftmals säumten nur noch vereinzelte Zelte – weiße, schwarze, braune oder bunte – das dürre Flachland zwischen Straße und Gebirge, und die Blicke der Menschen am Straßenrand wurden immer fragender, unwissender, misstrauischer und auch dunkler. Irgendwann tauchte vor uns schließlich eine etwas »größere« Ortschaft auf, mein Fahrer warf seinen ca. 30-sten Glimmstängel aus dem Fenster, drehte seinen Kopf zu mir herüber, sah mir in die Augen und sagte kurz und knapp: »Muslimabagh!« Wir waren also da, nachmittags gegen vier. Schon am Ortseingang erkannte ich, dass wir hier in eine andere, eigene Welt eindrangen, mit der nicht zu spaßen war. Martialisch dreinschauende Männer in wülstigen Kaftanen und dicken Turbanen beäugten uns kritisch von ihren Häusern aus, eigenwillig Uniformierte hockten mit Gewehren und Maschinenpistolen auf einem Pickup und über ihnen wehte irgendeine mir unbekannte Flagge im trockenen Steppenwind. Wir stellten den Wagen ab und machten uns auf den Weg zur Ortsmitte. Es war ein höchst unangenehmer Spießrutenlauf, den ich dort zu absolvieren hatte, denn so jemanden wie mich – einen offenkundigen »ungläubigen Westler« – hatte man hier möglicherweise überhaupt noch nie gesehen. Trotz meines Afghanenhuts, Vollbarts und der doch halbwegs adaptierten Klamotten drehten sich von allen Seiten die Köpfe nach mir um, glotzten mich große Augen von oben bis unten an und blieb so mancher stehen, nur um uns minutenlang hinterherzublicken. Je näher wir dem zentralen Basar kamen, desto prekärer wurde die Situation. Meine einzige Trumpfkarte hier war wohl nur noch mein tapferer Taxifahrer, der uns lässig und unbeirrt den Weg durch eine immer dichter werdende Menschenmenge bahnte. Aber wieso Menschenmenge? Und woher kamen die weißen Jeeps mit den getönten Scheiben, die da links und rechts von der Gasse parkten? Als die Straße breiter wurde und wohl in den zentralen (Markt-)Platz überging, erkannten wir den Grund des ungewöhnlichen Treibens: Direkt vor uns war der gesamte Basar mit einem Zeltdach überspannt, darunter eine Bühne aufgebaut, und vor ihr saßen etwa 100-200 pashtunisch bzw. afghanisch aussehende Männer im jungen und mittleren Alter im Schneidersitz am Boden und lauschten einem Vortrag. Da mein Chauffeur und ich praktisch »seitlich von hinten« an die Versammlung herantraten, waren wir natürlich den Blicken der Zuhörer peinlicherweise fast frontal ausgesetzt, und ich konnte den Vortragenden nur für etwa ein oder zwei Sekunden von der Seite wahrnehmen. Alles, an was ich mich noch erinnern kann, war, dass der Mann am Mikro etwa in den 60ern oder 70ern war, einen schneeweißen Kaftan, schneeweißen Spitzbart und schneeweißen Turban trug. Danach verschwand er aus meinen Augenwinkeln. Wir hatten nun das Podest zur Rechten passiert und waren mitten unter die Umsitzenden geraten, von denen uns viele angafften wie das achte Weltwunder. Ihre Blicke schienen stimmungsmäßig auf der Kippe, wie ich es empfand. Freund oder Feind, mochten sie sich wohl in diesem Moment fragen, oder besser: Köpfen oder ziehen lassen? Noch bevor die Situation zu brisant wurde, gab uns ein an einer Hausecke stehender Mann einen Wink und leitete uns um in eine Seitengasse. Es ging alles so blitzschnell, dass ich keine Zeit mehr fand, mich umzudrehen und die Bühne von vorn zu betrachten, um vielleicht weitere Vortragende bzw. etwaige »hochrangige Persönlichkeiten« identifizieren zu können. Der andere Punkt war die Gefährlichkeit, die mit diesem Unterfangen verbunden gewesen wäre. Denn wenn ich mich als praktisch einzig Stehender inmitten einer sitzenden Menschenmenge aus der Vorwärtsbewegung heraus um ca. 120 Grad nach hinten umgedreht und auf die Bühne zurückgeschaut hätte, so hätten die dort Sitzenden dies unweigerlich bemerkt und reaktiv/instinktiv ihre Blicke wiederum zu mir gerichtet. Und wenn dort tatsächlich Osama bin Laden, Aiman al Zawahiri, Mullah Omar oder Konsorten dabeigesessen wären und aus knappen 20 Metern Entfernung mein »Kreuzfahrer-Gesicht« erspäht hätten, dann wäre Muslimabagh wohl mit einiger Wahrscheinlichkeit meine ewige Endstation geworden ... Doch schon waren wir in der Gasse und weg vom Pulk. Nur schwer konnte ich ein Aufatmen verbergen, und der Gesichtsausdruck meines Fahrers schien trotz äußerer Gelassenheit Ähnliches zu verraten. Als wir ein paar Schritte entlang der

Lehmmauern in der »beruhigten Zone« gegangen waren, spielte ich den Naiven und fragte meinen Cabby, ob ich nicht auch ein Foto von der Versammlung machen könnte. Meine Absicht dabei war natürlich nicht, wirklich eine Erlaubnis zu bekommen, sondern lediglich, seine Reaktion zu testen. Und zum ersten Mal an diesem Nachmittag winkte er ab und verzog das Gesicht in unwohliger Weise. Nachdem wir das »heiße Areal« über die leeren Gassen großzügig umrundet hatten, trafen wir kurz vor dem Ortsausgang auf der anderen Seite wieder auf die Hauptstraße. Dort führte mich mein Fahrer in eine kleine, aber gut besetzte Teestube – wohl um uns aus dem »Schussfeld« zu bugsieren. In dem lochartigen Raume schien das Schussfeld aber auch noch nicht ganz zu Ende, denn das Spiel mit den netten Gesten und den offenen Gebärden funktionierte hier schon nicht mehr so leicht wie in Peshawar oder Quetta. Wir setzten uns neben einem halben Dutzend zurückhaltend blickender Turbanträger auf den Boden und warteten auf die Getränke. Die Stimmung schwankte zwischen verhalten-ablehnend und neugierig-angespannt, und ich war selig, endlich die Tasse Tee in der Hand halten zu dürfen, nur um einfach irgendetwas tun und die fast unerträgliche Verlegenheitspause übertünchen zu können. Die sprachliche Barriere war natürlich das Haupt-Handicap, an dem jegliche Kontaktaufnahme mit diesen Menschen genauso scheiterte wie die Beantwortung der Frage, was da draußen eigentlich vor sich ging. Wer weiß, wie die Sache sich noch entwickeln und was ich in Erfahrung bringen hätte können, wenn wir uns nur einigermaßen verständlich machen hätten können. Dafür konnte einem andererseits aber auch keine »Freudsche Fehlleistung« widerfahren ... Die Umsitzenden schienen – im Gegensatz zu manch anderem im Basar – alles in allem noch eher zu den »Gemäßigten« zu zählen, wie ich ihren Gesichtern zu entnehmen glaubte, und nach einiger Zeit gestattete man mir sogar, ein Foto von ihnen zu schießen.

Zu diesem Zeitpunkt etwa wurde die Versammlung draußen aufgelöst, und wir sahen vom Innern der Teestube aus die Menschen vorbeiströmen. So mancher, der da samt Gefolgschaft zu seinem Jeep zurückschritt, schien nicht gerade ein »kleiner Fisch« zu sein, und mein Chauffeur hatte einen ganz komischen Blick drauf, als ein paar von denen wenige Meter von uns entfernt die Stube passierten. Er sah mir in diesen Momenten merkwürdig tief und intensiv in die Augen wie jemand, der die Reaktion seines Gesprächspartners genau prüfen möchte. Als wir wenig später die Teestube verließen, zogen noch die letzten Teilnehmer an uns vorbei, und bisweilen versuchte ich im Gehen, hinter den Autofenstern noch irgendein bekanntes Gesicht unter den rauschenden

Endstation Muslimabagh: Osama zum Greifen nah?

Vollbärten auszumachen. Doch wie gesagt: zu genau konnte ich auch hier nicht hinschauen, ohne mich selbst unverhältnismäßig in Gefahr zu bringen … Der Spießrutenlauf durch die Menge begann nun von neuem, jedoch schien man auf Grund des Endes der Veranstaltung nicht mehr so aufmerksam wie vorher, sodass wir auch den Rückweg zum Auto ohne weitere Komplikationen schafften. Dennoch machte ich innerlich tausend Kreuze, als wir endlich im Wagen saßen, die Türen geschlossen hatten, der Motor ansprang und wir davonbrausen konnten. Nachdem wir Muslimabagh hinter uns gelassen hatten, schien auch bei meinem Taxifahrer eine gewisse Entspannung durchzuschlagen. Er drehte seinen Kopf zu mir herüber, sah mir erneut fest in die Augen und schüttelte mir mit einem verzinkten Grinsen die Hand. Dann blickte er wieder auf die Straße und konzentrierte sich auf den Heimweg bzw. den Sandsturm, der uns gerade eingeholt hatte. Nach einiger Zeit, als sich auch bei mir die Anspannung weitgehend gelegt hatte, deutete ich mit dem Daumen nach Muslimabagh zurück und fragte ihn:

»Muslimabagh – Taliban?«

»Muslimabagh – Taliban!«, antwortete er kurz und bündig mit einem Kopfnicken, ohne dass man den Eindruck hatte, er wollte sich wichtig machen, Geschichten aus Tausendundeinernacht erzählen oder irgendetwas (finanzielles) für sich herausschlagen.

»...and ... al-Quaida?«, wagte ich eine weitere Frage.

»Al-Quaida!«, erwiderte er erneut mit einem Nicken.

Ich blickte zum Fenster geradewegs in die braungelbe Sandwolke hinein. Dann fragte ich:

»Osama bin Laden?«

»Usama bin Ladin!«

Danach war eine ewige Pause im Auto. Wir sprachen nichts mehr für die nächste halbe Stunde, sondern genossen den zwischenzeitlich wieder aufklarenden Himmel und die abendliche Stimmung über den Bergen von Toba-Kakar. Plötzlich, als solle es das Schlusswort des heutigen Tages sein, sagte der Mann vor sich hin:

»Usama bin Ladin – Muslimabagh.«

Auch wenn ich vermutlich nie erfahren werde, ob Osama bin Laden oder andere al-Quaida-Leute tatsächlich zu diesem Zeitpunkt in Muslimabagh weilten bzw. was genau es mit dieser geheimnisvollen Konferenz auf sich hatte, Folgendes weiß ich sicher: Dass ein vertrauenswürdiger Student, dessen Wohnort nicht weit von Muslimabagh entfernt lag, mir noch am gleichen Abend bestätigte, dass sich dort al-Quaida-Leute aufhielten, dass Osama keinen geeigneteren Stützpunkt haben könnte als in der ostpakistanischen Grenzregion (da er hier seine treueste Gefolgschaft hat, amerikanische Soldaten grundsätzlich kein Zugriffsrecht haben und pakistanische Einheiten sich obendrein wohl hüten werden ihn festzunehmen, um damit nicht einen Sturz von Präsident Musharaf zu riskieren), dass laut »Cicero«-Magazin britische Special Forces wenige Monate später von Quetta aus Operationen zur Suche nach Osama bin Laden gestartet hätten, und – last but not least – dass mein Chauffeur einer der wenigen Fahrer war, die ich in Pakistan gehabt hatte, der am Ende nicht um den Preis feilschte ...

Nachwort

Was nun? Der 11. September nicht vollständig aufgeklärt, weltweiter islamisch motivierter Terror gegen den Westen, weltweiter Anti-Terror-Krieg gegen muslimische Länder bzw. Regimes und Organisationen und gleichzeitig weltweite Infiltration der christlich-abendländischen Welt durch mohammedanischen Fundamentalismus – ein heilloses, absurdes und hochgefährliches Durcheinander auf allen Ebenen, wie es scheint. Der einzige Weg aus dieser teuflischen Verstrickung und chaotisch-explosiven Gemengelage sind ehrliche Analysen, aufrichtige Selbstreflexion, klare Differenzierungen, harter Dialog, mutige Entscheidungen und entschlossenes, aber gerechtes Handeln nach innen wie nach außen. Vor allem muss zunächst die Frage, wer den 11. September denn nun wirklich zu verantworten hat, von der grundsätzlichen Problematik, die der Islam im 21. Jahrhundert ohnehin darstellen wird, strikt getrennt werden. Denn selbst wenn hinter den Anschlägen vom 11. September nicht Osama bin Laden, sondern dunkle Mächte auf der »eigenen Seite« stecken sollten und damit zumindest der Afghanistan-Feldzug ein krimineller Akt wäre, dürfte nicht alle Schuld dieses assymetrischen Weltkriegs den USA zugeschoben werden. Im Falle einer 9/11-(US-)Konspiration wäre nämlich nur ein verschwindend kleiner Teil von maximal ca. 100 Personen tatsächlich (wissende) Täter und die restlichen 250 Millionen Amerikaner lediglich gutgläubige, getäuschte Bürger, die nie auf die Idee kämen, solch einen perfiden Coup einzufädeln, um anschließend muslimische Länder überfallen zu können. Ob es tatsächlich eine andere Wahrheit hinter den Anschlägen des 11. September gibt, wird – sofern es zu keinen Nachermittlungen kommt (wovon wohl auszugehen ist) – u.a. an der zukünftigen US-Außenpolitik abzulesen sein. Den Afghanistan-Krieg konnte man mit den Taliban und al-Quaida begründen, den Irak-Krieg mit Saddam Hussein und (nicht existenten) »Massenvernichtungswaffen« und »Terrorverbindungen« – doch wie sähe es z.B. im Falle eines Angriffs auf den Iran aus? Gerechtfertigt allein durch das mutmaßliche Atomwaffenprogramm und/oder den im Juni 2005 gewählten, islamisch-konservativen Hardliner-Präsidenten? Und wird Saudi-Arabien weiter geschützt, obwohl die Keimzelle des globalen islamischen Infiltrismus und Terrorismus eben dort nistet? Wie wird es überhaupt weitergehen mit der islamischen Hochburg auf der Halbinsel, nachdem der »gemäßigte« König Fahd im August 2005 gestorben ist und sein annähernd gleichalter Bruder das Heft wohl auch nicht mehr allzu lang in der Hand halten dürfte? Und was wird passieren, wenn Osama bin Laden tatsächlich verhaftet wird – und zwar auf pakistanischem Territorium durch pakistanische Kräfte? Stürzt dann Musharaf und wird die Atommacht Pakistan endgültig von islamischen »Fundamentalisten« übernommen? Die kommende Geschichte wird es zeigen. Doch 9/11 hin oder her: Auch ohne die einstürzenden Twin Towers von New York müsste der westlichen (und sogar der deutschen) Welt nach den islamisch motivierten Anschlägen von Djerba, Bali, Mombasa, Casablanca, Moskau, Istanbul, Riad, Baghdad, Beslan, Madrid, London, Sharm-el-Sheikh und vielen anderen Orten weltweit sowie der gleichzeitig stattfindenden globalen islamischen Infiltrationsoffensive (forcierter Moscheenbau, Kopftuchkampf, Einführung islamischer Sonderregeln und Bildung islamischer Parallelgesellschaften etc.) eigentlich langsam ein Licht aufgegangen sein. Aber manchmal sieht man eben den Wald vor lauter Bäumen nicht ... Und gerade durch den ultimativen GAU des 11. September selbst scheint – in Form einer fast psychotisch übersteuerten »Gutmenschen-Gegenreaktion« des Westens (Motto: »Was haben wir falsch gemacht?«) – ein Schutzmechanismus gegenüber dem »eigentlichen« Islam ausgelöst worden zu sein, wie es ihn vor diesem Ereignis überhaupt nie gegeben hat. Um des lieben (aber falschen) Friedens willen tat und tut man in politischen, religiösen und intellektuellen Kreisen sofort alles, um klarzustellen, dass diese Art von Terrrorismus »natürlich nichts mit dem wahren Islam« zu tun habe – so, als ob irgendjemand in unseren Breiten bis zum 11. September 01 irgendeine Ahnung vom wahren Islam gehabt hätte (von Ausnahmen abgesehen). Mittlerweile reicht es aber nicht mehr, die Problematik immer nur ein paar fanatisierten »Islamisten« in die Schuhe schieben zu wollen, ohne die Thematik grundsätzlich begreifen und angehen zu wollen. Die grundsätzliche Thematik aber liegt einzig und allein in den kämpferisch-kriegerischen Aufrufen des »Propheten« Mohammed, die zu einem erheblichen Teil gegen die Rechts-, Werte- und Gesellschaftsordnung des über Jahrhunderte hinweg gewachsenen christlich-abendländischen Kulturraums verstoßen, denen aber durch einen gänzlich missverstandenen bzw. pervertierten Toleranzbegriff notorisch sämtliche Türen und Tore geöffnet werden. Was aber tun? Zunächst ist nüchtern zu erkennen, dass von islamisch motivierten Gewalttätern in aller Regel keinerlei Diplomatie, sondern einzig und allein die Sprache von Polizei und Militär verstanden wird, weshalb Inlandskräfte entsprechend aufzustocken sind und die westliche Anti-Terror-Koalition – auch und gerade mit den USA – entgegen jedes (politisch gestreuten) dumpfsinnigen und selbstschädigenden Anti-Amerikanismus auf jeden Fall beizubehalten, weiter auszubauen und effizienter zu machen ist. Den offensiv-aggressiv, aber letztlich doch noch »gewaltfrei« operierenden islamischen Infiltristen hingegen, welche sowohl als Privatpersonen als auch als Agenten, Lehrer und Kulturbeauftragte von Religionsbehörden auftreten können, sind vom demokratisch-freiheitlichen Rechtsstaat eindeutige Grenzen zu setzen. Auch kann und darf es nicht angehen, dass im Namen einer falsch verstandenen »Religionsfreiheit« wieder verfassungsfeindlichen Polit-Ideologien Raum gewährt wird, nur weil sie diesmal unter dem Deckmantel einer Religion daherkommen. Das deutsche Grundgesetz beispielsweise gewährt in keinem seiner Artikel dem Freiheit, der es selbst – unter welchem Vorzeichen auch immer – bekämpfen will, sondern setzt dort klare Schranken, wo andere Grundrechte verletzt werden. Diese Schranken gelten auch im Rahmen der Religionsausübung. Sie in der Praxis tatsächlich zu ziehen, vermag aber nicht das Gesetz selbst, sondern ist Aufgabe der politisch (und religiös) Verantwortlichen sowie der Gesellschaft als Ganzes. Und genau hier liegt das eigentliche Kernproblem: Ein Großteil unserer heutigen, in Frieden, Freiheit und Wohlstand aufgewachsenen, zwischenzeitlich jedoch verwöhnten, verlotterten und in die Dekadenz abgedrifteten Zivilgesellschaft kennt unsere verfassungsmäßige Rechtsordnung überhaupt nicht mehr, geschweige denn dass sie bereit wäre, für sie einzustehen oder sie gar zu verteidigen. Aber sie kennt auch etwas anderes, noch wichtigeres nicht mehr: die geistig-moralischen Wurzeln, auf denen diese Rechtsordnung wiederum fußt – nämlich das christlich-humanistisch-aufklärerische Weltbild, wie es von Jesus verkündet, seinen Glaubensbrüdern verbreitet und den abendländischen Philosophen und modernen Wissenschaftlern intellektuell bereichert worden ist. Wenn wir aber diesen geisteswissenschaftlich-religiösen Sockel verlieren, verlieren wir alles, was wir haben – von Recht und Gesetz bis Wohlstand und Freiheit. Und so findet auch ein Teil der Kritik seitens islamischer Gelehrter und sogar al-Quaida auf bizarre Weise durchaus Berechtigung: Der Westen hat seine eigenen moralischen und religiösen Werte in einem gewissen Ausmaß tatsächlich verraten und lebt, nur noch auf seine Vergnügungen bedacht, gottlos dahin. Wenn wir den Teil, der Muslimen an unserer Lebensweise zu Recht missfällt, nicht ernsthaft reflektieren, diskutieren, eingestehen und auch zu verändern suchen (wozu auch bestimmte politische Zustände und Ungerechtigkeiten z.B. im Nahen Osten – dem Urkern all dieser Probleme – zählen), bleiben gewisse Substrate der islamischen Argumentation bestätigt im Raum und ermöglichen sowohl Terroristen wie Infiltristen auf lange Sicht, auch die gemäßigten, zivilisierten und gutherzigen Muslime, mit denen der Westen bisher keine Probleme hat, auf ihre Seite zu ziehen. Letztere aber – die große Gruppe der weitgehend koranunkundigen, aber gutgläubigen muslimischen »Laien« – sind unsere einzige Hoffnung, aus dem Islam-Dilemma einigermaßen heil herauszukommen. Wenn wir sie nicht für unsere Rechts-, Gesellschafts- und Werteordnung sowie jesuanisches Gedankengut gewinnen, dann wird es in der Tat eines Tages zum großen Show-down zwischen Juden-/Christentum einerseits und dem (Gesamt-)Islam andererseits kommen – ein apokalyptisches Desaster, das die beiden ersten Weltkriege in den Schatten stellen könnte ...

Grundsätzlich müssen wir uns jedoch vorab entscheiden, ob wir dem Islam bei seinem Streben nach absoluter Weltherrschaft nun weiterhin als naive, Logistik spendende Handlanger zur Verfügung stehen wollen oder ob wir eine eigene Position entwickeln bzw. verteidigen wollen. Im letzteren Fall sollten wir schleunigst aufstehen, selbstbewusst (und ohne falschen »Kreuzzugskomplex«) unseren Standpunkt und unsere Überzeugungen verteidigen und jede falsche »Toleranz« (gegenüber Bösem) ablegen, der von islamischen Terroristen (und Infiltristen) provozierten Spaltung der westlichen Welt (in »pro«- und »anti«-Islam) nicht auf den Leim gehen, uns nicht dem Trugschluss hingeben, ein Schmusekurs mit »Islamisten« und/oder die General-Opposition zur Antiterror-Politik der USA könnten uns selbst vor Anschlägen schützen, Gelassenheit nicht mit Gleichgültigkeit verwechseln, Terroristen verstärkt polizeilich/militärisch bekämpfen, Infiltristen mit den Mitteln der Demokratie und des Rechtsstaats in Schranken halten (z.B. durch zahlenmäßige Limitierung des Baus von Moscheen, Koranschulen und Gebetsräumen bzw. »Einfrieren« des diesbezüglichen Ist-Zustands, Kopftuchverbot zumindest im öffentlichen Dienst, Abschaffung islamischer Sonderregeln wie getrennter Biologie- und Sportunterricht, Schächten, Scharia etc., Stopp der weiteren Verbreitung islamischer Hetzschriften (evtl. auch des Korans selbst!), Schaffung einer rechtlichen Sonderstellung der Politreligion Islam etc., aus Sicherheitsgründen und zur inneren Balance der europäischen Staaten jede weitere Zuwanderung aus muslimisch-arabischen Ländern bis auf weiteres aussetzen oder zumindest stark zurückfahren, uns aber gleichzeitig für politische, wirtschaftliche, soziale und gesellschaftliche Gerechtigkeit und Stabilität zwischen muslimischen und nicht-muslimischen Staaten und Regionen – insbesondere im Nahen Osten – einsetzen und schließlich versuchen, die gemäßigten, friedfertigen Muslime (u.a. die zahlenmäßig stark vertretenen Aleviten) sowohl in unseren als auch den muslimischen Ländern durch couragierte Diskussion und vor allem überzeugendes Vorleben unserer eigenen Werte für uns zu gewinnen

– also nicht nur formal, sondern vor allem geistig-kulturell in unseren Heimatländern zu integrieren sowie eine demokratische, rechtsstaatliche Entwicklung in den islamischen Herkunftsländern anzuregen. Gefordert ist in diesem Zusammenhang natürlich auch der Missionsauftrag unserer Kirchen, die sich endlich aus der feigen Defensive hinaus in die harte Realität begeben und wieder die christlich-jesuanische Botschaft verkünden sollten – und zwar sowohl gegenüber »den eigenen Leuten« in Form einer Rechristianisierung (wie sie beispielsweise die USA in den 80er- und 90er-Jahren durchlebt hat) als auch gegenüber der islamischen Welt getreu den Jesusworten: *»Geht nicht zu denen, die euch lieben, sondern zu denen, die euch hassen. Denn welchen Gewinn bringt es, wenn ihr zu denen geht, die euch lieben?«* sowie *»Hütet euch vor den falschen Propheten!«*

Um uns daran zu erinnern, dass Jesus nicht tot ist und der Glaube an ihn nicht einfach etwas »abgehoben-nebulös-ungreifbares«, sondern frisches, konkretes und wirksames Erleben ist, habe ich diesem Buch als Anhang eine kleine, aber doch wundersame Geschichte beigefügt, welche mir im Heiligen Jahr 2000 im Heiligen Land zuteil wurde – just drei Wochen, nachdem Israels Ministerpräsident Ariel Sharon mit seinem legendären Treppengang zum Tempelberg in Jerusalem die bis heute andauernde Intifada der Palästinenser ausgelöst hat. Da Letzteres in Form des ewigen Nah-Ost-Konflikts praktisch die andere, »mikrokosmische« Seite der 9/11-Medaille ist, fand ich es nicht unpassend, das Buch mit einer etwas »leichteren« Story vor diesem Hintergrund abzurunden. Lassen Sie sich von den »Glocken von Genezareth« entspannen und dem martialischen Untertitel nicht abschrecken: Gemeint ist hier der »kleine Dschihad«, also der Kampf mit sich selbst bzw. – in diesem Fall – gegen die äußeren Widrigkeiten, insbesondere die Strömung ...

Anhang

Die Glocken von Genezareth
oder
Mein »Dschihad«

»Weshalb reisen Sie nach Israel?«, fragte mich der Security-Mann nun zum zweiten Mal. Eine nette Security-Dame hatte mir auf Englisch genau die gleiche Frage bereits zehn Minuten vorher schon einmal gestellt.

»Als Tourist – auf Pilgerrundreise!«, antwortete ich etwas verdutzt abermals. Der junge Kerl in blauer Uniform senkte den Kopf, blickte auf seinen Notizblock und las etwas. Dann hob er seinen Kopf wieder und fragte weiter:

»Wie lange werden Sie sich in Israel aufhalten, wo genau werden Sie überall hinreisen und welche Unterkünfte werden Sie im Einzelnen besuchen?« Auch auf diese Fragen hatte ich der Dame bereits erschöpfend Auskunft erteilt, aber langsam dämmerte mir, dass das Ganze wohl nur ein Test war, um zu prüfen, ob ich die Wahrheit sprach und nicht jeweils verschiedene Storys zum Besten gab. Und in der Tat: Als die Ausfragerei beendet war, ging der junge Security-Mann zu der bewussten Dame, und sie verglichen meine beiden Aussagen miteinander. Dann kam wieder die Dame auf mich zu und bat mich, mein umfangreiches Gepäck, zwei große Reisetaschen, auf den Tisch zu legen und den Inhalt vorzuzeigen. Die scharfen Sicherheitsvorkehrungen für Israel-Flüge sind ja allgemein bekannt, aber im »Heiligen Jahr 2000« und gerade mal zwei Wochen nach Beginn der »Intifada« der Palästinenser waren sie natürlich besonders penibel – oder hätten es zumindest sein sollen. Jedes einzelne Gepäckstück wurde nun von der jungen Israelin begutachtet, der elektrische Rasierer zerlegt, die Zahnpastatube geöffnet, der Fotoapparat inspiziert und so weiter und so fort. Würden sie wohl meinen kiloschweren, versiegelten Plastikeimer durchgehen lassen?

»Was ist da drin?«, fragte mich die Frau, als sie den ominösen Behälter entdeckte.

»Äh, eine Creme …«, antwortete ich leicht verlegen.

»Was für eine Creme?«

»Vaseline.«

»Was? Wie?«

»Vaseline – das ist eine Art Hautcreme …«

»Aha – und warum brauchen Sie so viel davon?«

»Nun ja, ich habe eine sehr empfindliche Haut und möchte viel schwimmen gehen …«

»Aha, im Toten Meer wohl?«

»Ähm, ja, genau …«

Ich lächelte sie freundlich an, sie lächelte ebenso zurück, und ich durfte das auffällige Eimerchen ungeöffnet wieder einpacken. Eigentlich war ich verwundert, wie relativ leicht ich durch die Kontrollen kam. Ich war als einer der wenigen ausländischen Touristen keiner Reisegruppe angeschlossen, hatte keine Einladung von israelischen Bekannten, konnte für zwei Wochen meiner Aufenthaltszeit in Israel keinerlei Hotel- oder Kibbuz-Buchungen vorweisen, sondern lediglich den Vertrag über ein Mietauto, befand mich im »besten Alter«, kam einigermaßen sportlich daher und hatte keine Familie, wohl aber einen verschlossenen Behälter, der ein Kilogramm Vaseline oder auch ein Kilogramm Sprengstoff enthalten konnte, dabei. Mein Vertrauen in die Sicherheit dieses Fluges wurde hierdurch nicht gerade beflügelt, und kaum durch die Passkontrolle, hatte ich im Wartesaal nichts Besseres zu tun, als jeden irgendwie arabisch aussehenden Mitreisenden unablässig im Auge zu behalten – es könnte sich ja um einen potenziellen Selbstmordattentäter oder Flugzeugentführer handeln ...

Nach ein paar Tagen Erholung am Toten Meer und einem Besuch der wohl heiligsten und zugleich gefährlichsten aller Städte dieser Welt, Jerusalem, brach ich schließlich Richtung Norden auf, um meine »Mission 2000« in die Tat umzusetzen ...

Nach etwa 170 km Fahrt durch das Jordantal, u.a. vorbei an Jericho, der ältesten Stadt der Welt und der Stelle, an der Jesus von Johannes dem Täufer getauft worden sein soll, kam ich gegen Abend am Heiligsten aller Gewässer an – dem See Genezareth, auch bekannt unter dem »Galiläischen Meer« oder auch »Yam Kinnereth« auf Hebräisch. Wegen seiner ästhetischen Nord-Süd-Tropfenform für die Araber »Das Auge Allahs«, für die Juden »Die Harfe Gottes«, so ist der 21 km lange und bis zu 13 km breite, tiefstgelegene Süßwassersee der Erde für die Christen den biblischen Berichten und sonstigen Aufzeichnungen zufolge nichts Geringeres als die Gegend, in der Jesus mit seinen Jüngern die meiste Zeit gelebt, seine größten Wunder vollbracht und seine entscheidenden Botschaften an die Menschheit verkündet haben soll. Bedeutendster Ort an diesem traumhaft zwischen den bis zu 200 Metern aufragenden Golanhöhen im Osten und der lieblichen galiläischen Hügellandschaft im Westen mystisch schimmernden See ist dabei das kleine, am Nordwestufer befindliche Tabgha, das »heimliche« Zentrum der Christenheit. Denn hier soll es gewesen sein, wo Jesus seine berühmte Bergpredigt gehalten, Brot und Fisch vermehrt und zum dritten Mal nach seiner Auferstehung seinen Jüngern erschienen sein soll. An dieser Stelle steht heute eine kleine, aber schmucke byzantinische Basilika, die von einem deutschen Pastor geleitet wird.

Da ich in meinem Reiseführer gelesen hatte, dass diese Kirche auch eine Herberge betrieb, fuhr ich gleich bis Tabgha durch, parkte den Wagen auf dem Besucherparkplatz und begab mich zur Pforte der Basilika. Obwohl es gar nicht in meiner Absicht lag, die Kirche zu so später Stunde (21.00 Uhr) noch zu besichtigen, kam ich nicht umhin, mal einen »kurzen Blick« in sie zu werfen. Ich durchschritt den mystisch befackelten Kreuzgang und trat durch das immer noch geöffnete Portal in das Mittelschiff. Vor dem Altar stand ein ziemlich alt und etwas »abgearbeitet« aussehender Stein mit einem sehr schönen Bodenmosaik darunter. Laut Überlieferung soll Jesus auf diesem Stein Brot und Fisch vermehrt haben, was das Mosaik – das älteste des Heiligen Landes übrigens – auch eindrucksvoll wiedergab. Ich genoss noch ein Weilchen die Stille und angenehme Atmosphäre dieser Kirche, bevor ich wieder nach draußen ging, um den Eingang zur Herberge zu suchen. Ich lief einmal um die ganze Basilika herum, fand aber keine Tür. Wieder an der Frontseite angekommen sah ich in einem Seitentrakt des Gebäudes Licht und einen kleinen Fußweg. An einer Art Gartentür hing ein Schild »Privat – Eintritt verboten!« Typisch deutsch, dachte ich. Dennoch läutete ich an der Klingel, und kurz darauf öffnete auch ein großer schlanker Mann mit Glatze die Tür und kam auf mich zu.

»Hello!«, grüßte ich ihn.

»Guten Abend!«, grüßte er auf Deutsch zurück.

»Ah, Sie sind wohl der Pfarrer!«, entgegnete ich freudig.

»Ja, der bin ich«, sagte der Mann ohne Regung.

»Ich bin vorhin gerade angekommen und suche nach einer Bleibe für eine Nacht!«

»Ich fürchte, da kann ich Ihnen nicht weiterhelfen ...«

»Aber ich dachte, Sie führen hier auch 'ne Herberge ...«

»Ja, das schon, aber –«

»Ah, sie ist voll?!«

»Nein, eigentlich nicht – vielmehr eher leer ... Wir hatten zwar für heute eine Reisegruppe, aber die hat abgesagt – wegen der Unruhen in Jerusalem. Wir haben zurzeit keine Gäste ...«

»Dann haben Sie also doch noch Platz?«

»Nun, wir nehmen nur Gäste mit Reservierung und auch nur Gruppen, wissen Sie ...«

»Aber es wäre ja nur für eine einzige Nacht! Sie bräuchten auch kein Bett beziehen, wenn es zu viel Arbeit macht – ich habe einen Schlafsack dabei ...«

»Hm, tut mir Leid, aber warum versuchen Sie es nicht bei der Jugendherberge unten am See – sind nur zwei Kilometer von hier ...«

»Hm, es ist jetzt schon neun vorbei und ...«

»Ach – ich denke, das ist kein Problem bei denen ...«

»Ich kann Ihnen auch einen höheren Preis zahlen, wenn Sie möchten ...«

»Nein, nein – ich denke, es ist besser, Sie sehen sich mal dort unten um ...«

Bei der Herbergssuche im Heiligen Land schien sich wohl trotz christlicher Mission in 2000 Jahren nicht sehr viel getan zu haben ...

Glücklicherweise gab es bei der empfohlenen Stätte am See dann tatsächlich auch kein Problem – das Haus war wegen der angespannten Lage im Lande nur mit einer Hand voll Gästen »belegt«, und ich konnte mir das beste Zimmer aussuchen und sogar den Preis noch ein wenig – aber nur ein wenig – herunterhandeln … Am nächsten Tag machte ich mich dann an »die Arbeit«: Ich fuhr mit dem Wagen nach Tiberias, einer der vier heiligen Städte der Juden mit ca. 30 000 Einwohnern, an der Mitte des Westufers des Genezareth-Sees gelegen. Die Stadt selbst ließ ich dabei erst einmal »links liegen«, um mich gleich »in medias res« zu begeben, nämlich zum Hafen …

Dort suchte ich den weit und breit einzig sichtbaren Bootsverleih auf, einen schon etwas betagten Herrn, vor dessen Schnellbau-Ständchen auf der Promenade ein paar bunte, kleine Touristen-Motorbötchen in der Hafenbucht vor sich hin schunkelten. Ich fragte ihn, ob ich mir eines seiner Boote für einen ganzen Tag ausleihen könnte.

»Wozu?«, fragte er.

»Um den See zu durchschwimmen! Dafür brauche ich ein Beiboot zur Begleitung …«

»Den See durchschwimmen?«, setzte er ungläubig nach.

»Ja, den See durchschwimmen«, erwiderte ich.

»Natürlich, natürlich!« antwortete er da fix, und in seinen Augen blitzten schon die Dollarzeichen in Anbetracht des derzeit miesen Touristengeschäfts. »Also von hier nach En Gev?«

»Nein! Von Tabgha nach Kursi oder auch umgekehrt!«

»Von Tabgha nach Kursi? Durch die breite Stelle im Norden? Das ist zu weit! Außerdem müssen wir ja mit dem Boot erstmal dorthin fahren und dann von dort wieder zurück nach Tiberias …«

»Ich weiß …«

»Hm, ich denke, das schaffen wir nicht mit meinen Booten. Die Motoren sind einfach zu schwach!« – womit der Alte sicherlich Recht hatte bei genauerer Ansicht seiner kleinen Kunststoffkutter … Also setzte ich mich wieder ins Auto und fuhr die Straße parallel zum Ufer weiter gen Süden, bis ich irgendwo und irgendwann einmal ein paar »Speedboote« am Steg eines Badestrandes liegen sah.

»Von Tabgha nach Kursi?!«, fragte der coole Bademeister mit Rodenstock-Sonnenbrille und Goldkettchen um Hals und Handgelenk etwas unwirsch zurück.

»Ja! Von Tabgha nach Kursi.«

»Das ist zu weit!«, meinte er unmissverständlich und kopfschüttelnd, meinen Körperbau skeptisch musternd. »Und außerdem gibt es da oben zu viel diffuse Strömung. Glauben Sie mir: Der einzige Weg, den See zu durchqueren, ist von hier nach En Gev. Das sind neun oder zehn Kilometer …«

»Acht!« Denn ich hatte es vorher mit gutem Kartenmaterial genau ausgemessen.

»Oder eben acht ... Aber Sie brauchen sowieso einen Arzt und einen Polizisten für Ihre Gesundheit und Sicherheit mit an Bord! Ohne die würde ich Sie sowieso nicht begleiten ...«

»Und was möchten Sie dafür haben?«

»Hm, alles zusammen – 700 Dollar!«

»Geht's nicht 'n bisschen billiger?«

Da wurde der Coole schon fast ein wenig ärgerlich und und sagte leicht beleidigt:

»Nein, das ist das Mindeste! Denn wir müssen ja noch den Arzt und den Polizisten bezahlen ... Außerdem müssen Sie erst noch aufs Amt und sich die ganze Aktion behördlich genehmigen lassen ...« Dass ich Letzteres bereits von Deutschland aus per Internet versucht hatte und mir die Erlaubnis von der hiesigen Bezirksverwaltung mit Verweis auf mehrere tote Schwimmer in dieser Saison schon vor Monaten verweigert worden war, verschwieg ich hier natürlich. Stattdessen sagte ich »Ich werd's mir überlegen ...« und ging mit der Visitenkarte des Coolen wieder zurück zum Auto.

Was jetzt? Dass dieser Wucherpreis für mich nicht in Frage kam, war eine klare Sache. Und dass ich von Tiberias nach En Gev schwimmen sollte, passte ebenfalls nicht in meinen Plan. Also versuchte ich es nochmal in der Gegenrichtung und fuhr wieder hoch in den Norden, so dicht wie möglich am See entlang. Dies war im Übrigen die exzellente Gelegenheit, sämtliche christlichen Stätten, die sich idealerweise genau auf dem Weg dorthin befanden, zu besichtigen – vom 2000 Jahre alten, hölzernen Fischerboot, das 1995 im Uferschlamm von Nof Ginnosar entdeckt und seither im Museum ausgestellt ist, über den mutmaßlichen Hügel, auf dem Jesus die Bergpredigt gehalten haben soll und auf dem heute ein ansehnliches Frauenkloster steht, bis hin zu den Ausgrabungen von Kapernaum, dem legendären einstigen Dorf am Nordende des Sees, wo Jesus im Hause des Petrus gewohnt haben soll. Dort ganz in der Nähe fand ich einen weiteren Bootsverleih, der aber leider – wegen des schlechten Geschäfts wiederum – für diese Saison schon geschlossen hatte. Nicht weit von jener Stelle lud ein kleines, griechisch-orthodoxes Kirchlein mit schneeweiß getünchtem Mauerwerk und rosarotem Kuppeldach direkt am Ufer zu einer kurzen geistig-moralischen Auffrischung ein. Das Gotteshaus wurde gerade renoviert, und ein bärtiger griechischer Mönch in schwarzer Kutte sperrte extra für mich das Portal auf, um mir das Innere zu zeigen und alles Mögliche zu erklären. Zu guter Letzt unterhielten wir uns über Gott und die Welt, und der Geistliche äußerte sich erstaunt, bewundernd und skeptisch zugleich über mein Vorhaben, quer durch den Genezareth-See zu schwimmen. »You'll get tired – Sie werden erlahmen ...«, sorgte sich der gute Mann ...

Auf dem Weg zum Auto ging ich nochmal kurz ans Ufer hinunter, um einen freien Blick über die gesamte Länge des Sees zu haben und ein paar Fotos zu machen, als ich dort etwa zehn bis zwanzig Meter entfernt Blasen und Gesprudel an der sonst spiegelglatten Wasseroberfläche sah.

»It's all fish!«, kommentierte einer der Arbeiter, der meine Neugier bemerkt hatte. Und in der Tat erkannte ich bei genauerem Hinsehen die ringsherum ausgelegten Netze. Demnach schien also doch etwas Wahres dran zu sein, dass dieser Bereich des Sees laut Reiseführer von Jesus Zeiten bis heute immer noch die fischreichste Stelle sein soll ...

Doch wie nun weiter? Nachdem ich fast das gesamte Westufer erfolglos nach einem Bootsverleih abgeklappert hatte, beschloss ich, wieder nach Tiberias zurückzufahren, da ich irgendwie der Überzeugung war, nur hier finden zu können, wonach ich suchte. Auf der Rückfahrt stattete ich noch der sog. Primatskapelle einen kurzen Besuch ab – jener Stelle, an der Jesus zum dritten Mal nach seiner Auferstehung erschienen sein, seinen Jüngern in den Booten vom Ufer aus zugerufen und ihnen damit einen großen Fang beschert haben soll. Dort soll es auch gewesen sein, wo Jesus dem Petrus die Führung der künftigen Glaubensgemeinschaft mit den Worten »Auf dich will ich meine Kirche bauen!« und der zweimaligen Wiederholung des Satzes »Weide meine Schafe!« anvertraut haben soll. Außerhalb des relativ schmucklosen grauen Gemäuers kam ich ins Gespräch mit einem Mönch aus Afrika, der offenkundig mehr an einem Autokauf für seinen Bruder (»Was ist Ihre Meinung über den Audi 100?«) als an meiner Schwimmaktion im Zeichen des Glaubens interessiert schien. Die weltlichen Bedürfnisse und Nöte machten also auch vor den würdigen Hütern der heiligsten Stätten keinen Halt mehr ... Als ich wenig später wieder in Tiberias eintraf, erblickte ich auf einem größeren Platz neben einer antiken Theateranlage aus römischen Zeiten endlich eine Tourist-Info.

»Hello! You wish?«, fragte mich die dunkelhaarige Dame in den Vierzigern hinter der Theke.

»Ich suche jemanden, der mir für einen ganzen Tag sein Motorboot leiht!«, antwortete ich ohne alle Umschweife.

»Für einen ganzen Tag?!«, entgegnete die Frau erstaunt. »Wozu brauchen Sie es denn?«

»Ich möchte quer durch den See schwimmen, und da brauche ich aus Sicherheitsgründen jemanden, der mich mit dem Boot begleitet und dann wieder über den See zurückfährt.«

»Sie wollen durch den Genezareth-See schwimmen?! Das ist aber sehr weit! Sind sie denn trainiert?«

»So einigermaßen.«

»Nun gut, wenn Sie dies unbedingt möchten ... aber ich muss Sie warnen: Es ist sehr gefährlich wegen der Strömungen! In diesem Sommer sind –«

»– schon einige Schwimmer ertrunken, ich weiß ... Hören Sie, ich –«

»Nein, nein, schon gut! Ich seh ja, Sie sind sehr entschlossen ... nun, ich denke, Sie sollten einfach mal zum Hafen hinuntergehen und dort –«

»Bringt nichts! Die wollen nur von hier bis En Gev fahren ...«

»Na klar, was möchten Sie denn?«

»Von Tabgha nach Kursi!«

»Von Tabgha nach Kursi? Aber das ist ja noch weiter! Das sind ja zehn Kilometer!«

»11, um genau zu sein ...«

»Aber wieso denn ausgerechnet von Tabgha nach Kursi?«

»Weil Tabgha der heiligste christliche Ort am See ist und es auf der anderen Seite nur Kursi als christlichen Ort gibt.«

»Aber wieso müssen es den ausgerechnet christliche Orte sein, zu denen Sie schwimmen möchten?«

»Weil ich die Aktion im Zeichen des christlichen Glaubens im Heiligen Jahr 2000 und als Friedenszeichen für den Nahost-Konflikt durchführen möchte!«

»Ah, also aus idealistischen Motiven! Ist denn die Presse auch dabei?«

»Möglicherweise eine deutsche Agentur! Kontakte zu hiesigen Blättern habe ich noch nicht ...«

»Hm, das wär gar nicht schlecht für uns! Frieden können wir hier wirklich brauchen, und eine schlechte Werbung für unseren Ferienort wär es auch nicht ... Aber muss es denn unbedingt ›da oben‹ sein und unbedingt ›christlich‹?«

»Ja, denn sonst macht das Ganze keinen Sinn ... Ist es ein Problem für Sie, weil Sie jüdisch sind?«

»Nein, nicht direkt. Aber es ist eine eigenartige Gegend dort oben, wissen Sie ...«, sagte die Dame und hatte plötzlich einen seltsam dunkelgeheimnisvollen Blick an sich. Dann fügte sie hinzu:

»Und überhaupt – ich mag auch das Wasser dort oben nicht ...«

Dieser Satz war irrational und großartig zugleich, schien er doch die Quintessenz des jüdischen Glaubens mit einem Schlag aufgeworfen zu haben, die da hieß: Wir glauben an Gott, aber nicht an Jesus als seinen Sohn und Messias ...

»Aber egal«, fuhr die ansonsten sehr freundliche und hilfsbereite Israelin fort, »ich möchte Ihnen nicht im Wege stehen bei dem, was Sie da vorhaben. Ich glaube, ich kenne da jemanden, der Ihnen helfen könnte. Er heißt Benny und hat ganz gute Boote, wie ich glaube. Warten Sie – ich werd ihn gleich mal anrufen ...«

Gesagt, getan: Die Dame rief den Mann an und arrangierte ein Treffen zwischen uns für den folgenden Vormittag.

»Ich denke, er macht es«, sagte die Frau, nachdem sie den Hörer aufgelegt hatte, »aber die Einzelheiten müssen sie morgen mit ihm selbst besprechen!«

»Was verlangt er?«

»Hat er noch nicht gesagt am Telefon. Mit Sicherheit aber nicht so viel wie der Typ mit dem Schnellboot, von dem Sie mir erzählt haben ...«

»Alles klar! Super. Haben Sie vielen Dank!«

»Nicht der Rede wert – dafür sitze ich hier. Mein Name ist übrigens Catherine, und es würde mich sehr freuen, wenn Sie mir morgen kurz Bescheid geben könnten, ob die Sache steigt. Dann würde ich auch nochmal versuchen, die hiesige Presse auf die Aktion aufmerksam zu machen, okay? Also bis morgen ...«

»Bis morgen!«

Gott sei Dank hatte sie nicht nach der (versagten) behördlichen Genehmigung gefragt – womit es einen ersten Hoffnungsschimmer für meine Schwimm-Aktion gab ... gut gelaunt ging ich zum Hafen hinunter, aß einen »Peter's fish« zu Abend und flanierte dann ein wenig die Uferpromenade entlang. Da entdeckte ich zwischen den Restaurants ein schmales Gässchen, das zu einer etwas versteckt gelegenen Kirche führte. Dort wurde gerade die Abendmesse gehalten, und kurzerhand gesellte ich mich dazu, da ich ansonsten nichts Konkretes vorhatte. Die Messe wurde auf Englisch gehalten, und ganz offensichtlich handelte es sich bei dem Vortragenden auch um einen Pastor aus Großbritannien, so deutlich und vornehm wie seine Aussprache klang. Am Ende der Messe kam ich mit dem weißhaarigen, aber immer noch sehr rüstigen Alten etwas ins Gespräch, und er schien sichtlich angetan von meinem »See-Vorhaben«:

»Wow – da haben Sie ja ganz schön was vor! Passen Sie nur gut auf auf sich! Aber ich glaube, Sie schaffen es. Gott wird Ihnen beistehen und Sie wohlbehalten am anderen Ufer ankommen lassen, da bin ich ganz sicher ... God bless you!«

Am nächsten Morgen machte ich mich erneut auf in die Stadt, um Benny, den Bootsverleiher, wie vereinbart an einer Hafen-Spielothek zu treffen. Ein kleiner Junge holte den sonnengebräunten, etwa 30-jährigen Israeli hinter den Game-Kästen hervor. Er kam im weißen T-shirt, in rosa Shorts, Badelatschen, mit dunkler Sonnenbrille und weißem Basecap auf dem Kopf sowie einem gehuschten Lächeln auf den Lippen auf mich zu und grüßte mich mit einem eher schwachen Handschlag.

Danach gingen wir gleich an Ort und Stelle »in medias res« und besprachen den Ablauf der geplanten Aktion.

»Wir müssen früh los, spätestens um acht Uhr morgens, damit wir es bis etwa drei oder vier Uhr nachmittags schaffen, bevor die Winde einsetzen und die Dämmerung kommt«, sagte Benny. »... Außerdem wäre es besser, vom Ost- zum Westufer, also von Kursi nach Tabgha, zu schwimmen statt umgekehrt, denn das ist von der Strömungsrichtung am Nachmittag her günstiger. Außerdem ist es besser, wenn wir den See schon beim ruhigen Vormittagswasser mit dem Boot überqueren, denn wir müssen ja wieder nach Tiberias zurück und die direkte Diagonale von Kursi nach Tiberias kann nachmittags schwer werden mit unserem kleinen Boot ...« Sein Boot war zwar klein, aber groß genug und sah nicht unschnittig aus. Es dümpelte momentan untätig in der Hafenbucht vor sich hin und wartete auf seinen großen Einsatz. Ich erklärte mich mit dieser Vorgehensweise einverstanden. Letztlich war es vielleicht sogar auch »spannender« und »würdevoller«, von dem weniger bekannten Kursi zu dem hochheiligen Tabgha zu schwimmen – den Berg der Seligpreisungen, die deutsche Basilika und die Primatskapelle ständig »im Visier« ... Als Proviant für eine etwaige Schwimmzeit von bis zu sieben Stunden einigten wir uns auf Mineralwasser, Weintrauben, Datteln, Erdnüsse und etwas Schokolade. Gewisse Bedenken bereiteten mir jedoch immer noch die lange Sonnenbestrahlung von Kopf, Nacken und Schultern sowie – gleichzeitig – die etwaige Auskühlung des restlichen Körpers unter Wasser. Bei dieser Gelegenheit fragte ich Benny, ob es ratsam wäre, tatsächlich den ganzen Körper mit meiner »eingeschleusten« Vaseline einzuschmieren. Diese Kälteschutz-Maßnahme war mir von diversen »Wassersport-Experten« in Deutschland empfohlen worden, und ich hatte sie im September in der 19 Grad »warmen« und sechs km langen Malter Talsperre vor Dresden über drei Stunden »hautnah« getestet – mit leidlichem Erfolg allerdings ...

»No, no!«, winkte der Braungebrannte da heftig ab. »Das wirst du nicht brauchen, glaub mir! Das Wasser ist genügend warm! Aber eine starke Sonnenschutz-Creme für Gesicht und Hals brauchst du auf jeden Fall ...« Damit war auch dieses geklärt, und so vereinbarten wir den »Tag X« für übermorgen 8.00 Uhr in Tiberias, um noch einen ganzen Tag zur organisatorischen, physischen und psychischen Vorbereitung gut zu haben.

Die diversen Vorbereitungen konnten glücklicherweise schon in der ersten Hälfte des folgenden Tages weitgehend abgeschlossen werden, sodass ich gegen Mittag noch kurz bei Catherine im Tourist-Office vorbeischaute, um ihr – wie versprochen – Zeit, Ort und Ablauf der morgigen Aktion mitzuteilen. Sie versuchte sogleich, die Lokalpresse hiervon zu informieren, doch waren ausgerechnet an diesem Tag sämtliche Leitungen wegen aktueller Intifada-Zuspitzungen belegt, oder aber die Journalisten hatten Besseres zu tun, als über das Plantschen in heiligen Wassern zu berichten. Wenigstens aber gelang es mir – wie schon von langer Hand geplant und vorbereitet –, die Deutsche Presse Agentur telefonisch zu erreichen und meinem dortigen »Kontaktmann«, der mich schon vor Monaten interviewt hatte und die Story seither druckreif in der Hosentasche mit sich schleppte, unverzüglich seinen »Einsatzbefehl« zu erteilen ...

Nach dem Abendessen und letzten Vorbereitungen für die morgige Aktion ging ich kurz vor der Bettruhe noch zum Ufer des unmittelbar hinter meiner Herberge liegenden Genezareth-Sees hinunter. Die Stimmung war fantastisch. Der nächtliche Sternenhimmel funkelte intensiv, auf dem ruhigen, glatten, aber dennoch irgendwie seltsam lebendig wirkenden Wasser glitzerte und schimmerte das Mondlicht wie eine geradewegs zum Firmament führende Himmelsstraße. Die Szene war so friedlich und bezaubernd, dass ich wie von selbst das Flanieren stoppte, um mich unmittelbar am Saum des über den Sand streichenden Wassers von dieser magischen Atmosphäre einnehmen zu lassen. Als ich nun eine Weile so dastand und den Charme alles Guten und Schönen auf dieser Welt einsog, fing ich schließlich zu beten an. Ich betete für das gute Gelingen meines »Millennium-Schwumms«, die Menschheit im neuen Jahrtausend im Allgemeinen und den Frieden im Heiligen Land im Besonderen – und spürte einen immer intensiver werdenden Kontakt »nach oben«. Ein Glücksgefühl befiel mich in diesen Minuten, wie ich es schon lange nicht mehr erlebt hatte – etwas sehr Positives, Angenehmes, Bestärkendes, Bestätigendes und Erhebendes. Und als ich »so drin« war und auf den See bzw. in die schwarze Nacht hinausblickte, bemerkte ich, wie das Wasser vor mir plötzlich unruhig wurde und in kleinen, kurzen, schnellen Wellen vor meine Füße plätscherte. Das Seltsame und Besondere daran war, dass dies offenbar eine örtlich begrenzte Erscheinung war und sie gleichsam aus dem Nichts heraus erfolgte – ohne Wind, ohne Verdrängung durch ein Wasserfahrzeug oder Ähnliches. Und die eigentümliche Art und Weise, wie das Wasser sich bewegte bzw. bewegt wurde, schien – wie soll ich es ausdrücken – mit meiner inneren Bewegung »deckungsgleich« zu sein. Das heißt, das Wasser gab mit seiner impulsartigen Quirligkeit genau das Gefühl wieder, was sich in mir entwickelt hatte, ja – ob Sie es glauben oder nicht, werter Leser, werte Leserin – es war, als würde das Wasser mit mir sprechen. Als würde es sagen: »Es ist gut, was du morgen machst. Es ist eine gute Sache. Sie dient mir. Du hast meinen Segen dabei, und ich werde dafür sorgen, dass alles bestens laufen wird.« Da ich selbst nicht so recht glauben konnte, was ich da sah, klinkte ich mich – um das Ganze in typisch deutscher Manie(r) zu »überprüfen und zu testen« – innerlich wieder aus, ließ bewusst jedes Beten und andächtige Sinnen »links liegen«, und siehe da: auch das Wasser wurde wieder ruhiger! Umgekehrt fing das Wasser wieder zu »arbeiten« an, als ich mich innerlich wieder »zurückbegab«. Und was das Verwunderlichste bei alldem war: Niemals wurde mir das Gefühl oder der Gedanke vermittelt, dass es sich bei der ganzen Sache um etwas Unheimliches oder Widernatürliches handeln sollte – nein, im Gegenteil: Es wirkte wie die normalste, natürlichste, einfachste, direkteste, aber zugleich auch eindruckvollste Art, mit der Gott hier kommunizieren konnte …

Tag X, 19. Oktober 2000: Wie vereinbart trafen Benny und ich uns um 8.00 Uhr am Sporthafen von Tiberias – ich mit Badehose, Schwimmbrille, Sonnencreme, Handtuch, drei großen Mineralwasserflaschen, einer Packung Datteln, einer Dose Erdnüsse, einem Bündel Weintrauben und einer Tafel Schokolade, und er mit zwei Benzinkanistern und zwei Schwimmwesten unter den Armen. Nachdem das Boot startklar gemacht war, ging's los. Die Bedingungen an diesem wundervollen Tag waren ideal: strahlend blauer Himmel, gemäßigte Lufttemperatur, warmes, fast dünungsloses Wasser und so gut wie noch keine (Touristen-)Boote auf dem See. Es war herrlich, mit dem kleinen Motorboot quer über diesen traumhaften See, über den Gottes Sohn einst gewandelt war, zu düsen. Ich genoss den zu dieser Zeit noch halbwegs frischen Fahrtwind, während Benny uns auf die gegenüberliegende Seite zusteuerte. Nach 13 respektvollen Kilometern trafen wir gegen 9.00 Uhr schließlich in Kursi ein. Dort soll es gewesen sein, wo Jesus laut Markus-Evangelium einen bösen Geist aus einem Besessenen getrieben haben soll, worauf der Geist in eine Herde Schweine fuhr, die sich alsbald vom Abhang geradewegs in den See stürzte. Man kann oder könnte sich das an diesem Ort auch gut vorstellen, wenn das Seeufer nicht noch ein gutes Stück von besagter Klippe entfernt läge. Doch wie man weiß, können sich Umfang und Inhalt von Gewässern innerhalb von 2000 Jahren durchaus ändern, und angeblich soll der Genezareth-See zu biblischen Zeiten noch deutlich größer gewesen sein …

Benny band das Boot an einem hölzernen Badesteg fest, während ich meine Klamotten ablegte und Gesicht, Hals und Schultern dick mit Sonnencreme beschmierte. Dann stülpte ich mir meine Schwimmbrille über, Benny machte die Leinen los, warf den Motor an, und ich watete neben ihm ins Wasser. Um Punkt 9.30 Uhr gaben wir uns gegenseitig den »O.K.-Daumen«, und los ging's mit dem »Millenniums-Schwumm 2000«. Um den Kreislauf anzukurbeln, legte ich erstmal ein paar Hundert Meter Kraul hin, bevor ich nach etwa 15 Minuten in einen ruhigen, aber stetig-zügigen Bruststil überging.

»Du schwimmst gut!«, rief mir Benny vom Begleitboot aus zu, das wenige Meter neben mir herfuhr. Das Wasser war klar wie Quelle, weich wie Öl, glatt wie Spiegel und warm wie Badewanne. Es herrschten optimale Bedingungen an diesem Tag, und das Schwimmen bereitete mir Freude wie noch nie. Es ging so leicht und locker voran, als ob eine unsichtbare Hand mich ziehen würde. Etwa alle 20 Minuten machte ich einen kurzen Lagenwechsel zu Kraul oder Rücken, um keine Verkrampfung in die Muskulatur zu bekommen, schwenkte dann aber bald wieder zurück in den Bruststil, um nicht vorzeitig Kräfte zu vergeuden. Nach etwa einer Stunde machte ich meine erste Pause und blickte zurück. Das Ufer von Kursi war zwar noch gut erkennbar, aber Einzelheiten – wie z.B. der Steg oder die Sonnenschirme – verschwammen zusehends. Dafür war der Ausblick auf die markanten »Schweineklippen« und die tief zerfurchten Golanhöhen von hier aus umso beeindruckender. Benny winkte und bot mir eine Kleinigkeit zu essen und zu trinken an. Da ich mich selbstverständlich weigerte, in das Boot zu steigen oder mich auch nur an diesem festzuhalten, musste er mir die Sachen einzeln hinabreichen.

»Wie geht's?«, fragte mich der Israeli aus dem leicht schaukelnden Boot heraus.

»Danke, könnte nicht besser sein«, antwortete ich lächelnd und warf mir ein paar Weintrauben und Erdnüsse hinter die Kiemen. Dann ließ ich mich zur Entspannung ein paar Mal unter Wasser sinken und verbrauchte Luft aus meinem Körper sprudeln. Nach einem kleinen Schluck Mineralwasser ging's dann wieder weiter. Das Schöne an der Sache war auch – bis auf unser eigenes Boot mit seinem Motorengedröhn – die Einsamkeit und Ruhe hier draußen. Obwohl durchaus einige andere Boote auf dem See herumschipperten – vornehmlich gestylte Touristendschunken vor dem Westufer –, kamen wir kein einziges Mal in näheren Kontakt mit anderen Wasserfahrzeugen.

»Wenn du so weitermachst, schaffst du es, Stefan! Da bin ich ganz sicher!«, rief mir Benny aufmunternd zu, nachdem wir etwa ein Viertel der Strecke – also immerhin schon fast drei Kilometer – zurückgelegt hatten. Die ganze Sache schien auch ihn mittlerweile etwas zu begeistern. Immer wieder erkundigte er sich bei mir, ob er zu schnell oder zu langsam, zu nah oder zu weit entfernt neben mir her fuhr, oder ob ich mich ein wenig ausruhen oder etwas essen mochte ... Ab und zu musste mein »Führer« mich korrigieren, wenn ich auf Grund der diffusen Strömung des Sees etwas vom Kurs abgedriftet war. Denn in Höhe der Wasseroberfläche waren aus meiner Sicht markante Punkte am anvisierten Westufer noch kaum auszumachen. Konkrete Gestalt hatte auf diese Entfernung weder die Basilika von Tabgha noch die Primatskapelle schon angenommen, was ehrlich gesagt noch ein ziemlich respekteinflößender Umstand war. Trotzdem genoss ich jeden Zug, den ich durch dieses heilige Gewässer schwamm, und es war durchaus ein eigentümliches Gefühl zu wissen, dass der Sohn Gottes vor nicht ganz 2000 Jahren an gleicher Stelle auch schon den See überquert hatte – zusammen mit seinen Jüngern im Fischerboot ... Doch ganz so glimpflich und opferlos, wie es anfangs aussah, sollte ich dann doch nicht davonkommen: Als ich nach über zwei Stunden und ca. fünf Kilometern Brustschwimmens die Mitte des Sees in etwa erreicht hatte, begann plötzlich mein linkes Knie – an welchem ich mal operiert worden war – heftig zu schmerzen. Ich maß der Sache zunächst keine größere Bedeutung bei und wechselte kurzerhand für einige Zeit die Lage. Als ich jedoch irgendwann wieder zum Brustbeinschlag zurückkehren wollte, stach mir bei jeder Kreisbewegung der Unterschenkel erneut dieser spitze Schmerz ins Gelenk, der ein Weiterschwimmen in Brustlage schon nach wenigen Metern unmöglich machte. Mein Gott, sagte ich in leichter Panik und fast schon Zorn zu mir, wieso denn ausgerechnet jetzt und hier?! Noch nie zuvor hatte ich beim Schwimmen derartige Probleme mit irgendwelchen Gelenken gehabt! Wenn ich dann aber ehrlich war, musste ich einräumen, auch noch nie über eine solche Distanz fast ausschließlich Brust geschwommen zu sein ... Die einzige Chance einer Fortsetzung der Aktion bestand darin, den Bruststil endgültig ad acta zu legen und nur noch Lagen zu schwimmen, bei denen die Knie eine Hebel-, aber keine Kreiselbewegung machten, also: Kraul und Rückenkraul. Gott sei Dank war ich auch in diesen Disziplinen gut trainiert, sodass die Verlagerung auf diese Stile kein Problem darstellte. Aber wie es nun mal so ist im Leben: Auf alles ist man vorbereitet, nur nicht auf das, was einem am unwahrscheinlichsten erscheint. Ich hatte so manche Sorge hinsichtlich meiner Kondition, der Auskühlung meines Körpers, der starken Sonnenbestrahlung, der diffusen Strömung, einer Muskelverkrampfung, eines plötzlichen Unterzuckers und was weiß ich nicht alles, aber dass plötzlich mittendrin, von einem Schwimmzug auf den anderen, ein Knie in den totalen Streik treten sollte, war mir natürlich überhaupt nicht in den Sinn gekommen ...

Der Vorteil des Kraulens bestand andererseits darin, dass die ganze Sache etwas schneller vonstatten ging. So wurden schon nach einer weiteren Schwimmstunde langsam die Konturen des vor uns liegenden Westufers gut erkennbar, wohingegen die Umrisse des zurückgelassenen Ostufers nun langsam aber sicher verschwanden. Diesem psychologischen Motivationsschub stand jedoch wiederum der höhere Kräfteverbrauch des Kraulstils sowie das leichtere »Aus-der-Bahn-geraten« durch das seitliche, nicht mehr nach vorne gewandte Auftauchen gegenüber, was in der Summe bedeutete, dass ich von nun an mehr Pausen brauchte und meine Schwimmrichtung relativ oft durch Bennys Lotsenhilfe korrrigiert werden musste. Dennoch kamen wir erstaunlich gut voran und zwar so gut, dass wir nach weiteren anderthalb Stunden bereits die schöne weiße, griechisch-orthodoxe Kirche von Kapernaum mit der rosa Kuppel zur rechten, die Primatskapelle und das Kloster auf dem Berg der Seligpreisungen zur Mitte sowie die Basilika von Tabgha zur linken nun schon sehr gut erkennen konnten. Gerade auf diesen letzten zwei Kilometern aber spürte ich nun deutlich, wie meine Kraft mehr und mehr nachließ, wie ich langsamer wurde, wie die Körperlage immer nachlässiger und undisziplinierter wurde, wie die Zahl der Pausen stieg, wie meine Arme schwerer und schwerer wurden, wie meine Haut vom Wasser immer schrumpeliger wurde und wie sich in meinen Beinen allmählich Verkrampfungsanzeichen einstellten. Der letzte Kilometer vor dem Ziel zog sich denn auch wie kein anderer, das Schwimmen ging in einen richtigen Kampf über, die Finger waren hart vor ständiger Anspannung und konnten kaum noch parallel zueinander geführt werden. Ich pausierte ein letztes Mal, lockerte unter Wasser durch verschiedene Übungen die Bein-, Rumpf- und Arm-Muskulatur, und Benny reichte mir ein letztes Mal die Mineralwasserflasche und ein Stückchen Schokolade hinab. Was für eine unendliche Tragik es wäre, auf diesen letzten Metern einen Krampf in mindestens zwei Gliedmaßen zu erleiden, dachte ich mir. Es wäre aus und vorbei mit dem Millenniums-Schwumm – und das wenige hundert Meter vor dem Ziel! An diesem Ziel aber – der Primatskapelle – tummelten sich schon eine Hand voll Leute, die uns vom Ufer aus beobachteten. Ich erkannte nun auch Catherine unter ihnen und war froh, dass sie es doch noch arrangieren hatte können, bei unserer Ankunft vor Ort zu sein. Sie winkte uns mit einem Tuch zu, und Benny und ich winkten zurück.

»Gleich hast du's geschafft, Stefan!«, munterte mich Benny zusätzlich auf. Da sammelte ich ein letztes Mal meine Kräfte, schickte ein kleines Stoßgebet gen Himmel und begab mich in den Endspurt. Erst als meine Fußspitzen dann kurze Zeit später die dicken runden Steine, die den Uferbereich des Genezareth-Sees säumen, unter sich ertasteten, konnte ich erleichtert aufatmen – die Aktion war geglückt! Erschöpft und müde richtete ich meinen Körper nach knapp fünf Stunden Schwimmens in die Senkrechte auf und watete zusammen mit Benny, der das Boot an der Leine hinter sich herzog, an die Stelle, an der Jesus vor 2000 Jahren seine Jünger mit vollen Fangnetzen empfangen haben soll. Und nun stellen Sie sich Folgendes vor: Noch bevor wir trockenen Boden betreten und Catherine uns beglückwünschen konnte, kam der Mönch, mit dem ich mich tags zuvor noch über ein passendes Auto für seinen Bruder unterhalten hatte, aus der Kapelle gelaufen, nur um uns »Sie dürfen das Boot hier nicht festmachen!« zuzurufen. Was für eine grandiose Begrüßung! Wir gaben ihm zu verstehen, dass wir uns nur für einige Minuten hier ausruhen möchten, bevor wir mit dem Boot nach Tiberias zurückfahren würden, und da machte er wieder murmelnd kehrt ...

»Leider ist das mit der Presse nichts mehr geworden«, sagte Catherine, aber ich mache gleich ein Foto von euch beiden und werde versuchen, dies nachträglich noch in die Zeitung zu bringen!« Nach einer kleinen Rast im Schatten der Primatskapelle machten Benny und ich uns dann auf den Rückweg zum Hafen, denn die Sonne begann bereits, sich langsam zu senken. In Tiberias angekommen zahlte ich Benny seine »Gage«, und wir umarmten uns. Wieder zurück in meiner Herberge schmiss ich mich erst mal aufs Bett und ließ meiner Erschöpfung freien Lauf. Mein ganzer Körper war ausgelaugt und aufgeweicht, Stirn und Nacken brannten, und meine Haut unter den Achseln, in den Kniekehlen und an den Flanken war spröde und rissig – doch ich war glücklich wie selten zuvor. Nachdem ich mich einigermaßen ausgeruht und etwas gegessen hatte, kam in mir mehr und mehr der Wunsch hoch, mich für das perfekte Gelingen der Aktion in gebührender Weise bedanken zu wollen. Und der beste Ort, dies zu tun, schien die Basilika von Tabgha.

Gedacht, getan: Eine Viertelstunde später fand ich mich bei annähernd völliger Dunkelheit in dem kleinen Gebetszimmer der menschenleeren Basilika wieder, auf dem Gebetsbänkchen vor dem Kreuze Jesu kniend, die Hände gefaltet. In dem Raum befand sich nichts außer dem besagten Kreuz, dem Bänkchen und zwei verhalten flackernden Kerzen, die von ihren metallenen Haltern an den Wänden romantisch-mystisches Licht spendeten. Immer noch erschöpft und zugleich überschäumend sprach ich Gott meinen Dank zum Gelingen der Schwimm-Aktion aus und betete anschließend ein inniges »Vater unser«. Und da geschah es: Als ich das Gebet mit »Amen« schloss, läutete plötzlich zwei Mal aus dem Nichts heraus lieblich eine kleine Glocke! Ich war völlig perplex. Denn in dem Raum gab es keine Glocke oder Ähnliches. Es konnte auch nicht die große Kirchturmglocke gewesen sein, denn dazu war der Klang viel zu leise und – wie gesagt – lieblich gewesen. Es konnte andererseits auch kein kleines Glöcklein draußen, unmittelbar vor den Mauern der Basilika gewesen sein, da sein Klang mit ziemlicher Sicherheit wohl nicht die beinahe meterdicken Steinwände der Kirche durchdringen hätte können und sich zum anderen um die Basilika herum nichts weiter befand als lediglich ein Garten ... Für einen Moment kamen mir als irdischen Erklärungsversuch die Glocken der nicht weit entfernten Primatskapelle, deren Klang die abendliche Brise herübergetragen haben könnte, in den Sinn, doch schien auch dies nicht genügend plausibel, da sich entferntes Geräusch normalerweise einigermaßen deutlich von Geräusch aus unmittelbarer Umgebung akkustisch unterscheidet. Es hatte aber so geklungen, als hätte das Glöcklein nur wenige Meter entfernt im Raum selbst geläutet. Der andere erstaunliche Punkt war, dass sich der Klang der Glocke absolut mit meinem inneren Zustand deckte. Er schien – genauso wie das Wasserquirlen vom Vorabend – die exakte Antwort auf mein »Dankeschön« zu sein. Und folglich löste der Klang dieser Glocke abermals nicht die erwartungsgemäße Furcht oder sonstiges Unbehagen aus, sondern im Gegenteil: Es klang wie eine warme Bestätigung, dass jemand die ganze Sache wohlwollend wahrgenommen hatte. Aber nicht, dass Sie mich missverstehen, lieber Leser, liebe Leserin: Die Glocke läutete nicht »in mir«, »in meinem Herzen«, »in einer höheren Transzendenz« oder in sonst wie esoterisch-okkulter Weise, sondern sie läutete wirklich, d.h. jeder andere aufmerksame Mensch, der dabei gewesen wäre, hätte sie genauso gehört. Dies ist aber nur ein kleines Wunder. Gott hat schon ganz andere für uns vollbracht und noch viele vor ...

Quellenverzeichnis

»11. September – Geschichte eines Terrorangriffs«
Stefan Aust und Cordt Schnibben, dtv (2002)

»Verschwörungen, Verschwörungstheorien und die Geheimnisse des 11. September«
Mathias Bröckers, Zweitausendeins (2002)

»Die verbotene Wahrheit«
Jean-Charles Brisard und Guillaume Dasquié, rororo (2002)

»Der inszenierte Terrorismus«
Thierry Meyssan, editio-defacto (2002)

»Bush at War – Amerika im Krieg«
Bob Woodward, DVA (2002)

»See no evil – Der Niedergang der CIA«
Robert Baer, Bertelsmann (2002)

»Masterminds of Terror«
Nick Fielding und Yosri Fouda, Europa Verlag (2003)

»Geheimsache 9/11«
Nafeez M. Ahmed, Riemann (2003)

»Pentagate«
Thierry Meissan, editio-defacto (2003)

»Operation 9/11 – Angriff auf den Globus«
Gerhard Wisnewski, Knaur (2003)

»Die CIA und der 11. September«
Andreas von Bülow, Piper (2003)

»Fakten, Fälschungen und die unterdrückten Beweise des 11. September«
Mathias Bröckers und Andreas Hauß bei Zweitausendeins (2003)

»Der zerrissene Schleier«
Carmen bin Ladin, Droemer (2003)

»Against all Enemies«
Richard A. Clarke, Hoffmann und Campe (2004)

»Mythos 9/11 – der Wahrheit auf der Spur«
Gerhard Wisnewski, Knaur (2004)

»The 9/11 Commission Report«
Die offizielle Untersuchung zu den Terrorattacken vom 11. September 2001, Cicero (2004)

»Die Rückkehr der Geschichte«
Joschka Fischer, Kiepenheuer-Witsch (2005)

»Der Koran«
Mohammed (7. Jahrhundert nach Christi Geburt),
Übersetzung von Max Henning (1901)